国家社会科学基金『十三五』规划教育学一般课题
『新高考背景下高中学生创新力评价研究』（BHA180140）

# 新高考背景下高中生创新力评价

张红霞　李明哲◎著

科学出版社
北京

## 内 容 简 介

评价对高中生创新力培养起着导向性、育人性、发展性作用，是创新力培养体系的重要组成之一。本书基于对高中生创新力评价核心概念的理解，总结梳理了改革开放以来我国基础教育阶段创新人才培养与评价的政策演变，以及国外学生创新力评价的经验做法，并对新高考背景下高中生创新力评价现状进行了实证调查，进而在理论层面，围绕评价内容、评价载体、评价方法、评价结果呈现与使用构建了高中生创新力评价体系，在实践层面，基于评价育人立场，提出了高中生创新力评价"四阶段"模型，阐明了其模型设计、运行程序及运行保障，最后，对高中生创新力评价实施中的若干主要关系进行了厘定澄清，提出了进一步优化对策，以期为高中学校开展学生创新力评价提供理论解释力和实践指导力。

本书可供高中生创新人才培养及评价相关领域的研究人员、实践工作者及其他有兴趣者阅读，也可以作为教育评价专业本科生和研究生的参考用书。

**图书在版编目（CIP）数据**

新高考背景下高中生创新力评价 / 张红霞，李明哲著. --北京：科学出版社，2024.6. --ISBN 978-7-03-078823-8

I. ①G635.5

中国国家版本馆CIP数据核字第2024JA6082号

责任编辑：崔文燕 / 责任校对：何艳萍
责任印制：徐晓晨 / 封面设计：润一文化

科学出版社出版
北京东黄城根北街16号
邮政编码：100717
http://www.sciencep.com
北京建宏印刷有限公司印刷
科学出版社发行 各地新华书店经销
*
2024年6月第 一 版 开本：720×1000 1/16
2024年6月第一次印刷 印张：15 1/2
字数：287 000

**定价：99.00元**

（如有印装质量问题，我社负责调换）

# 前言

FOREWORD

自党的二十大报告正式提出要“着力造就拔尖创新人才”起，我国教育领域对拔尖创新人才培养与评价问题的关注很多，讨论也很多。基础教育对高等教育阶段创新人才培养具有重要的奠基作用，是更高阶段拔尖创新人才选拔和培养的“蓄水池”。与高等教育阶段直接培养、选拔拔尖创新人才不同，基础教育阶段更多聚焦于培养学生的创新素养和能力，高中生创新培养与评价尤为重要。2010年7月印发的《国家中长期教育改革和发展规划纲要（2010—2020年）》特别指出，高中阶段教育是学生个性形成、自主发展的关键时期，对提高国民素质和培养创新人才具有特殊意义，推动普通高中多样化发展，探索发现和培养创新人才的途径。此后多项政策明确提出，普通高中要建立创新人才培养基地，鼓励有条件的高中阶段学校和高等学校、科研院所、企业联合培养拔尖创新人才。就普通高中而言，评价是高中生创新力培养体系的重要组成部分，正确发挥创新力评价的指挥棒作用，使其有效地促进高中生创新力的培养和提升，既是当前我国教育评价政策的驱动，也是评价改革实践的诉求，更是评价理论研究的呼唤。

本书所指高中生创新力评价，是对普通高中学校学生（以下简称“高中生”）在日常学习和活动中表现出来的创新力进行全面、动态和全程的观察、描述、记录及分析，是以学生自评为主，辅之以同伴、教师评价，以质性评价为主，综合利用量化等多种评价方式，从而挖掘高中生的创新潜质，促进高中生创新力不断提升的教育活动。其本质上是一种基于过程的常态化、全体性、发展性评价，集中表现为教育性、过程性、创生性等特点。本书采用文献法、调查法、德尔菲法等研究方法，对新高考背景下高中生创新力评价的认识澄清、政策演进、国外经验、实践现状、体系构建、模型设计等问题进行了探讨。研究发现，新高考背景下高中生创新力评价在性质定位和内在诉求上遵循其独有的评价逻辑；40余年的政策演进历史是一个“稳中有变”“变中有为”“为中有进”的过程，同时有待于创新力培养及评价的政策设计、政策供给、政策协同、政策宽容等方面持续完善；美英俄日等国学生创新力评价的实践探索在评价理念、政策支撑、机构设置、课程开发、方式选择等方面多有建树和启示；我国新高考背景下高中生创新力评价实践现状，在评价认知、内容确定、主体指向、载体选择、方式采用等方面存在一些问题，这与我国特有的评价传统、制度建设、文化环境等原因密不可分。基于上述调查和分析，本书重点在理论和实践两个层面构建了一套体系和一个模型：在理论层面，聚焦创新力评价内容、评价载体、评价方法、评价结果呈现与使用等核心问题构建了高中生创新力评价的理论体系；在实践层面，提出了高中生创新力评价“四阶段”模型，即开展活动、写实记录、期末总结、结果使用，并结合案例设计了该模型的运行程序，阐明了其需要正确认识并妥善处理的若干关系的注意事项，补充了其课程载体、学生主体、教师指导、制度支撑等条件保障。同时，从理念引领、顶层设计、机制驱动、素养培训、氛围营造等方面提出了新高考背景下高中生创新力评价的优化策略。

总体来看，本书的理论意义在于：第一，有利于深化新高考改革相关理论研究。新高考改革的提出和推行是素质教育发展对学生评价乃至整个教育评价提出的要求，它反对应试教育，要求破除唯分数论，坚持育人为本，遵循教育规律，深入推进素质教育，以学生的健康成长成才作为改革的出发点和落脚点，致力于培养德智体美全面发展的社会主义建设者和接班人。2014年高考改革（以下简称“新高考改革”）至今，相关研究层出不穷，涉及的内容广泛，主题丰富；就我国的改革现状而言，其还有很大的研究空间以及很长的发展路程。纵观已有研究，学者主要对新高考改革的政策理论、实施现状、问题及对策等方面进行了研究，虽然取得了丰硕成果，但对学生创新力评价的关注不够，缺乏对学生创新力评价进行专门系统的研究。创新力评价是新高考改革中不可或缺的一部分，学生创新力评价研究既拓展了新高考改革研究的范围，也进一步完善和深化了新高考改革的相关理论研究。

第二，有利于丰富创新力评价理论研究。学校创新力评价体系的构建依赖于先进的创新力评价理论的指导，经过多年的理论与实践探索，虽然学者对创新力的内涵、创新力的培养等有了进一步的研究，但有关创新力评价方面的理论研究仍然较为薄弱，比如对创新力评价的理论依据、评价内容、评价主体、评价结果等问题还存在模糊与困惑之处。正是由于相关理论研究不够充分，高中学校往往在实践中很难摸索出一套清楚、明了、详细的评价体系和操作流程，导致创新力评价或流于形式，或走入误区，起不到应有的提升学生创新力的效果。因此，笔者借助创新力相关研究、新高考以及综合素质评价等相关研究成果，对新高考背景下高中生创新力评价进行理论分析，从而补充和完善创新力评价理论研究，以期为高中学校更好地开展创新力评价的实践活动提供理论支持。

本书的实践意义在于：第一，有利于提升高中生的创新力。就评价本身而言，它具有引导性，创新力评价能够引导师生关注创新力，从而在一定程度上提升学生的创新力。与其说它是一种创新力评价活动，不如说是一种创新力培养活动。本书通过对评价内容、评价载体、评价方式的具体分析，促使学生在参与创新力评价活动的过程中不断提升自身的创新力。

第二，为高中学校开展创新力评价提供实践指导。目前，在新高考改革推行过程中，由于创新力评价还没有得到高中学校的足够重视，再加上创新力评价相关理论研究不够完善，导致学校在开展创新力评价的实践过程中遇到许多问题，实施效果大打折扣。鉴于此，研究在对普通高中生创新力评价进行理论研究的同时，积极关注实践现状，通过发放问卷和半结构化访谈找寻实践问题所在，探求原因，并针对当前高中学校创新力评价实践中存在的具体问题，提出有针对性的策略建议，期望帮助学校、教师将学生创新力评价更有效、更常态化地落实到日常教育教学过程中，实现提升高中生创新力的目标。

本书的创新之处主要有两点：一是在学术观点上，通过着力阐明学生创新力评价的内涵意蕴、价值诉求等基本问题，深入剖析高中生创新力及其评价的特质与要旨，重塑高中生创新力评价的基本认识。二是在研究内容上，从教育评价学视角出发，遵循理论实际相异共生原则，在系统构建高中生创新力评价理论体系基础上，尝试提出高中生创新力评价的实施模型和运行程序，总体上，系统回应了高中生创新力评价的相关理论难题和实践困惑。当然，新高考背景下高中生创新力评价尚处初步探索阶段，本书在创新力评价与创新力培养的联动协同、师生创新力评价素养的优化提升、评价模型实践检验的深入精准等方面还有待做进一步思考和展望。

新高考背景下，创新力评价面临着从“关于创新力的评价”到“为了创新力的评价”再到“成为创新力的评价”的双重转向，这是一个从价值判断到价值促进再到价值创生的升级迭代过程，是更复杂、更漫长、更“高消费”的系统性工程。也正因为如此，这样的创新力评价是更有价值、更有发展性、更有生命力的教育性活动！

最后，感谢吕金梦、侯小妮、吴启玲三位同志的辛苦付出，她们在资料收集、文字整理、实地调研的过程中辛苦且高效地完成了各自的任务。尤其要感谢本书的责任编辑崔文燕，她严谨的工作风格、细致的专业校对及超凡的耐心等待给予本书出版很大的支持和帮助。

# 目　录

CONTENTS

## 第一章

# 绪　论

## 一、新高考背景下普通高中生创新力评价的研究意义

### （一）政策驱动：落实创新人才培养政策需要创新力评价研究

创新是一个历久弥新的世界性话题，它对个人发展、国力竞争有着非比寻常的意义。对个人来讲，当前科学技术迅猛发展，社会生活日新月异，“未来已来”已成常态，为避免人类随波逐流、被裹挟进入自己从未曾想象和展望过的“未来”，社会呼吁创新人才的培养，创新思维和创造精神成为每个人适应高速变化社会的必备技能和精神品格。[①]国家提出创新驱动发展战略，创新驱动的实质在于人才，是人才的创新。[②]2018年9月10日，习近平总书记在全国教育大会中提出实施创新驱动发展战略，要“着重培养创新型、复合型、应用型人才”[③]。2022年10月16日，党的二十大报告强调：“必须坚持科技是第一生产力、人才是第一资源、创新是第一动力，深入实施科教兴国战略、人才强国战略、创新驱动发展战略……要坚持教育优先发展、科技自立自强、人才引领驱动，加快建设教育强国、科技强国、人才强国，坚持为党育人、为国育才，全面提高人才自主培养质量，着力造就拔尖创新人才，聚天下英才而用之。”[④]教育、科技、人才首次被进行了统筹部署，科技是第一生产力，拔尖创新人才培养是科技创新的基础，更加突出了创新的核心地位。[⑤]教育是创新人才培养的主渠道和主阵地，早在1999年发布的《中共中央国务院关于深化教育改革全面推进素质教育的决定》明确指出“实施素质教育，就是全面贯彻党的教育方针，以提高国民素质为根本宗旨，以培养学生的创新精神和实践能力为重点，造就‘有理想、有道德、

① 郭华. 知识教学何以培养创新人才. 人民教育，2022（21）：50-53.

② 中共天津市委天津市人民政府. 中共天津市委天津市人民政府关于贯彻落实《国家创新驱动发展战略纲要》的实施意见（二〇一六年七月八日中国共产党天津市第十届委员会第九次全体会议通过）. 天津日报，2016-07-13（001）.

③ 习近平. 为建设世界科技强国而奋斗——在全国科技创新大会、两院院士大会、中国科协第九次全国代表大会上的讲话. 人民日报，2016-06-01（002）.

④ 习近平. 高举中国特色社会主义伟大旗帜 为全面建设社会主义现代化国家而团结奋斗——在中国共产党第二十次全国代表大会上的报告. 北京：人民出版社，2022：33-34.

⑤ 钟秉林，常桐善，罗志敏. 拔尖创新人才自主培养（笔谈）. 重庆高教研究，2023（1）：3-13.

有文化、有纪律’的、德智体美等全面发展的社会主义事业建设者和接班人”。学生创新精神培养成为素质教育的应有之义。21 世纪后科技发展迅速，变化不居成为常态，自主创新能力的竞争成为国力之间竞争的关键，多个教育类政策文件体现出对创新人才培养的关注，2017 年中共中央办公厅、国务院办公厅印发的《关于深化教育体制机制改革的意见》中提出，“培养创新能力，激中学生好奇心、想象力和创新思维，养成创新人格，鼓励学生勇于探索、大胆尝试、创新创造”。2019 年印发的《中国教育现代化 2035》和《加快推进教育现代化实施方案（2018—2022 年）》也都强调了创新能力培养的重要性。由于普通高中是基础教育阶段创新人才培养的关键时期，多项面向高中教育教学改革的政策文件都提到了对学生创新精神或创新素养培养的要求。在 2014 年 12 月印发的《教育部关于加强和改进普通高中学生综合素质评价的意见》中，研究性学习与创新成果是学生学业水平评价重点内容的组成部分。2019 年 6 月印发的《国务院办公厅关于新时代推进普通高中育人方式改革的指导意见》不仅强调培养学生的创新思维和实践能力、创意表达，统筹开展好创造性劳动，而且在“完善综合素质评价”部分提出强化爱国情怀、遵纪守法、创新思维、体质达标、审美能力、劳动实践等方面的评价。2020 年 5 月，教育部印发的《普通高中课程方案（2017 年版 2020 年修订）》以培养“具有理想信念和社会责任感、具有科学文化素养和终身学习能力、具有自主发展能力和沟通合作能力”的时代新人为目标，要求学生“具有一定的创新精神和实践能力”。2021 年 12 月，教育部印发《普通高中学校办学质量评价指南》，在其附件《普通高中学校办学质量评价指标》中，“具有创新精神”成为学生学业发展质量的考察要点之一，重在强调评价对创新人才的培养之功，而非简单的功利化选拔之用。可见，将创新力培养及其评价作为教育活动的重要任务之一可谓政策之需。

### （二）评价内蕴：创新力评价是新高考人才选拔的重要组成

考试招生制度是我国基础性的教育制度。自 1977 年恢复高考起，该制度经历了数次改革与调整，为学生的个人成长、国家的人才选拔以及社会的公平正义做出了卓越的历史性贡献。在提升教育质量、提高国民素质、推动社会阶层流动以及服务国家现代化建设等方面，高考制度都发挥了不可或缺的重要作用。然而，它也存在一些备受社会关注的问题，例如“过分强调分数影响学生的全面发展”等。2014 年印发的《国务院关于深化考试招生制度改革的实施意见》，旨在解决这些社会反映强烈的问题，并开启了新一轮的高考改革。新高考改革坚守育人为本的原则，遵循教育的基本规律，将促进学生的健康成长和全面发展作为改革的根本出发点和最终落脚点。它力图扭转片面应试教育的倾向，坚持正确的育人方向，积极践行社会主义核心价值观，深入推进素质教育，致力于培养德智体美全面发展的社会主义建设者和接班人。素质教育着重于提升学生的综合素质，不仅是对人的发展目标和内容的具体规定，也是对教育“应该培养什么样的人”这一核心问题的明确回答和深刻阐释。柳夕浪将其定义为人在身心、知行、文理等多方面的协调发展，能够广泛应对社会生活中各种变化与挑战所必须具备的能力和品质。①它是多种素质融合在一起而表现出来的一种综合性的发展状态，是一个素质合体，具有综合性、内隐性、表征形态多样性等特点。②

随着时代的不断进步，创新力日益成为时代发展对个人综合素质要求的集中体现。它作为学生综合素质的核心组成部分，不仅丰富了综合素质的内涵，还为其提供了具体的表现形式。因此，培养和提升学生的创新力成为实施素质教育的重要目标。2018 年 8 月，北京市教委正式发布北京新高考改革方案，强调着重培养学生的创新精神和实践能力。在改革考试形式和内容方面，新高考改革方案明确提出要对高中生进行综合素质评价，通过建立规范的学生综合素质档案，客观记录学生在成长过程中的突出表现，特别注重社会责任感、创新精神和实践能力的评价，以此全面反映学生德智体美各方面的发展情况，并将其作为学生毕业和升学的重要参考依据。同时，在改革招生录取机制方面，新高考改革方案要求完善和规范自主招生制度，主要目的是选拔那些具有学科特长和创新潜质的优秀学生。此外，在高考命题方面，也明确要求体现“基础性、综合性、应用性、创新性”的原则。由此可见，新高考改革方案对学生创新力的重视达到了前所未有的高度。创新力评价作为创新力培养的指挥棒，直接引领着创新力培养的价值方向。它不仅能够衡量学校创新教育的实际效果，还能够进一步推动学生创新力的培养，是创新教育不可或缺的重要环节。因此，对高中生创新力进行评价在新高考改革中占举足轻重的地位。

### （三）实践呼唤：创新力评价实践探索有待进一步规范和完善

创新力评价作为新高考人才选拔的关键环节，是新高考改革的应有之义。然

---

① 柳夕浪.“综合素质”与“核心素养”——再谈“培养什么样的人”. 华东师范大学学报（教育科学版），2017（2）：68-75+121.

② 张庆守. 学生综合素质培养策略论纲. 东南学术，2008（4）：152-158.

而，通过实践调研，我们发现学校在推行新高考改革过程中对学生创新力的重视程度尚显不足。尽管部分学校一直倡导加强对学生创新力的关注，但却缺乏对创新力评价的规范化要求。一些师生反映，创新力评价往往依赖教师个人的主观经验，显得零散、随意，缺乏系统性，甚至在某些学校，创新力评价逐渐沦为形式主义。因此，随着新高考改革的深入推进，我国亟须加强并完善对学生创新力的评价体系。

同时，我国学生创新力发展现状要求加强创新力评价，根据教育进展国际评估组织的调查，在参与调查的 21 个国家中，中国儿童的计算能力排在首位，但其想象力却排在最后一位，其创造力排名为倒数第 5 位，想象力是创新力的必要条件，创造力又一定程度上代表创新力，由此可发现我国学生的创新力发展不足。[①]2021 年，冯维对河南省 × 市 4 所中学中七至九年级的 1440 名学生的创新力进行了问卷调查，结果发现其创新力总体发展水平亟须提升。[②]幼儿园到高中是学生建立想象力、发展创新力的关键时期，但部分学校存在过分重视基本知识、基本技能的掌握的现象，部分学校和幼儿园存在“抢跑”的现象，比如为了“不让孩子输在起跑线上”而使“学前教育小学化”“小学教育初中化”等。这违背了孩子的身心发展规律，过早地向他们灌输抽象知识导致其思维被限制，想象力匮乏，创新力更是无从谈起。创新力评价可以发挥评价的导向作用，引导并推动师生重视创新力的培养，进而提升学生的创新力水平。

总之，无论是从新高考改革的要求出发，还是基于当前学生创新力发展的实际状况，都需要对学生创新力评价做进一步的规范和完善。

### （四）研究薄弱：新高考背景下创新力评价研究需要丰富和充实

就新高考改革本身而言，目前已有的理论研究和实践研究都相当丰富，涉及层面广泛、内容多样、研究深入。然而，关于新高考背景下学生创新力评价的相关研究却相对较少，特别是针对高中阶段的创新力评价研究更是寥寥无几。在创新力评价方面，从研究对象来看，对大学生创新力评价的研究较为成熟，既有理论研究也有实践研究，通常遵循构建指标体系、确定权重系数、实践验证的研究思路。但这些研究仍然受传统评价理念的束缚，延续工具主义评价思维，过分强调结果，采用以量化为主的评价方法。相比之下，针对基础教育阶段学生创新力评价的研究还相当有限，主要集中在以下两个方面：一是将创新力区分为通识创

---

① 转引自冯维. 少年儿童创新力现状调查及提升策略研究：以河南省 × 市为例. 开封：河南大学，2021.

② 冯维. 少年儿童创新力现状调查及提升策略研究：以河南省 × 市为例. 开封：河南大学，2021.

新力和领域创新力分别进行研究，前者主要借用或创建量表进行测验，后者则结合领域特点采用试题或其他方式进行测验。但总体来看，这两种方法都更倾向于对学生创新力的某一方面进行测验，有较强的片面性，同时未能跳出量化评价的框架。二是借鉴大学生创新力评价的思路，如构建指标体系等，采用量化方法，过分关注创新力的评价结果。

综上所述，目前已有的研究与我们所倡导的新高考改革的理念和做法之间存在一定的差距，特别是在以创新力评价来促进学生创新力发展方面的指向性不够明确。总体来看，新高考背景下关于学生创新力评价的研究还相对薄弱。创新人才的培养是一个长期且系统的工程，其中基础教育的支持至关重要。正如中国教育学会原常务副会长、创新人才教育研究会顾问郭永福所指出的那样，虽然高等教育是培养创新人才的关键阶段，但从创新人才的成长规律和特点来看，基础教育，尤其是高中阶段的教育，起着不可或缺的支撑作用。高中阶段是拔尖创新人才早期培养的最重要阶段，因此对学生的创新力评价也应当深入到基础教育领域。①中学阶段，特别是高中阶段，是青少年创新力快速发展的关键时期。高中生的心理和生理发展达到顶峰，同时经历创新力发展的第二个高峰期。②与成年人相比，高中生的思维定势尚未形成，他们的求变意识明显增强，想象力水平也显著提升。在高中阶段的学习过程中，学生的探究与创新能力能否得到有效培养，将直接影响其高考成绩以及进入高等教育后的学习能力，进而间接影响教育的核心育人功能和学生未来的全面发展。③然而，高中生面临高考等升学压力，容易陷入传统的应试教育模式，从而忽视对创新力的关注。由于高中阶段又是学生创新思维和创新人格培养的关键时期，一旦错过这一时期，随着学生思维的成熟，其可塑性将大大减弱。即便之后有所进步和发展，他们的思维方式和认识水平也基本保持不变。④因此，对高中生进行创新力评价不仅具有可能性，更具有必要性。

综合以上四个方面，本书试图对新高考背景下高中生创新力评价进行研究，以期在丰富相关理论研究的同时，能够对实践有一定的指导作用。

---

① 转引自李晗. 拔尖创新型人才的早期培养——访中国教育学会原常务副会长、创新人才教育研究会顾问郭永福. 经济，2016（S2）：96-97.

② 查子秀. 超常儿童心理学. 北京：人民教育出版社，2006：93-94+198+200.

③ 孙亚涵，王良. 新高考背景下促进探究与创新能力发展的教学建议. 化工管理，2021（29）：77-78.

④ 林崇德. 教育与心理发展——教育为的是学生发展. 北京：北京师范大学出版社，2013：57-58.

## 二、国内外相关研究

### （一）文献来源与计量化分析

以中国知网（CNKI）为数据源，以“学生创新能力评价+学生创新力评价+学生创新素养评价+学生创造力评价+学生创新思维评价+学生创造性思维评价+创造力测评+创新人才评价+创新人才测评”为主题词，对1990—2022年相关文献进行检索，共获得1987条有效参考文献，其总体趋势分析如图1-1所示。

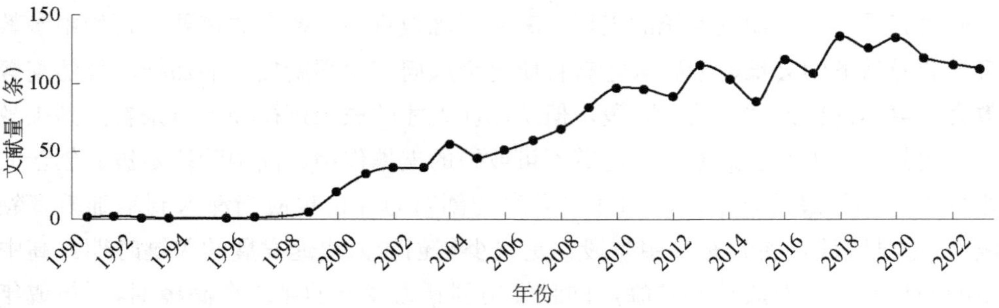


图1-1 相关文献数量总体趋势

由图1-1可以发现，2000—2010年我国关于创新的相关研究快速攀升，基本呈直线增长，其原因在于21世纪初我国基础教育由“应试教育”开始转向“素质教育”。2001年5月印发的《国务院关于基础教育改革与发展的决定》提出，要使学生“具有初步的创新精神、实践能力”；随后在《全国教育事业第十个五年计划》、党的十六大报告，以及《国家教育事业发展“十一五”规划纲要》《面向21世纪教育振兴行动计划》《2003—2007年教育振兴行动计划》中，均强调了创新的重要性，相关政策文件引领了研究的方向。2010年至今，相关研究呈起伏式增长，并在2018年达到最高点，搜索文献量为135条。在这一阶段，首先，2010年7月发布的《国家中长期教育改革和发展规划纲要（2010—2020年）》作为纲领性文件，为创新人才培养奠定了基调。2012年6月教育部印发的《国家教育事业发展第十二个五年规划》围绕“加强创新人才培养”做了专门论述。2014年4月印发的《教育部关于全面深化课程改革落实立德树人根本任务的意见》提出，更加注重学生的自主发展、合作参与、创新实践。2014年8月和2017年12月，教育部分别印发《义务教育学校管理标准（试行）》和《义务教育学校管理标准》，提出要通过多种方式培养学生创新精神和实践能力。值得关注的是，2016 年 9 月，中国学生发展核心素养研究成果发布，实践创新素养作为六大核心素养之一，因其概念更加明晰，吸引了更多学者的关注。至 2020 年，随着新课程方案和各学科标准的再次修订，创新人才培养由宏观的顶层设计走向具体的实践操作，相关研究热度不减。从课题内容来看，研究涉及的主要主题包括"创造性思维""创新思维""创新能力""创新人才""学生创新能力""创新人才培养"等，由图 1-2 可发现关于"评价体系"的研究相对较少。

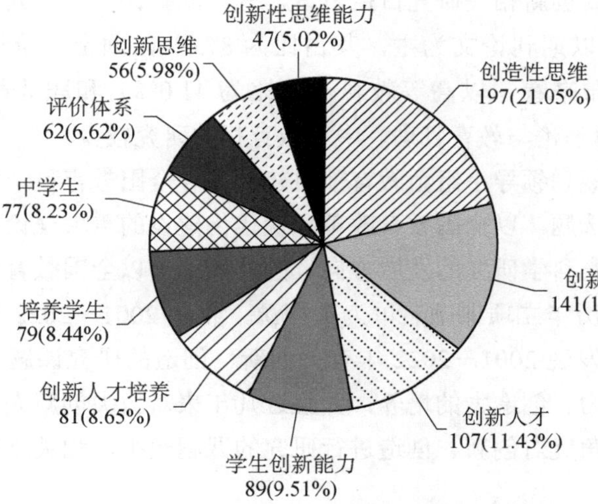


图 1-2 主题分布

注：图中括号前数字为发文量（篇），括号内数字为其所占发文总量的百分比（%）

经过筛选，发现已有研究绝大部分着眼于"创新能力、创新力、创造力、创新素养、创新思维能力、创造性思维能力"等的培养，而与本书中的"评价"高度相关的文献只有 200 条，主要出现在 2000 年之后，其总体趋势分析如图 1-3 所示。

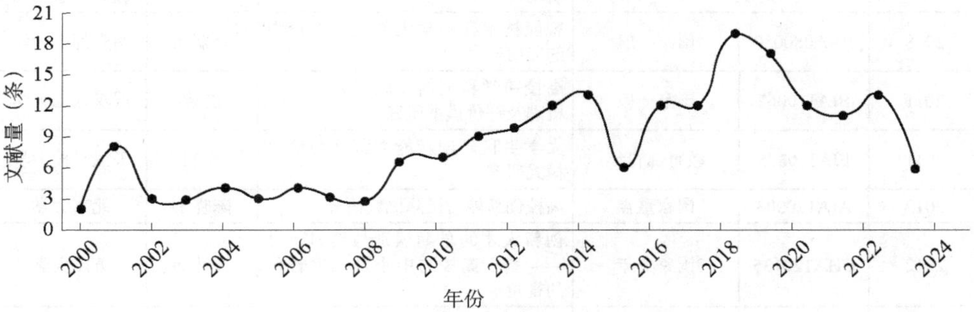


图 1-3 总体趋势分析

由图 1-3 可以发现，2008—2014 年，有关学生创新评价的研究急剧增多，总体呈直线增长，与创新相关研究的发展趋势一致。而在 2015 年，有关学生创新评价的研究数量有一些回落，但从 2016 年开始，相关研究又开始大幅增加，2018 年达到峰值，文献量为 19 条。这在很大程度上受到中国学生发展核心素养的影响，中国学生发展核心素养对实践创新素养进行了明确界定，也为学生创新素养评价研究奠定了理论基础。

总体来看，随着创新相关研究日益丰富，有关创新评价的研究也不断增多。从文献类型来看，以期刊论文为主，其占比为 87.0%，硕士学位论文的占比为 12.0%；从学科分布来看，以高等教育（占比为 41.0%）和职业教育（占比为 18.5%）为主，教育理论与教育管理、中等教育相关研究较少。

全国教育科学规划领导小组由教育部组建，领导全国教育科学规划工作。全国教育科学规划的选题，以全国教育改革和现代化建设的重大理论与实践问题为主攻方向，引领教育科学研究的发展方向。因此，本书以全国教育科学规划领导小组办公室公布的历年立项课题名单为数据源，收集 2001—2022 年的立项课题名单。通过查阅，发现 2001—2022 年有关创新、创造的研究课题不断增加，其聚焦于学生的创新力、创造力的培养，并且近几年来对拔尖创新人才的研究越来越多，但是从评价角度对创新、创造进行研究的课题较少，相关立项课题信息如表 1-1 所示。

**表 1-1　创新、创造立项课题名单**

| 立项年份 | 课题批准号 | 课题类别 | 课题名称 | 姓名 | 工作单位 |
| --- | --- | --- | --- | --- | --- |
| 2001 | DCB030249 | 教育部重点 | 基于网络环境的创新人才评价及选拔系统 | 宗俊峰 | 清华大学招生办公室 |
| 2001 | EIB030502 | 青年专项 | 大学生创新能力测评机制研究 | 华正伟 | 沈阳师范大学 |
| 2001 | FBB011064 | 规划 | 我国中小学生创造力评价量表的研制 | 赵承福 | 山东师范大学教育科学学院 |
| 2008 | BBA080050 | 国家一般 | 智能技术在中学生创造力评价中的应用研究 | 余嘉元 | 南京师范大学 |
| 2011 | BIA110062 | 国家一般 | 高校跨学科创新团队有效性形成机理及评价模型研究 | 沈凌 | 武汉理工大学 |
| 2011 | EIA110375 | 教育部青年 | 大学生科研创新能力测评与培养模式研究 | 李莉 | 天津科技大学 |
| 2012 | AIA120003 | 国家重点 | 高校创新能力国际比较研究 | 陈晓宇 | 北京大学 |
| 2012 | CHA120135 | 国家青年 | 创新人才的早期识别与培养研究——基于高校与中小学深度合作的视角 | 秦炜炜 | 苏州大学 |
| 2013 | BIA130090 | 国家一般 | 区域高等教育科技创新能力评价与提升研究 | 章熙春 | 华南理工大学 |

续表

| 立项年份 | 课题批准号 | 课题类别 | 课题名称 | 姓名 | 工作单位 |
|---|---|---|---|---|---|
| 2016 | BJA160062 | 国家一般 | 高等职业院校大学生创新创业教育体系的内容与评价研究 | 张淑梅 | 北京财贸职业学院 |
| 2017 | AIA170007 | 国家重点 | 创新创业教育的评价体系和监测研究 | 黄兆信 | 温州医科大学 |
| 2017 | DIA170387 | 教育部重点 | 转型发展高校创新创业教育的层次维度及其监测评价研究 | 樊增广 | 辽宁科技大学 |
| 2019 | BCA190074 | 国家一般 | 创新人才战略下高阶思维发展的评价与一体化设计研究 | 解月光 | 东北师范大学 |
| 2020 | BIA200173 | 国家一般 | 基于新人力资本框架的研究生创新素养评价与培养路径研究 | 黄维海 | 南京农业大学 |
| 2021 | BHA210153 | 国家一般 | 基于拔尖创新人才培养的我国中小学生科学素养评价指标体系构建研究 | 盖立春 | 河北师范大学 |
| 2021 | CGA210242 | 国家青年 | 人工智能教育视域下高校创新策源能力评价研究 | 李滋阳 | 江苏大学 |
| 2022 | BIA220100 | 国家一般 | 高校青年拔尖人才成长规律与创新潜力评价研究 | 张剑 | 东北师范大学 |
| 2022 | DHA220396 | 教育部重点 | 中学生科学推理能力的评价研究 | 李高峰 | 陕西师范大学 |
| 2022 | DHA220404 | 教育部重点 | 中学生科学实验素养评价体系的建构及实施路径研究 | 马善恒 | 华中师范大学 |

由表 1-1 可以发现，此类研究多集中在高等教育领域，包括对大学生创新力的评价、对高等学校创新教育的评价、对高校创新团队的评价以及对不同国家高校创新力的评价等，而针对基础教育学生创新力评价的研究很少，与之较为相近的研究有中小学生的创造力测评、中学生科学推理能力评价研究和中学生科学素养、科学实验素养评价体系建构研究以及拔尖创新人才的早期识别与培养研究。

### （二）创新力评价相关研究

从已有研究来看，国内外学者对创新和创造并没有进行非常严格的区分，很多研究中“创新”“创造”“创新能力”“创新力”“创新素养”等概念是同时使用的。正如林崇德坦言，在心理学研究视域下“创新力”和“创造力”这两个词是没有区别的。[①]褚宏启认为创新能力也称创造力、创新性、创造性。[②]持类似观点的还有张庆林、陈若松、郑金洲等。因此，本书以“创新力评价”“创造力评价”“创新力测评”“创造力测评”“创新素养评价”“创新能力评价”“创新能力测评”等为主题在 CNKI 进行检索，发现已有的创新力评价相关研究可以从创新力

① 林崇德. 创造性人才特征与教育模式再构. 中国教育学刊，2010（6）：1-4.

② 褚宏启. 学生创新能力发展的整体设计与策略组合. 教育研究，2017（10）：21-28+58.

内涵、创新力结构框架、创新力评价内容体系、评价方法、评价主体、评价结果和其他研究七个方面进行整理分析。

### 1. 创新力内涵研究

创新力的内涵是每个相关研究者都必须回答的问题，通过对创新力相关研究的梳理，发现学界有关创新力内涵的研究十分丰富，代表性观点如下。

美国创新教育专家托兰斯（Torrance）着眼于"创新"一词，注重问题解决的过程，认为创新是分析一切事物的不足、缺陷或与现实生活中不一致的现象，并使用现有的解决方案假设、验证、修改和重新验证上述不足、缺陷等问题，直到达到预期目的的过程。[①]阿玛贝尔（Amabile）认为，创造力是一种能够促进对具有开放性的任务做出新颖又适当的反应，从而得出产品或解决方案的能力。[②]斯滕伯格（Sternberg）等在创造力投资理论中，将创造力定义为一种类似于资本市场投资行为的投资活动，指个人利用智力、知识、思维方式、个性和动机等心理资源对想法进行"低买高卖"，所谓"低买"就是追求不被大家知道的或喜欢的但存在潜在价值的观念，通过坚持己见，最终获得高价值的回报，也就是"高卖"。[③]1961 年，伯恩斯（Burns）等首次提出"创新能力"这一概念，从管理学和经济学角度出发，将创新能力定义为"组织成功采纳、实施新思想、新工艺及新产品的能力"[④]。沈光辉等认为，创客教育视角下的初中生创新能力是指初中生在创客过程中为实现新颖的、有价值的创作或解决创客中遇到的现实问题所需具备的一种综合能力，它既包含智力因素又包含非智力因素，集态度、精神、思维、能力于一体。[⑤]林崇德认为，创新力是一种智力品质，它能根据一定的目的，利用所有已知信息生产新颖、独特、对社会或个人有价值的产品，这些产品既包括思维成果，也包括物质成果。[⑥]褚宏启认为，创新能力是人类心理机能的高级表现。[⑦]何克抗教授团队将中小学生的创新能力定义为：在学习学科知识、解决学习和社会生活实践的问题过程中，力图以新颖和独特的方式明确要解决的

---

① Torrance E P. Guiding creative talent. Englewood Cliffs：Prentice-Hall，Inc.，1962.

② Amabile T M. The social psychology of creativity：A componential conceptualization. Journal of Personality and Social Psychology，1983，45（2）：357-376.

③ Sternberg R J，Lubart T I. An investment theory of creativity and its development. Human Development，1991，34（1）：1-31.

④ Burns T，Stalker G M. The Management of Innovation. London：Tavistock，1961：24.

⑤ 沈光辉，高鑫，宋乃庆. 基于创客教育视角的初中生创新能力测评模型构建与应用. 中国电化教育，2022（4）：71-78.

⑥ 林崇德. 培养和造就高素质的创造性人才. 北京师范大学学报（社会科学版），1999（1）：5-13.

⑦ 褚宏启. 学生创新能力发展的整体设计与策略组合. 教育研究，2017（10）：21-28+58.

问题空间、获取信息、分析加工和转换信息、储存信息、应用和监控调节信息，从而达到产生或可能产生出某种具有社会和个人价值的成果，并加以传递、展示、评价和反思提升这些信息的智能品质。[①]师保国等认为，核心素养视域下的创新素养是创新知识、创新思维、创新态度或品格等多方面的综合表现，它涵盖创新品格和创新能力两大方面。[②]李玉峰等认为，创新精神与创新素养有相同的含义，是基础教育学生发展质量的关键指标，是一个人具备从事创新活动、产生创新成果的综合素质，包括创新意识、创新情意、创新思维、创新个性、创新品德、创新美感和创新技法等因素。[③]

总体来看，已有研究对创新力定义的侧重点和角度不同，有学者是从能力角度解释创新，有学者是从智力层面进行定义，有学者是从素养视角进行解释，其共同点是都强调创新中的“新”和“价值性”两个特点。

### 2. 创新力结构框架研究

由于研究视角的不同，学者关于创新力的结构框架也是观点各异，已有研究成果众多，代表性观点如下。

（1）二要素说

吉尔福特（Guilford）在智力三维结构基础上构建了构成创造力的两大指标，包括创造性人格和创造性思维（认知或思维特性）。[④]林崇德从内因、外因解释创造性心理结构，前者指创造性心理结构，后者指创造性环境，并且指出创造性心理结构也是由创造性思维（智力因素）和创造性人格（非智力因素）构成的。[⑤]美国 21 世纪学习联盟（简称“P21”）从创造性潜能和创造性产品解释创造力，指出创造性潜能包括内在动机、领域知识或经验、发散思维、个性特征，而创造性产品就是新颖或独特、具有实用性或适当性等特点的产品。[⑥]

（2）三要素说

创造力三维模型是由斯滕伯格提出，包括智力层面、智力风格层面以及人格

① 李文光，何志龙，何克抗. 基于创新能力培养的教学设计理论与试验探索. 中国电化教育，2002（10）：12-18.

② 师保国，刘霞，余发碧. 核心素养视域下的创新素养内涵及其落实. 课程·教材·教法，2017（2）：55-60.

③ 李玉峰，孙梦月. PISA 2022 科学问题解决样题对基础教育学生创新精神评价的启示. 新疆师范大学学报（自然科学版），2022（1）：64-71.

④ J. P. 吉尔福特. 创造性才能——它们的性质、用途与培养. 施良方，沈剑平，唐晓杰译. 北京：人民教育出版社，1991：12.

⑤ 林崇德. 创造性心理学. 北京：北京师范大学出版社，2018：187.

⑥ Lai E R，Yarbro J，Di Cerbo K，et al. Skills for Today：What We Know about Teaching and Assessing Creativity. London：Pearson，2018：10.

层面，而智力、知识、思维风格、动机、人格、环境是创造性行为产生的重要资源。[①]阿玛贝尔（Amabile）把创造力看作创造力相关技能、领域相关技能和内部动机在一定的社会背景下相互影响的结果。[②]胡卫平就青少年科学创造力进行研究，认为其包括创造性的过程、品质和产品。[③]北京师范大学中国教育创新研究院与P21合作构建了适用于基础教育阶段的创新素养框架体系：一级指标包括创新人格、创新思维、创新实践三方面。其中，创新人格包括好奇、开放、冒险、挑战、独立、自信、内驱，创新思维包括发散思维、辐合思维、重组思维（包括远距离联想、迁移），创新实践包括澄清目标或表征问题、搜集信息或资源、实施操作（创意产生或问题解决）。[④]

（3）四要素说

罗德斯（Rhodes）提出了创造力研究4P模型，包括创造个人（person）、创造过程（process）、创造环境（place）、创造产品（product），个人是从人格特质视角出发，过程是从思维或认知过程视角出发，他直接将环境纳入创造力结构框架之中，是对以往研究的重大突破。[⑤]

除了这些较具代表性的成果之外，国内外学者对创新力结构框架划分的研究还有很多，比如张宝臣将其分为创新意识、创新思维、创新技能[⑥]，这也是国内学者关于中小学生创新力构成的普遍观点。当然也存在其他观点：朱清一等将其分为创新个性、创新思维能力、创新实践能力，创新个性包括好奇心、自信心、意志力，创新思维能力包括形象思维、抽象思维、发散性思维、批判性思维，创新实践能力包括规划设计、动手操作、合作、协调能力。[⑦]高昂将其分为创新意识、创新精神、创新思维、实践能力、动手能力。[⑧]何克抗将其分为创新意识、创新思维、创新能力。[⑨]祝智庭等认为，创新能力是由创新人格、创新思维、创

① 胡卫平. 青少年科学创造力的发展与培养. 北京：北京师范大学出版社，2003：5.

② Amabile T M. The social psychology of creativity：A componential conceptualization. Journal of Personality and Social Psychology，1983，45（2）：357-376.

③ 胡卫平. 中国创造力研究进展报告（第1卷）. 西安：陕西师范大学出版总社，2016：94.

④ 甘秋玲，白新文，刘坚，等. 创新素养：21世纪核心素养5C模型之三. 华东师范大学学报（教育科学版），2020（2）：57-70.

⑤ Rhodes M. An analysis of creativity. The Phi Delta Kappan，1961（7）：305-310.

⑥ 张宝臣. 高等师范教育改革与中小学生创新能力的培养. 教育理论与实践，2004（4）：40-42.

⑦ 朱清一，张海森，翟立安. 区域中小学生创新素养发展性评价指标体系的实践与研究. 基础教育课程，2014（11）：57-61.

⑧ 高昂. 刍议物理实验教学中高中生创新能力的培养. 黑龙江科技信息，2017（1）：106.

⑨ 何克抗. 论创客教育与创新教育. 教育研究，2016（4）：12-24+40.

新技能构成。[①]朱永新等认为创新教育由创新意识、创新思维、创新技能、创新情感和创新人格四部分组成。[②]

综上所述，虽然关于创新力结构框架的研究众多，且观点各异、侧重点不同，但可以发现研究者在创新思维、创新人格上已基本达成共识。

### 3. 评价内容体系研究

创新力评价内容体系一直是创新力评价研究中的重点，不同学者基于自身对创新力的理解，对其进了行大胆尝试，构建了不同的评价内容体系，相关研究成果如表 1-2 所示。

表 1-2 创新力评价内容体系总结

| 研究者 | 年份 | 评价内容体系 |
|---|---|---|
| 王雅萍[③] | 2002 | 基础教育阶段学生的创新素养分为创新意识、创新精神、创新能力和创新人格，学校应该根据自身情况制定二级指标及三级指标 |
| 美国国家天才学生研究中心[④] | 2002 | 美国国家天才学生研究中心（National Research Center on the Gifted and Talented，NRCGT）发表了题为《评估创造力：教育工作者指南》（Assessing Creativity：A Guide for Educators）的专题研究报告，围绕思维、认知以及个体经历三个方面，将人的创造性表现归纳为产生观点、深入考察观点、开放并勇于探索观点、自我理解与控制 4 个维度，包括的二级指标有发散思维、隐形思维、收敛性思维/批判性思维、敏感、好奇、想象、批判、尝试、冒险、适应、坚韧、勇敢等 |
| 刘玉娟等[⑤] | 2011 | 从创新人格、创新意识、创新思维三个方面来评价中小学生的创新能力 |
| 朱清一[⑥] | 2012 | 构建了区域中小学生创新素养发展性评价指标体系，其包括创新思维、创新意识和创新实践 3 个一级指标，以及对应的 10 个二级指标，并详细列出了行为观测点 |
| 尤卡娜（Youkana[⑦]） | 2015 | 斯卡斯代尔（Scarsdale）中学就创客教育背景下的学生创新能力评价进行研究，提出以设计的流程、理解、作品三部分为基础，以及技术与概念、思维习惯、理解与反思、责任、努力程度的五维度评价策略 |
| 师保国[⑧] | 2017 | 学生的创新素养的评价可以从创新能力和创新精神两方面入手，创新能力可以从学生的发散思维、求同思维和批判性思维三个方面进行评价，创新精神可以从学生的兴趣点、思维开放度、创新意识和创新观念等方面出发 |
| 经合组织（OECD[⑨]） | 2022 | 学生创造性思维能力评估分为创造性表达、知识创造以及创造性问题解决，前者包括文字表述和视觉表达，后者包括社会问题解决和科学问题解决。将创造性思维测试分解为三个维度：生成多样化想法、生成创造性想法、评估和改进想法 |

---

① 祝智庭，雒亮，朱思奇. 创客教育：驶向创新教育彼岸的破冰船. 创新人才教育，2016（1）：32-38.

② 朱永新，杨树兵. 创新教育论纲. 教育研究，1999（8）：8-15.

③ 王雅萍. 怎样评价学生的创新能力. 语文建设，2002（3）：42-44.

④ UCONN. The National Research Center on the Gifted and Talented（1990-2003）. https://nrcgt.uconn.edu/research-based_resources/terfyoun. [2023-12-13].

⑤ 刘玉娟，Wonking Mencius. 中小学生创新能力问卷编制报告. 中国特殊教育，2011（6）：62-65.

⑥ 朱清一. 中小学生创新素养评价的研究与探索. 现代教学，2012（7）：45.

⑦ 转引自申静洁，赵呈领，周凤伶. 创客教育课程中学生创新能力评价研究[J]. 现代教育技术，2018，28（10）：120-126.

⑧ 师保国. 核心素养的"教"与"评"——以创新素养为例. 人民教育，2017（S1）：47-50.

⑨ OECD. PISA 2021 Creative Thinking Framework：Third Draft. Paris：OECD Publishing，2019.

续表

| 研究者 | 年份 | 评价内容体系 |
| --- | --- | --- |
| 沈光辉等① | 2022 | 基于创客教育视角，将初中生创新能力分为创新品质（创新意识、想象力、质疑能力）、创新思维（直觉与逻辑思维、发散思维、批判性思维）、创新技能（跨学科能力、设计能力、操作能力） |
| 钟柏昌等② | 2022 | 构建跨学科创新力评价指标体系，包括创新人格（好奇心、想象力）、创新思维（发散思维、逻辑思维）、创新学习（自主学习、知识迁移）、创新技能（问题提出、问题解决）、创新成果（艺术性、新颖性、过程性、价值性） |

此外，日本和韩国从微观层面考察了青少年创新力评价内容，总体呈现出由单一内容向多元内容的转变③。由此可见，创新力评价的内容体系是多元的。

虽然学生创新力评价的内容体系构建观点各异，但可以发现，在评价时学者们基本上以创新人格、创新思维、创新实践为出发点，只是表述的方式以及在二、三级指标的设置上存在不同。也有学者强调应依据适切的人才理论及创新人才评估模型构建评价指标体系。

### 4. 评价方法研究

在评价方法和评价工具的研究上，基于不同领域对创新力的不同理解，学者采用了不同的评价方法和工具。

第一，在心理学领域，常用的是测验法。许多心理学专家学者把创新思维能力作为衡量学生创新力的标准，常用的有发散思维测验、托兰斯（Torrance）创造性思维测验以及批判性思维量表，如加利福尼亚批判性思维技能测量量表、加利福尼亚批判性思维倾向问卷等。④阿玛贝尔的同感评估技术是通过对创新成果的评价来判断创新力，是一种定性评价方式⑤，现在一些学者也认为在技术、工程与艺术领域对创造力的认定应该基于产品（作品）。对于评价创新人格，学者常用的测评工具有威廉斯创造性人格量表、高夫形容词检核表等。其他的还有比尔（Bier）1989 年发表的《创造性环境量表：工作环境问卷》、蒂尔尼（Tierney）和法默（Farmer）的创造力自我效能感量表⑥、贝蒂（Batey）的创新

① 沈光辉，高鑫，宋乃庆. 基于创客教育视角的初中生创新能力测评模型构建与应用. 中国电化教育，2022（4）：71-78.

② 钟柏昌，龚佳欣. 跨学科创新能力评价指标体系的构建与实证研究. 中国电化教育，2022（12）：27-34.

③ 张冬梅，刘晓鸣，刘禹，等. 构建青少年创新素质测评与训练新模式. 中国科学院院刊，2021（7）：779-786.

④ 梁红. 大学生创新思维能力的测量评价与培养——物理实验教学中创新思维能力的培养. 哈尔滨学院学报，2004（3）：135-137.

⑤ 张厚粲，徐建平. 现代心理与教育统计学. 3 版. 北京：北京师范大学出版社，2009：54-76.

⑥ Tierney P，Farmer S M. Creative self-efficacy：Its potential antecedents and relationship to creative performance. Academy of Management Journal，2002，45（6）：1137-1148.

性自我等级评价[①]以及哈佛大学卡森（Carson）教授编制的创新成就问卷[②]等。德国在创新力评价领域最突出的研究成果是编制了创新性量表，使创新力评价方式有了进一步的发展。[③]

第二，在教育学领域，创新力评价方法主要有量化和质性之分。关于量化方法，一方面指借鉴心理学领域的测验法，通过测试进行评价，比如PISA[④] 2022创造性思维评价框架提供了三种题型，即建构题、交互式模拟任务和多项选择题，借助计算机进行操作[⑤]；另一方面指20世纪70年代运筹学家萨蒂（Saaty）提出的层次分析法[⑥]，以及后来常用的模糊综合评价和模糊数学中的层次分析法等方法，它们在创新力评价中取得了良好的效果[⑦]，但也存在计算步骤复杂、与实际存在误差等弊端。例如大学生创新力评价过程中常采用此类量化评价方法，通过建立指标体系，确定各个维度的权重，从而计算出最终的评价结果。也有学者采用动态综合评价法、物元可拓评价法等，但本质上讲还是通过层层划分指标体系，再利用统计手段得出评价结果。20世纪90年代以来，随着技术的发展，计算机技术和人工智能在评价领域中的地位逐步上升，在处理评价指标这类复杂的非线性问题上，人工神经网络优势凸显，它提高了工作效率且精确度较高，因此被广泛地应用于评价领域，比如葛杨等将机器学习和神经网络相结合，开创了用人工智能预测学生创新思维能力的新领域，对创新思维能力的智能化评价，构建了“（N-1）+1”型遗传算法的BP神经网络优化模型。[⑧]

第三，质性评价也逐渐走入人们的视野，2002年，美国国家天才学生研究中心发布的《评估创造力：教育工作者指南》，将评价方法归为“使用什么信息

① Batey M. A psychometric investigation of everyday creativity. Doctoral Thesis. London：University of London，2007.

② Carson S H，Peterson J B，Higgins D M. Reliability，validity，and factor structure of the creative achievement questionnaire. Creativity Research Journal，2005，17（1）：37-50.

③ 许可. 培育初中生创新素养方式的评价指标体系研究：基于课堂观察的角度. 南昌：江西师范大学，2019.

④ PISA为Program for International Student Assessment的缩写，译为“国际学生评估项目”，是一项由经合组织统筹的学生能力国际评估计划。

⑤ 李玉峰，孙梦月. PISA 2022科学问题解决样题对基础教育学生创新精神评价的启示. 新疆师范大学学报（自然科学版），2022（1）：64-71.

⑥ Dağdeviren M，Yüksel İ. Developing a fuzzy analytic hierarchy process（AHP）model for behavior-based safety management. Information Sciences，2008，178（6）：1717-1733.

⑦ Wang H B，Lu W Y. The present situation and development trend of scientific research achievements in colleges and universities in China. Evalution & Management，2010（3）：31-35.

⑧ 葛杨，毛继泽，史冬岩. 机械专业本科生创新思维能力智能化评价方法及定制化教学实践. 工业和信息化教育，2022（4）：88-94.

描述学生的创造力”“采取什么方法收集学生信息”“编制和选择评价工具”三类，提倡在评价中收集量化和质性两种类型的信息，主要通过自然观察、自陈报告、他人评分和现场测试获得学生信息，根据评价内容选择适合的工具。[①]弗莱明（Fleming）在米尔福德（Milford）的高中构建创客空间并开展相应教学，以形成性评价为主，要求学生在教学活动完成之后，及时记录自己的感触和收获从而获取评价信息，在评价内容上更多关注学生学习过程的形成性评价和学习作品和结构的总结性评价。[②]李树培认为，学生动态生成的精彩观念甚至是稍纵即逝的，因此提倡过程性的质性评价方法，比如档案袋评价、即时评价，在评价过程中注重倾听和理解、引导和启发、创造性等待以及描述性研究，评价是融入日常活动中的，不是最后阶段才作的总结工作。[③]2017 年 5 月，美国多所顶尖私立高中成立了素养成绩单联盟（Mastery Tran Consortium，MTC），构建了一种新的评价体系，即动态电子档案“新模式”，其囊括 8 项能力和 61 项子能力，对学生的创新力进行动态的、持续的、全面的评价。[④]还有学者指出，通过学生独立作报告发表看法、对学生进行观察、随机提问、作品分析和组织学生动手实践等方法对学生创新能力及创新精神进行评价[⑤]。王艳芝主张在进行小学生数学创新素质评价时，要基于一定的评价标准来设计和开发表现性任务，实施表现性评价。[⑥]2019 年 4 月，OECD 发布了《PISA 2021 创造性思维评估框架草案（第三版）》，在进行创造性思维测试时加入问卷调查，以起到信息补充和原因探究的作用，为学生创新力评价提供了参考。[⑦]同时，雷洪等明确提出在创新力评价过程中要将测验法、模糊综合评价法、层次法等评价手段结合使用。[⑧]此外，还有部分学者不拘泥于具体评价方法的选择，而主张从跨学科视角和基于真实情境的实践创新视角这样的中观层面对学生的创新素养进行评价，要求构建科学的跨学科的评价体系，并将学生置于真正的情境中进行评价。[⑨]

---

① 转引自蔡敏. 美国中小学生创造力评价探析[J]. 外国教育研究，2008（10）：47-52.

② 转引自金义. 创客环境下初中生创新能力评价模型研究[D]. 沈阳师范大学，2021.

③ 李树培. 解析研究型课程学生创造之评价. 当代教育科学，2007（7）：44-47.

④ 陈殿兵，杨新晓. 能力评估档案：美国高中学生评价体系的实践创新. 浙江师范大学学报（社会科学版），2019（1）：99-104.

⑤ 师保国. 核心素养的“教”与“评”——以创新素养为例. 人民教育，2017（C1）：47-50.

⑥ 王艳芝. 小学生数学创新素质表现性评价的认识、开发与运用——以《周长的猜想》为例. 上海教育科研，2021（6）：35-39.

⑦ 转引自翟俊卿，陈郁郁. 指向创造性思维：PISA 2021 的启示与借鉴. 教育测量与评价，2021（2）：36-42.

⑧ 雷洪，霍冀川. 关于大学生创新力评价的一点思考. 科教导刊（下旬），2019（30）：182-184.

⑨ 郭珊珊，郑直. 大学生创新素养开放性评价体系的构建与实践. 青海社会科学，2022（3）：72-81.

总体来看，创新力评价方法呈现多元化、综合化倾向，由单一的测量逐渐走向量化和质性评价相结合，而且质性评价越来越受到研究者的青睐。

### 5. 评价主体研究

虽然没有专门的文献研究创新力评价的主体，但关于评价主体的问题却渗透在几乎任何一篇创新力评价研究的文献中。像 PISA 测试这类的测验更加强调专业人员的评价主体地位。申静洁等以创客教育课程为切入点强调创新力多重评价维度的同时，提出将教师评价、组内评价、组间评价、学生自评相融合，并使之与总结性评价、发展性评价构成互嵌评价模式。①这一研究充分突出了学生的主体地位，强调学生的自评和同伴互评，随着质性评价方式的运用，比如档案袋记录，学生在评价过程中的参与度也逐步提升，充分发挥了评价主体的作用。但是也有学者认为自评和他评会影响评价结果的真实性，因此强调以权威机构作为评价主体。②总结来看，评价主体包括外部专家、教师、学生等，但相对来说，教师在实际评价中占据优势地位，一些测评以教师为评价主体，在综合评价中教师的权重也比较高，学生作为评价主体的实际参与度较低。

### 6. 评价结果研究

在评价结果的呈现形式与运用上，美国国家天才学生研究中心将学生的创新力评价结果以等级划分为 4 个水平，即“尚未显现”“略微显现”“基本显现”“出色显现”，用于改进教学策略，激发学生的创新潜能，同时也能根据评价结果选拔出具有超常天赋和才能的学生。③申静洁等以言语、行为、低阶、高阶 4 种水平表示学生的创新力，从而准确把握学生创新力所处的层次和各方面的发展情况，同时依据可观测的数据评价学生，进一步发掘学生的创新潜能，促进学生的全面、可持续发展。④此外，王昆霞等认为，创新力评价结果应在学校的改进、发展以及为具有创新潜能的学生提供指导和帮助中发挥重要作用。⑤葛杨等构建的创新思维能力评价模型旨在从智能化视角解析机械类本科生的创新思维能力及上升空间，并利用评价结果进行教学调整，根据不同的学生制定不同的培养方案，有针对性地培养学生的创新思维能力。⑥钟柏昌等认为，跨学科创新力评价

---

① 申静洁，赵呈领，周凤伶. 创客教育课程中学生创新能力评价研究. 现代教育技术，2018（10）：120-126.

② 雷洪，霍冀川. 关于大学生创新力评价的一点思考. 科教导刊（下旬），2019（30）：182-184.

③ 蔡敏. 美国中小学生创造力评价探析. 外国教育研究，2008（10）：47-52.

④ 申静洁，赵呈领，周凤伶. 创客教育课程中学生创新能力评价研究. 现代教育技术，2018（10）：120-126.

⑤ 王昆霞，姚春艳. 如何对中小学生创新素养进行评价. 湖北教育（综合资讯），2015（8）：59-60.

⑥ 葛杨，毛继泽，史冬岩. 机械专业本科生创新思维能力智能化评价方法及定制化教学实践. 工业和信息化教育，2022（4）：88-94.

指标是反映个体跨学科创新能力水平的重要依据，有利于清晰地掌握学生跨学科创新能力的现况与潜能，从而提升教学质量以及改进培养模式，而且各维度的评价结果也是教师优化教学设计的重要依据，有利于教师针对特定教学环节进行改进与完善。此外，该评价指标亦可作为合作分组的参考依据，根据学生各维度水平，进行同质或异质分组，以发挥每个个体的独特优势，助力学生跨学科创新能力发展的提质提效。而且，他们提出要注意学生的隐私保护，还要动态看待学生创新能力的发展，不应标签化，即学生创新力评价结果不是固定的。[①]李志鸿等认为，评价的目的并非鉴别学生是否具有创新力，而是为了及时发现、识别创新潜能，并为创新力的发展提供支持。[②]李玉峰等也认为，对学生创新精神的评估在于培养学生的创新精神，从而培养出担当民族复兴大任的时代新人。[③]当然也有学者认为创造力测评在有效区分学习者的创造力水平以及对学习者创造力学科倾向深度分析方面发挥着更加显著的作用。[④]

由此可见，创新力评价结果的表现形式以等级划分和简洁描述为主。在创新力评价结果的应用方面，一方面服务于高校，如通过“自主招生”等项目，采用个性化的评价方式选拔出创新力较强的学生进行有针对性的培养；另一方面，评价结果也被用于诊断或监测，其目的更倾向于利用评价结果来发现和培养学生的创新力，这一观点也得到了越来越多学者的认同。

### 7. 其他研究

有学者具体到某一学科或是某一个方面对学生创新力评价进行研究，如沈雨萌针对初中生化学实验创新素养提出“3I 评价法”[⑤]，类似研究的学者还有张淼、吕宏申、朱美霞等。毛刚等借助 STEM 教育活动对学生进行创造力测评，构建了 STEM 教育场景下的创造力评价模型。[⑥]张春莉等利用德尔菲法构建了中小学学生数学创新素质评价指标体系。[⑦]还有学者专门就创客教育中的创新思维评价进行研究，就创新思维发展的基本途径、基本形式、基本载体和特点等进行了详细分析，并设计出基于组块破解方法的拆字组合评价工具，为创客教育中创

---

① 钟柏昌，龚佳欣. 跨学科创新能力评价指标体系的构建与实证研究. 中国电化教育，2022（12）：27-34.

② 李志鸿，周云祥. 国外对学生创造力的评价技术. 外国中小学教育，2005（10）：23-27.

③ 李玉峰，孙梦月. PISA 2022 科学问题解决样题对基础教育学生创新精神评价的启示. 新疆师范大学学报（自然科学版），2022（3）：64-71.

④ 毛刚，吴童，李菲茗. 基于 STEM 教育的学习者创造力测评研究. 电化教育研究，2023（3）：91-98.

⑤ 沈雨萌. “3I 评价法”在化学实验创新素养评价中的应用. 中学化学教学参考，2019（11）：5-9.

⑥ 毛刚，吴童，李菲茗. 基于 STEM 教育的学习者创造力测评研究. 电化教育研究，2023（3）：91-98.

⑦ 张春莉，王艳芝. 学生数学创新素质评价指标体系构建. 教育科学研究，2021（7）：47-52.

新思维评价提供了经验借鉴。[①]其着眼于不同领域的创新力以及创新力所涵盖的某个具体方面，从而深化了基础教育阶段学生创新力评价研究。

## （三）新高考背景下的创新力评价研究

### 1. 新高考背景下创新力评价理论研究

陈晴晴从教育改革的视角出发，对创新教育以及创新力评价进行了比较宏观的阐述，她认为教育改革是创新教育成长与发展的契机，尤其新高考改革的选科制度为学生创新力的彰显以及挖掘培养提供了机会，为保障创新教育的实施效度，需要积极探索创新力评价机制。比如，在评价理念上，创新力评价理念需要结合当下教育评价改革的旨趣，创新力评价不能脱离教育评价的整体而单独存在，应以当下基础教育评价改革的旨趣为基础形成科学、合理的评价理念，关注学生创新力多个层面的发展，兼顾外显行为与内在品质。在评价目的上，创新力评价并非为学生贴上“高创造”“低创造”“无创造”的标签，而是从学生的创新水平出发，进一步为创新教育的实施提供依据。在评价方式上，遵循多样化、动态化的原则，一方面，审思、改善已有评价工具，同时借助智能工具，通过大数据诊断学生的创新力发展水平，及时记录学生的创新力清单，为每个学生构建创新力发展的动态智能库，为定制适配性的培养目标和教育策略提供参照；另一方面，联合多主体、采用多种方式进行评价，而且评价方式是不断进行优化调整的，以促使学生的创新力持续良性地发展。[②]

冉洁提出，为了完善高中生创新人才评价体系，需要从评价形式、内容、成果和推广等多个维度出发，建立多元化的评价标准，从而激发学生的创新发展动力。在评价形式上，可以采取以下三种方式：一是实时评价，即在活动过程中结合教师评价、学生自评与同伴互评；二是过程评价，深入挖掘活动经历以及过程中的创意、才艺展示、冒险精神等体验值，并注重阶段性的评比和展示交流；三是成果评价，对实践类、设计类、研究类和分析类的成果进行评估。在评价内容上，应重视成效和创新等方面的评价。具体的评价方法包括文字性描述、等级性表述、符号标注等手段，并可以运用量表法、自评法、互评法、点评法等多种评价方法。同时，应注重专家评价，如研究报告、发明创造、专利申请、论文发表、学科竞赛奖和科创大赛奖等，应由评审专家进行评定。此外，还可以引入社

① 董黎明，焦宝聪. 创客教育中创新思维评价研究. 黑龙江高教研究，2021（5）：95-101.

② 陈晴晴. 我国基础教育阶段创造教育研究的百年探索. 中国考试，2022（9）：84-94.

会评价，充分利用网络传媒手段，如 QQ、BBS、博客、微博、圈粉、直播、自媒体等，展示和评价实践研究成果，从而提升社会影响力和关注度。通过这样的评价体系，我们希望每位参与者都能更好地了解自己的成长变化，把握自己的思想认识、态度表现、创新行为以及发展趋势和方法步骤。这将有助于他们明确自己的发展重点，优化发展策略，增强学习责任感，并促进主动学习。最终，期望这样的评价体系真正发挥好预测、诊断、反馈、导向和激励的整体育人功能。①

同时，张晓光也对早期的创新人才评价进行了批评，认为其“重选轻育”，即重视对少数学生的选拔，忽视对全体学生的培育和培养，且选拔多以智力和成绩为标准，提出拔尖创新人才培养是公平教育而非精英教育，是面向最广大儿童的因材施教，它不同于英才教育、精英教育，拔尖是一个比较概念，只有在整体提升的基础上才能更好地拔尖，也只有在一定的基数上才能拔尖。②由此可见，以创新力评价来促进学生创新力培养的目的指向变得愈加明确。同时，学者也逐渐将评价和培养的对象扩展至全体学生，而不再仅仅关注少数选拔出来的学生。

**2. 综合素质评价背景下创新力评价实践探索**

新高考改革倡导“两依据，一参考”，“参考”指以学生的综合素质评价为参考，通过 CNKI 检索，发现截至 2022 年底，在综合素质评价背景下对学生创新力进行评价的相关研究只有 1 篇，薛云霞在 2012 年提出综合素质评价背景下要对学生创新能力进行及时评价，将学生的创新行为记录纳入成长档案袋，并借助综合素质评价平台进行展示，以促进学生的创新能力发展。③但她对综合素质评价背景下创新能力评价的具体做法没有进行进一步的阐释，此外研究也没有聚焦高中生这一群体。

虽然针对新高考背景下的创新力评价的专门性研究数量有限，但相关实践探索已经陆续出现，不少学校在推行新高考改革过程中已经涉及学生创新力评价，我们可以从一些地区的实践探索中寻得蛛丝马迹。比如，一些地区和学校在积极构建校本化综合素质评价体系时对学生的创新力评价也进行了一定的关注和探索，积累了相关经验。如湖北省和青海省分别把“创新与发现”“实践与创新”作为综合素质评价内容，河北省将“创新与发现”作为基础素质发展评价的内容之一，上海市曹杨二中将“博学创新”作为综合素质评价的一个重要维度，以

---

① 冉洁. 新课程改革背景下高中创新人才培养模式建构. 教育科学论坛，2022（34）：71-74.

② 张晓光. 拔尖创新人才早期培养应由“拔尖”转向“普育”. 中小学管理，2022（12）：13-14.

③ 薛云霞. 在综合素质评价中如何对学生的创新能力进行评价. 学苑教育，2012（3）：22.

“求真”“务实”“阅读与演讲”“创新能力”“学业评价”为观测点[①]。王咸伟等主张从“有发散思维，具有敢于怀疑的精神”“有想象力，敢于将想法付诸实践”“创新成果”来评价中小学生创新能力。[②]张燕构建应用型高校大学生综合素质评价体系时，将“创新能力”“科研能力”作为能力素质的二级指标，考察学生创新创业能力以及科学研究成果。[③]重庆市某中学初中生综合素质量化评价将“科技创新”作为一项重要内容，是对学生在科技活动中表现出来的在发现问题、分析问题、探究问题、解决问题、科技制作、发明创造等方面创新能力的评价。[④]由此可见，虽然实践中一直存在对学生创新力评价的关注，但这类评价通常只是作为整体评价内容中的细小方面。对于新高考背景下高中生创新力评价的内涵、理论基础、内在诉求、评价内容、评价载体以及评价方法的研究，尚缺乏系统性和深度。

### 3. 基于高考命题改革对学生创新力评价的研究

从创造学理论来看，通过独立思考发现问题、分析问题、解决问题就是创新能力的体现。为了突破原来以知识为中心的教育弊端，新高考采用多样化的考试形式选拔具有创新潜能的人才，从而对教师教学形成导向作用。2014 年 9 月印发的《国务院关于深化考试招生制度改革的实施意见》提出，深化高考考试内容改革，要“着重考查学生独立思考和运用所学知识分析问题、解决问题的能力”。中国科学院院士朱清时认为，高考改革重要的是考什么和如何考的问题，如果在高考命题中加入对学生各种素质和能力的测试，如果高考题目中有相当数量的题涉及批判思维能力和想象力，那么中学、小学乃至幼儿园都会想方设法提高学生的批判思维能力和想象力，这样就可以发挥高考“指挥棒”的作用。[⑤]同时，还有很多学者将研究的重点放到具体的各科高考试题上，分析各科高考试题如何反映出学生的创新力，即如何通过高考对学生的创新力进行评价。比如 2018 年的高考全国卷Ⅰ化学试题中的第 28 题，通过合理创设情境、设置新颖的

---

① 王洋，易建平. 综合素质评价“落地”路线图——上海市曹杨第二中学激励清单与负面清单评价模式详解. 人民教育，2016（14）：45-49.

② 王咸伟，徐晓东，刘欢欢，等. 信息化环境下中小学生综合素质评价指标体系构建. 电化教育研究，2019（1）：67-76.

③ 张燕. 大数据时代背景下应用型高校大学生综合素质评价体系研究. 山西能源学院学报，2021（1）：34-36.

④ 古爱华. 初中生综合素质量化评价体系的整体构建与实施——以重庆市 F 中学为例. 教育测量与评价，2022（1）：54-63.

⑤ 转引自雷靓，郑天虹. “考什么”和“如何考”是高考改革关键. 新华每日电讯，2013-06-25（002）.

试题呈现方式和设问方式，鼓励学生主动思考，促进创新思维能力的发展；全国Ⅰ卷第 36 题，通过增强试题的开放性和探究性，鼓励学生灵活运用所学知识进行思考，多角度认识和分析问题，创造性地解决问题，对学生创新能力的考查比较到位。①2021 年，江合佩等对全国 15 套高考化学试题进行了分析，发现各套试卷均从不同内容维度考查学生的创造性思维能力。②在 2022 年数学新高考Ⅰ卷第 14 题中，两个圆一共有三条相切直线，要求学生写出一个直线方程，答案的多元化为学生提供了选择空间，有利于学生创造性思维、发散性思维的发展；全国理科乙卷第 14 题、全国文科乙卷第 15 题给出 4 个点，要求学生选取 3 个点写出过 3 点的一个圆方程式，题目的灵活性为学生提供了思考空间，有利于学生创新思维能力、直观想象素养的培养。③此外，一些学者对语文作文、政治等学科试题进行了研究，发现它们都在一定程度上对学生的创新力进行了考查。

### （四）拔尖创新人才早期识别与培养中学生创新力评价研究

我国高校培养拔尖创新人才起步于 1978 年中国科技大学创办的“少年班”，之后有北京大学“元培计划”、浙江大学“竺可桢学院”、复旦大学的“复旦学院”以及如 2008 年北京市教委成立青少年科技创新学院并启动的“翱翔计划”，2009 年教育部联合中组部、财政部启动“基础学科拔尖学生培养试验计划”（也称“珠峰计划”）、2011 年中央多部委联合印发《青年英才开发计划实施方案》、2020 年教育部的“强基计划”等，其以政府为主导力量。除此之外，还有非政府主导的类型，比如中学校际联盟（2021 年由成都七中、杭州学军中学、山西大学附中、重庆一中组成的“拔尖创新人才培养四校联盟”）、中学与高校合作（2013 年由山东省实验中学与山东大学合作的“山东大学创新实验班”）、中学与企业合作（2013 年由青岛一中和海尔集团合作的“海尔创新班”）、中学内部自主探究等，它们都对拔尖创新人才培养进行了各具特色的探索。④

在拔尖创新人才早期识别中有涉及对学生创新力的评价，相关典型做法整理如表 1-3 所示。

---

① 江合佩. 聚焦关键能力培育，创新核心素养考查——2018 年高考全国卷化学试题评析及教学启示. 教育测量与评价，2018（9）：25-36.

② 江合佩，单旭峰，王春. 基于创造性思维评估的高考化学试题评析及启示——以 2021 年全国 15 套高考化学试题为例. 教育测量与评价，2022（3）：86-99.

③ 尤娜，汪洋，赵思林. 2022 年高考数学全国卷创新型试题赏析. 教育科学论坛，2022（35）：16-19.

④ 王亮，熊建辉. 拔尖创新人才早期培养的实践探索与深化路径. 全球教育展望，2023（4）：46-62.

表 1-3 拔尖创新人才早期识别中学生创新力评价相关做法

| 学校/项目 | 相关做法 |
| --- | --- |
| 中国人民大学附属中学 | 强调综合创新的理念，通过学生观看公益视频并完成有关练习的形式进行初筛，要求学生具有在数学、空间思维、语言、阅读等方面的综合素质① |
| 北京八中 | 通过综合思维能力考察和试读环节进行选拔② |
| 北京四中道元班 | 招收“全优+特长型”和“超常型”学生两种，前者要求学生自身素质发展全面且在某方面具有较为突出特长，后者要求学生在某一领域具有超常能力和潜质。道元班实行自主招生的形式，在中考成绩方面放宽要求，选拔时参照学习成绩，设置测试和面试环节③ |
| 高校与中学、企业与中学共设的实验班 | 对培养对象的选拔常常是在学生兴趣和潜力的基础上参照考试成绩 |
| 深圳零一学院 | 更加注重学生在科技创新方面的突出志趣与潜能 |
| “英才计划” | 注重学科或综合成绩、标准化测评成绩、面试结果，同时也融入学校推荐、组织考察或认定等环节，如对学生学科成绩或综合成绩排名进行了规定④ |
| “翱翔计划” | 要求学校择优推荐并经组织认定⑤ |

此外，上海一些学校一是自主开发学生认知能力测评系统，从而甄选出真正具有学习潜能的儿童；二是通过教师日常对学生的观察和跟踪记录，研究学生的个性品质；三是通过开发学生学业心智模式测评系统对学生进行诊断。在此过程中，它们探索出一套科技领域拔尖创新人才的早期识别和培育指标体系，包括激活内动力、养成创新思维、养成创新人格、基于聚焦志趣领域的发展指向性四个维度。其中内动力主要指责任与思想境界、兴趣与潜能的匹配度，创新思维主要指思维的批判性、深刻性、跳跃性和缜密性，创新人格主要指钻研与痴迷、坚忍性，基于聚焦志趣领域的发展指向性是指个性化的知识构成和基于一定领域发展的可持续性。⑥还有学校以各级科技比赛、科技实践活动为平台，关注学生参与科技比赛的情况，并且通过相关的基础知识测试、科技技能测试、专家学者和高中教师的集体面试，甚至以高考成绩为参考，选拔一批创新潜质突出的学生。总体来说，此类选拔通常综合学生的身心健康、品德、智力、兴趣、天赋等因素，形成包含学业成就、考查、考试、推荐等环节在内的选拔制度。⑦

① 2020 年人大附中超常儿童早期培训实验项目（人大附中早培班）今起招生. https://www.sohu.com/a/409128311_120132276?_f=index_pagefocus_3&_trans_=000019_hao123_nba.（2020-07-22）[2023-12-13].

② 2022 年北京八中超常儿童实验项目招生简章. http://www.ysxiao.cn/c/202207/54654.html.（2022-07-30）[2023-12-13].

③ 任飏，陈安，张晨阳. 基础教育阶段创新型人才培养路径探析——以北京四中为例. 中国教育学刊，2018（4）：98-101.

④ 中国科协办公厅 教育部办公厅关于开展 2023 年“英才计划”工作的通知. https://www.ycjh.org.cn/news/newsDetail.aspx?aid=250031.（2020-07-22）[2023-12-13].

⑤ 罗洁. 高中阶段创新人才培养模式的探索——北京市“翱翔计划”的思考与实践. 中小学信息技术教育，2019（Z1）：36-38.

⑥ 翁铁慧. 创新人才培养的战略思考与实践. 创新人才教育，2014（2）：6-12.

⑦ 王亮，熊建辉. 拔尖创新人才早期培养的实践探索与深化路径. 全球教育展望，2023（4）：46-62.

### （五）对已有研究的评析

通过对国内外创新力评价相关研究以及新高考改革相关研究的梳理和分析，我们发现已有研究取得了显著成果，特别是在国外创新力评价研究和我国新高考改革的理论与实践研究方面。然而，已有研究仍存在不足之处，主要体现在以下三个方面。

第一，从总体上看，我国关于创新力评价的理论研究相对薄弱。已有相关研究虽然数量众多，但在研究内容上创新不够，受国外研究影响较大，尤其表现在对国外创新力评价方法和评价工具的借鉴上。同时，评价方法囿于测验等量化研究范式，重视评价结果，而且评价多用于选拔或培养拔尖创新学生，面向全体学生的创新力评价及培养的研究较少。

第二，从研究对象看上，我国创新力评价相关研究多集中在高等教育领域。相关的期刊和博硕士论文数量众多，其中针对不同层次和专业的大学生所构建的创新能力、创新素养评价体系五花八门，理论研究和实证研究兼具。然而，针对基础教育阶段的创新力评价研究却相对较少，且以期刊论文为主，针对高中生的创新力评价研究更是寥寥无几。

第三，我国关于新高考改革的相关理论研究和实践研究日益丰富，但是以新高考为背景、借助新高考改革相关研究成果探索高中生创新力评价的研究较少，多体现在学者的简单论述、一些政策文本的倡议和部分学校的实践尝试中，缺乏对学生创新力评价进行的专门化、系统化研究。

## 三、本书逻辑与研究方法

### （一）本书逻辑

本书的研究对象为高中生。这一阶段的学生身心逐渐成熟，知识储备日益丰富，理性思维也异常活跃，可谓是学生创新力发展和培养的关键时期。而且，这些学生即将完成基础教育阶段的学习，不论是选择继续深造还是进入社会工作，创新力作为一种高级别的能力品质，都将对他们的未来学习和工作产生至关重要的影响。从更深层面来看，创新力甚至决定了一个人的生存、生活和发展质量。因此，本书聚焦高中生这一群体，全面关注其创新力发展和培养状况，并试图通过创新力评价这一手段，有力地推动高中生创新力的有度、有效发展。本书的逻辑如图 1-4 所示。

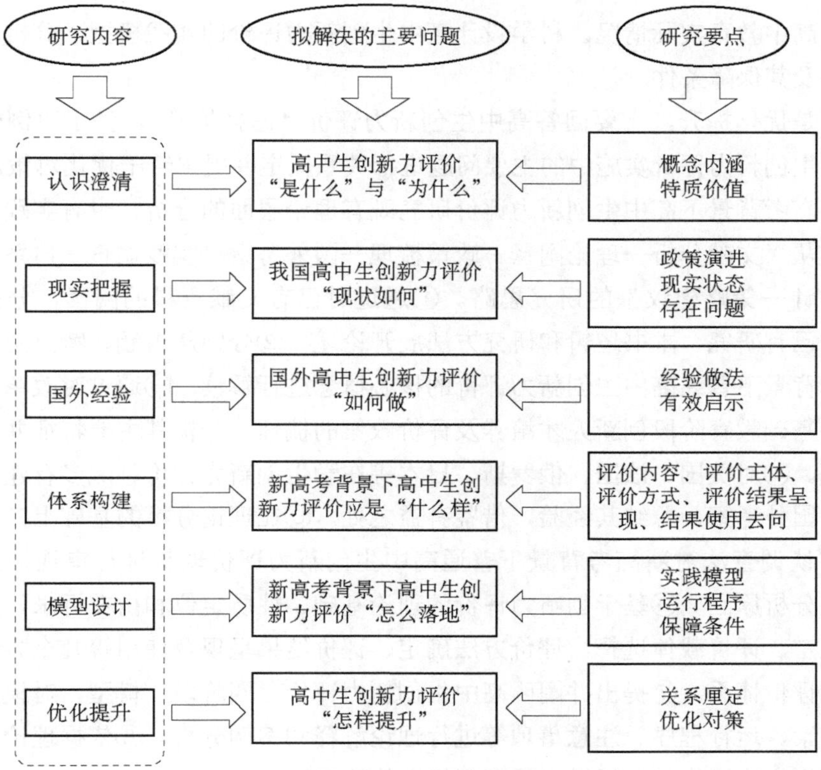


图 1-4 本书的逻辑

一是认识澄清，主要回答高中生创新力评价“是什么”与“为什么”。通过阐释创新力、创新力评价等核心概念及其内涵，剖析高中生创新力评价的特质价值。

二是现实把握，主要回答高中生创新力评价“现状如何”。一是系统梳理我国基础教育阶段学生创新培养及评价政策演进，分析其特征及未来展望；二是通过实地调研，把握我国高中生创新力评价的现实样态，反思其存在的问题。

三是国外经验，主要回答国外高中生创新力评价“如何做”。选取有代表性的国家，如美国、英国、俄罗斯、日本等，总结高中生创新力评价的国外做法，汲取有效经验。

四是体系构建，主要回答新高考背景下高中生创新力评价应是“什么样”。基于新高考改革精神，围绕评价内容、评价主体、评价方式、评价结果呈现、结果使用去向问题，系统阐明高中生创新力评价的应然状态。

五是模型设计，主要回答新高考背景下高中生创新力评价“怎么落地”。结合我国高中教育实际情况，科学设计高中生创新力评价的实践模型，分析模型运行程序及其保障条件。

六是优化提升，主要回答高中生创新力评价“怎样提升”。基于案例分析，就高中生创新力评价实施中的主要问题进行关系厘定并提出若干优化对策。

新高考背景下高中生创新力评价研究既有理论层面的分析，也有实践调查，基本遵从“文献分析—理论阐释—政策梳理—国外考察—实践调查—体系构建—模型设计—策略建议”的研究思路。①通过对已有文献资料的阅读、分析与整理，对已有研究、本书逻辑和研究方法展开论述。②分别从内涵、特点两方面对新高考背景下普通高中生创新力评价的核心概念进行解读。③通过对改革开放以来我国基础教育阶段创新人才培养及评价政策的梳理，分析其主要特征并进行未来展望。④对美国、法国、俄罗斯、日本等在学生创新力评价领域多有建树的国家进行国外考察，总结其经验，借鉴有益之处。⑤在理论分析的基础上，利用问卷和访谈调查法对新高考背景下普通高中生创新力评价现状进行审视，发现问题，并分析原因。⑥基于创新力评价的理论基础、性质定位和内在诉求，从评价内容拟定、评价载体选择、评价方法确定、评价结果呈现及使用等几个方面构建创新力评价体系。⑦提出并阐明高中生创新力评价“四阶段”模型，对模型的内容、要素、运行程序、注意事项等进行理论解释和案例分析。⑧依据理论构建，针对模型实践操作与运行提出具有可行性的策略建议。

### （二）研究方法

#### 1. 文献分析法

文献分析法是一种通过查阅、分析、整理文献资料从而探究事物本质的研究方法。[①]本书主要借助CNKI对国内外创新力评价以及新高考改革等相关研究成果进行全面查找、梳理、归纳和分析，力求资料全面、丰富和充实，充分了解国内外学生创新力评价的研究动态和国际趋势，在前人研究的基础上寻找切入点，提升本书的理论价值与实践意义。同时，吸取已有研究成果的精华，为普通高中生创新力评价相关理论问题的澄清寻找可靠的依据和支撑。

#### 2. 德尔菲法

借助已有研究，本书首先初步确定了普通高中生创新力评价的一二级指标，进而根据初拟指标，用利克特五点量表设计专家问卷，将其发放给包含高校老师

① 李秉德. 教育科学研究方法. 2版. 北京：人民教育出版社，2001：129-130.

和高中教师在内的 11 名专家，进行第一轮专家咨询，并对结果进行分析，同时根据专家建议对指标进行修改，随后再进行第二轮的专家函询，此时专家意见比较一致，由此确定最终的指标体系。该研究方法使指标体系更加科学、全面、合理，为后续研究奠定了基础。

**3. 调查研究法**

本书将问卷调查法和访谈调查法有效结合，调查对象包括高中教师和高中生两个群体，问卷主要围绕推行新高考、实施综合素质评价的高中学校创新力评价开展的现状以及师生对创新力评价的态度、认识等问题进行设计，并通过发放电子问卷进行资料收集。为了更深入地了解教师和学生在创新力评价过程中的真实感受，我们采用了线下和线上两种方式对部分师生进行了深度访谈。在访谈中，我们就问卷调查中的一些问题进行了追问，从而获取更丰富、更真实的资料，为本书的研究提供实践基础。

第二章

# 新高考背景下高中生创新力评价的概念界定

# 第一节　创新力及其概念辨析

## 一、创新力内涵

《广雅》中将“创”解释为开创、创新、创造，《说文解字》中，“新，取木也”，木之始伐谓之“新”，与“旧”相对。“创新”一词，可追溯至我国南北朝时期，《魏书》载“革弊创新者，先皇之志也”，指制度方面的改革、变革、革新和改造。现代意义上的创新多被认为出自熊彼特（Schumpeter），1912 年他在《经济发展理论》一书中指出，“创新是指新技术、新发明在生产中的首次应用，是指建立一种新的生产函数或供应函数，是在生产体系中引进一种生产要素和生产条件的新组合”①。英文中“创新”对应“innovation”或“innovate”，据《简明牛津英语词典》及《韦伯斯特词典》，引入新东西、新概念，制造新变化都是创新。当前学术界对创新的理解也不尽相同，庄寿强偏重结果，强调创新的成果效益。②刘惠琴等认为，创新是在已有研究的基础上有新发现、提出新见解、开拓新领域、解决新问题、创造新事物，或是对已有研究进行创造性的运用。③裴娣娜等认为，创新的实质在于变革、超越和发展，更关注执行过程中的努力以及创造性行动，认为创新是一个过程，同时也关注创新的目的性和社会价值。④也有学者整合前人的研究成果，认为创新是在前人研究的基础上，不断追求新的、有价值的成果的过程和结果。⑤由此可以发现，“创新”的定义越来越广泛，从强调新技术在经济领域内的运用和成果效益到强调新东西的产生以及创造性的运用，再到强调新东西产生的过程，并且对“新”的要求变为变革、超越和发展。

---

① 约瑟夫・熊彼特. 经济发展理论. 郭武军，吕阳译. 北京：华夏出版社，2015.

② 庄寿强. 创新与创造之异同. 中国科技术语，2008（5）：36-38.

③ 刘惠琴，白永毅，林功实. 创新与创造的若干概念辨析. 清华大学教育研究，2000（3）：14-16.

④ 裴娣娜，孙鹏. 学校教育创新力研究的几个基本问题. 中国教育学刊，2008（6）：1-6+20.

⑤ 刘俊柱，王永宏，穆慧. “创新”与“创造”含义异同之辩. 佳木斯大学社会科学学报，2018（5）：166-167+184.

本书采用裴娣娜等关于创新的定义，并在此基础上对其进行进一步阐释，认为对于高中生来说，创新就是在个人层面上追求变革、超越和发展，其基本特征包括力图超越、勇于探索、大胆想象、追求创意、推陈出新，只要从事的活动对自己来说是具有新意的、有价值的，就是一种创新，比如个体对原有事物进行的改进、改造、发展。这里着重强调两个方面：第一，“创新”一定要有“新”的行为或者结果，即只有那些实现了“超越”的行为及其结果才属于创新的范畴；第二，“超越”既包括超越自己，也包括超越他人，但首先是针对自己的，即只要超越自己就可被称为创新，它是最基本的创新。

在本书中，“力”与英文中的“power”一词相对应，“power”的内涵比较丰富，既有“（人的）能力”“体力、智力”“力、力量”“权势”等意思，又有“影响力或操纵力”“很有权力或影响力的人、团体或国家”的意思，还有“动力，持续的能力”的意思。①概括来讲，“力”在这里是一个能量概念，指学生创新的活力与能量②，也可被称为学生创新的总体综合力③，是支持和推动学生创新、直接影响个体创新的内在力量。

综上所述，本书采用姜丽等的观点，即高中生创新力指高中生在日常学习生活过程中表现出来的，突破落后观念、旧有规则的束缚，有意识地探索新事物、发现问题、提出自己的思想和见解，并积极付诸行动、寻找新的解决问题的途径，创造出有个人价值的甚至是社会价值的成果的力量。④

## 二、相关概念辨析

### （一）创新与创造

研究发现，当前学术界多把“创新”“创造”混淆使用，二者虽有共同点，但也有区别之处，厘清二者之间的异同，不仅能够改变人们对创新的认知，也有助于相关研究与活动的开展，明确什么时候可以相互借鉴，什么情况下需要加以区分。“创造”一词出现较早，在古代有创作、创建、制造、发明等意思，随着20世纪创造学的兴起，众多专家开始对“创造”这一概念进行剖析，刘俊柱等综合了郭有通、柏金斯以及《现代汉语词典》中对创造的解释，认为创造应该是

① 霍恩比. 牛津高阶英汉双解词典. 4版. 增补本. 李北达译. 北京：商务印书馆，2002：1151.
② 裴娣娜. 学习力：诠释学生学习与发展的新视野. 课程·教材·教法，2016（7）：3-9.
③ 裴娣娜，孙鹏. 学校教育创新力研究的几个基本问题. 中国教育学刊，2008（6）：1-6+20.
④ 姜丽，桑青松. 论新课改背景下高中生创新能力的培养. 现代教育科学，2008（2）：43-44.

具有创造能力的人类在一定目的的驱使下，对主观和客观世界进行的从无到有的创建活动，并产生了某种全新而具体的结果。[①]因此，二者相同之处在于其核心均为“新”，即有新思想、新方法、新结果等。

二者的不同之处在于：第一，产生时间不同，创造一词出现的时间较早，它不受时代限制，而创新的概念出现得较晚，具有鲜明的时代特色；第二，关于“新”的程度不同，创造的定义较为严格，强调独创性，即“从无到有”，而创新强调继承性，即“有中生新”；第三，“创造”强调得到结果，“创新”偏重活动过程；第四，从产出效益角度，“创造”未必产生成果效益，“创新”更加重视成果效益；第五，从理论基础上看，“创造”有关的理论研究时间长，较为深入，比如在创造学中出现与创造有关的次一级概念，包括创造性、创造能力、创造素质、创造性思维、创造想象、创造技法、创造教育等，而“创新”相关理论研究时间短，深度不够，理论基础不够扎实，虽然也出现了创新素质、创新教育、创新思维等概念，但基本上是借鉴“创造”相关理论研究，对创造素质、创造教育、创造思维的另一种表达形式或称“换贴标签”。[②]

### （二）创造力与创造能力

在《当代中国词库》中，“创造力”指人类发现、创造新事物或产生新思维的能力，一般认为是指运用已知的信息产生出某种新颖而独特的具有社会价值的产品的能力，其中的产品可以是一种新观念、新设想、新理论，也可以是一项新技术、新工艺、新产品等，“新颖”是指不墨守成规、破旧立新、前所未有，“独特”是指不同凡俗、别出心裁。[③]它是人的智力发展的高级形式，强调人先天的智力品质。学者对“创造力”的定义也层出不穷，综合分析多位学者的观点，大概分为以下三种类型：第一，强调创造过程，将创造力视为问题分析和解决的能力；第二，强调创造才能与个性，认为创造力是创新者最富有特色的能力；第三，强调作品，把创造成果的新颖性、独特性、适用性作为创造力的标志。所谓创造能力，是指神智正常的人在各种类型的创新活动过程中，凭借个性品质的支持，利用已有知识和经验新颖而独特地解决问题生发出有价值的新思想、新方法和新成果的能力。它肯定了创造能力是每个神智正常的人所具有的、在创新活动

---

① 刘俊柱，王永宏，穆慧．“创新”与“创造”含义异同之辩．佳木斯大学社会科学学报，2018（5）：166-167+184.

② 转引自庄寿强．创新与创造之异同．中国科技术语，2008（5）：36-38.

③ 刘惠琴，白永毅，林功实．创新与创造的若干概念辨析．清华大学教育研究，2000（3）：14-16.

中形成和表现的能力，受个性品质的影响较大，而且包括知识、经验、技能、个性品质等方面，主要通过创造性成果表现出来。虽然随着创造力内涵的日益丰富，它与创造能力的概念逐渐重合，但二者在创造学上还存有一定的区分：创造力是表现出来的能力，是显性的；创造能力是一种隐含能力，只有在其表现出来之后，人们才可以准确而可靠地识别它，也就是说，创造能力是表现出来的创造力，创造水平要通过创造性的新发现、新发明、新发展的成果表现出来。①

### （三）创新力与创新能力

"创新力"也被解释为创新的能力，即创新能力。许多学者将"创新力"与"创新能力"等同使用，比如有学者提出创新力其实就是人们站在巨人的肩膀上发现的新的解决方式、新的技术技巧、新的观念和方法等的能力。②但在一些构建创新能力评价指标体系的研究中，其二级指标仍包括创新能力，难免令人费解，因此需要对"创新力"和"创新能力"进行仔细澄清，避免使用时出现混乱。布鲁姆等在《教育目标分类学》中指出，"技巧或技能+知识=能力"③。持类似观点的学者还有张春兴。还有学者将"能力"比喻成一个球，其最外层是知识，中间层是技能，最里层是智力；从外向里稳定性逐渐增强。④"能力"在汉英新词新语辞典中被译为"ability"，在《牛津高阶英汉双解词典》中，"ability"是指"做体力、脑力或机械工作的能力或力量"⑤。由此可发现，它侧重于表达个体的能力，强调个体在活动过程中所掌握的学习方法和策略等，也指人先天或后天获得的各种能力，是完成一项计划或者任务所体现出来的综合素质，如写作能力、发散思维能力等，属于一个具体概念。⑥本书中采用的"力"，即"power"，是相对抽象的概念，既可以表达个人，也可以表达群体乃至整个人类社会所具备的创新的条件、思维水平、态度等。对于创新而言，它并不是指一种具体的活动，而是人的一种内在力量，可以存在于人的各种活动中，因此本书使用"创新力"一词。

---

① 刘惠琴，白永毅，林功实. 创新与创造的若干概念辨析. 清华大学教育研究，2000（3）：14-16.

② 付鸿飞. 以"双一流"建设为契机助推研究生教育改革与发展——2016年中国研究生教育高端论坛综述. 学位与研究生教育，2016（5）：59-62.

③ B. S. 布卢姆. 教育目标分类学：第1分册，认知领域. 罗黎辉，丁证霖，石伟平，等译. 上海：华东师范大学出版社，1986：36.（注：有的著作译为"布鲁姆"，本书正文中统一为"布鲁姆"，文献未强行统一）

④ 丁念金，席梅红. 中小学教师的课程决策能力探微. 集美大学学报（教育科学版），2006（2）：33-36.

⑤ 霍恩比. 牛津高阶英汉双解词典. 4版. 增补本. 李北达译. 北京：商务印书馆，2002：2.

⑥ 王诗蓓. 面向学习力提升的双师课堂模式构建研究. 上海：华东师范大学，2021.

### （四）创新力与创新素养

“素养”一词在英文中对应的单词有“competence”或“competency”等。其中，“competence”在拉丁文词源上为“cum”（with）和“petere”（to aspire），意指伴随某件事的个人知识、能力与态度。1998年，OECD在《素养的界定与遴选》研究项目中采用“competence”一词来表述21世纪个体应具备的素养，明确指出素养的内涵是知识、技能（能力）与态度的组合。[①]所谓创新素养，是从“素养”的角度来阐述“创新”这一概念。一些国际组织和发达国家对创新素养的界定主要包括创新与冒险精神、创造力或创造性思维、批判性思维等方面，这些观点为理解创新素养的内涵提供了一个基本框架。我国综合国内外有关研究，将创新素养定义为创新知识、创新思维、创新态度或品格等多方面的综合表现，它包括创新品格和创新能力两大方面。前者包括创新人格（创造性人格）和创新道德（价值观）等，后者包括发散思维、批判性思维、聚合思维（即辐合思维）能力。同时，作为能力形成的前提条件与重要基础的创新知识，也包含在创新能力之下。[②]本书中的创新力在一定程度上吸纳了创新素养的内涵，但比创新素养这一概念更具适切性。

## 三、创新力的特点

### （一）普遍存在性

正如陶行知在其著名的《创造宣言》中满怀激情喊出的“处处是创造之地，天天是创造之时，人人是创造之人”[③]，它肯定了每个人都有创新的欲望和潜能，以及每个人都可能存在创新行为这一事实。首先，“创新人”是富有价值的人性假设。人性假设是人对自身的某种认识，例如苏格拉底的“趋善避恶说”、孟子的“性善说”，以及“政治人”假设、“文化人”假设等，21世纪初有了“创新人”这一人性假设，强调“创新是人的本质需要”。[④]比如幼儿更喜欢自己动手搭积木，亲手创作，而不是被动地接受父母给定的东西，这就说明每个人生来就有创新的欲望和潜能，是可能的“创新人”。其次，创新是普遍存在的人类

① 师保国. 教师的创新素养：意义、内涵及其提升. 人民教育，2018（C2）：23-27.

② 师保国，刘霞，余发碧. 核心素养视域下的创新素养内涵及其落实. 课程・教材・教法，2017（2）：55-60.

③ 转引自董宝良. 陶行知教育论著选. 北京：人民教育出版社，2015：62.

④ 吴昊. “创新人”——一种人性假设新理念. 科学管理研究，2000（5）：6-10+17.

事实。从人类起源来看，与达尔文的自然进化论不同，法国哲学家柏格森（Bergson）提出“创造进化论”，即人在由猿猴进化成人的过程中不仅包括进化主体适应自然环境变化，还包括进行创造或创新尝试以寻求更好的生存方式，比如发明工具、改造工具、集体狩猎、群居生活等，所以可以认为人类的诞生也是生命创造的结果。①

随着人类社会的不断发展，创新无时无刻不在发生。这些创新可能是一些对整个人类社会产生深远影响的标志性成果，如日心说、进化论、四大发明、“人生而平等观”等；也可能是一些改变日常生活的奇思妙想。创新广泛存在于各个领域，种类繁多，内容丰富，只是在层次上有所不同。当然，我们需要澄清对“创新”的认识。正如前文对创新的界定，本书的创新主要指基于“纵向比较”和“超越个人”意义上的创新，这是最基本、最广泛的创新形式。在这种理解下，任何一个心智正常的人都可能不断实现“超越个人”意义上的创新，甚至一些天资卓越的人会取得横向比较角度下的“重大级别”的创新成果。然而，如果一开始就从狭义的角度，即从横向比较的角度来定义创新，那么“创新”就可能成为少数人的特权和专利，因为大多数虽然也在不断超越自己，但始终无法“超越别人”，从而与创新无缘。所以，基于对“创新”的广义理解，我们可以得出创新力具有普遍存在性的特点，尤其在超越个人意义上，这种创新力可以惠及所有学生。每个学生都有可能成为创新者，即使是一次对个人而言新的问题解决思路，也是其创新力的体现。

### （二）表现多样性

美国心理学家马斯洛（Maslow）曾指出，一名没有受过教育的、贫困的、地地道道的家庭妇女，她的工作也都是十分平凡的，但她却是一位精巧的厨师、母亲、主妇等，她在所有这些领域中，是独到的、新颖的、精巧的、出乎意料的、富有创造力的。②因此，创新力具有弥散性的特点。换句话说，创新力的外在表现形式是多种多样的，并不局限于科学技术、文学艺术等专业领域。人们在社会实践的各个领域中都有可能展现出创新力。高中教育是基础教育阶段的后期，与小学生和初中生相比，高中生学习的课程内容更加复杂多样，同时他们参与的各种比赛、体育活动、艺术活动、社团活动、第二课堂、研究性学习等社会实践活动也更加丰富。由于接触面广，社会交往更加频繁，高中生的创新力行为

---

① 亨利·柏格森. 创造进化论. 王珍丽，余习广译. 长沙：湖南人民出版社，1989.

② 转引自林方. 人的价值和潜能——人本主义心理学译文集. 北京：华夏出版社，1987：244.

表现也变得更加丰富多样。例如，在艺术领域，他们可以通过绘画、音乐、舞蹈等方式展现创新力；在文学创作上，他们可以创作出独特的作品；在手工制作上，他们可以制作出新颖的作品；在数学、物理、化学等学科学习中，他们可以展现出问题解决的创新力；在解决社会实际问题时，他们可以提出创新的解决方案；甚至在处理人际关系时，他们也可以展现出创新力。

### （三）动态发展性

动态发展性主要是从个体层面来解释创新力。借鉴考夫曼（Kaufman）和贝戈特（Beghetto）的创造力层次理论，即创造力依次分为微 C（mini-C）、小 C（little-C）、专业 C（professional-C）和大 C（big-C）4 个层次，个体创新力的发展经历了一个由微 C、小 C，再到专业 C、大 C，即由低级到高级的过程，是一个连续的过程，不能割裂。[①]微 C 代表的是最基本、最低程度的创新，比较的范围局限于自身，“新”的程度也比较低；接着是小 C，比较的范围可以逐步扩大至周围人，因为开始与他人进行横向比较，“新”的程度进一步提升；进而是专业 C，此时是与专业领域的人进行横向比较，范围不一定扩大，但是比较的标准在提高，“新”的程度大大提升；最后是大 C，横向比较的范围甚至扩大至世界范围，超越时间限制，比较的标准也在大大提高，取得诸如具有划时代意义的成果，成为爱因斯坦、哥白尼、牛顿之类的人。高一级创新力的发展必然需要低一级创新力作为基础，没有微 C、小 C，何谈专 C、大 C，所以创新力本身的发展就需要经历这样一个由低到高的过程。再加上学生不断接受学前教育、基础教育及高等教育，每经历一个教育阶段，个体的创新力就会发生一定程度的变化，前一阶段的创新力是后一阶段创新力的基础。比如，学前儿童的创新力是中小学阶段创新力的基础，中小学阶段学生的创新力是高等教育阶段学生创新力的基础，这样个体创新力就处于不断发展变化中。

对于高中生而言，他们仍处于基础教育阶段，基础教育的本义在于为人的一生奠定基础，如联合国教科文组织在其报告中所强调的，基础教育面向所有人，为人们以后的学习奠定基础，同时使其掌握参与社会生活的基本能力。[②]其宗旨在于推动每一位学生的全面发展，为他们的未来打下坚实的基础，并因此强调创新力的持续培养。鉴于高中生在生理与心理层面尚未达到完全成熟，其知识和经

① Kaufman J C，Beghetto R A. Beyond big and little：The four C model of creativity. Review of General Psychology，2009，13（1）：1-12.

② 联合国教科文组织. 教育——财富蕴藏其中. 联合国教科文组织总部中文科译. 北京：教育科学出版社，1996：110.

验也相对有限，所以其创新力处于微 C 或小 C 的初级阶段，主要体现在个人层面。随着高中生的身心逐渐成熟，接受更为系统的学校教育，以及知识与经验的日益丰富，其创新力也在持续提升，从初级阶段迈向高级阶段，从个人层面的创新扩展到社会层面的创新。综上所述，高中生的创新力呈现动态发展的特性，这既源于创新力本身的特质，更受其所处教育阶段及其身心发展特点的影响。因此，我们应当以动态发展的视角来科学地理解和评估高中生的创新力。

（四）阶段独特性

从个体角度看，创新力的发展是一个持续动态变化的过程；从群体层面观察，创新力的发展则呈现出阶段独特性的特点。这意味着在某一特定阶段内，某一群体的创新力发展会展现相似的特征和水平。随着阶段的演进，不同阶段的群体所展现的创新力也会有所不同。例如，幼儿园儿童的创新力正处于萌生初期，主要体现在他们的好奇心、丰富的想象、言语表达、动作以及感知觉等方面，这些创新力常常通过音乐、绘画、舞蹈、手工和游戏等活动展现。进入小学阶段，学生的想象力进一步发展，有意想象开始占据主导地位，同时，想象的目的性、概括性、逻辑性和创造性也会得到一定程度的提升。到了中学阶段，尤其是高中阶段，学生的身心发展趋于成熟，他们的思维逐渐从具体向抽象过渡，思维变得更为活跃，并具备一定的批判性思维能力。他们好奇心旺盛，对知识充满渴望；情感体验强烈，对未来满怀热情和憧憬；行为的主动性和目的性增强，能够调控个人行为；自我意识、独立意识以及社会适应能力也在不断增强和提升，能够客观地评价自己，理性地思考未来的职业选择。此外，他们的自主创新意识以及沟通合作能力逐渐增强，他们能够积极主动地参与实践活动，进行反思、调整并再次实践。因此，高中生的创新力表现得更为明显，具有更强的主动性和目的性，同时减少了虚幻和超脱现实的成分，更多地面向现实，并由现实中遇到的问题和困难激发。[①]大学生则经过了专业知识和技能的深入学习和训练，且开始面向社会，因此他们更加重视创新成果，甚至能够为社会做出创新性贡献，这种创新已经上升到了社会意义的层面。

总体来看，创新力的发展具有阶段独特性。与学前儿童、小学生和初中生相比，高中生的创新力表现更为突出且独具特色，例如更具直接现实性和积极主动性。然而，与大学生相比，高中生的创新力主要体现在个人层面，较难产出具有

---

① 林崇德，等. 创新人才与教育创新研究. 北京：经济科学出版社，2009：28-29.

较大社会价值的创新成果。

## 第二节 新高考背景下创新力评价

### 一、创新力评价内涵

泰勒（Tyler）在《课程与教学的基本原理》一书中明确指出，评价过程实际上就是看实际的教育教学在多大程度上达到了教育目标的过程。而教育目标的实现最终外显为人的行为变化，因此，教育目标就是要使学生的行为发生预期的变化，而评价成为一个确定行为实际变化程度的过程。[①]这一表述间接地指出了价值判断的内涵。1971 年，美国学者格朗兰德（Gronlund）用一个简洁的公式对评价进行表述：评价=量（或质）的记述+价值判断。[②]也就是说，评价是在量或质的记述的基础上进行价值判断的活动，所以，评价从本质上说是一种价值判断活动。这一观点得到了许多研究者的认可，并在学生评价乃至教育评价中长期占据主导地位。因此，创新力评价就被理解为：评价主体依据一定的评价标准，采用科学有效的评价方法，对个体创新力进行价值判断的活动。

在这一观念的指导下，实践中创新力评价常用的做法体现在以下三方面：第一，生理学视域下的创新力评价是基于脑机制测评技术，通过研究创新力的生理构成，即大脑的结构和功能进行研究，从而对创新力进行测量和价值判断。[③]第二，心理学视域下的创新力评价是通过发散性思维测验、创新性人格测验、产品评估技术等测验工具对创新力进行测量和价值判断，这种方法也常常被用于教育学领域的研究中。正如《PISA 2021 创造性思维评估框架草案（第三版）》所示，通过创造性思维认知测试、创造性思维问卷调查来评估学生的创造性思维表现。第三，教育学视域下，一些教育工作者常利用层次分析法、模糊数学法等理论确定创新力评价指标体系，并对评价指标权重进行精确划分，最后以量化形式呈现评价结果。总之，它们都强调主客体关系价值，重视评价标准、评价准则的

---

① 拉尔夫·泰勒. 课程与教学的基本原理. 施良方译. 北京：人民教育出版社，1994：85.

② 陈玉琨. 中国高等教育评价论. 广州：广东高等教育出版社，1993：23.

③ 陈唤春，张静，涂画. 创造力如何测评？——基于创造力脑机制测评技术的视角. 现代教育技术，2021（5）：18-27.

制定，评价标准贯穿于整个评价活动中，目的是让评价标准成为现实[①]，比如设定详细的创新力评价指标体系，最后由此判断学生创新力所达到的程度。

在本书中，“评价”这一概念的内涵超越了价值判断这一理解，以古巴（Guba）和林肯（Lincoln）的“第四代教育评价理论”为依据，评价是一种共同建构的过程，它意在消解评价准则本身，是通过对各类利益主体的需要、关注点和问题的回答，以及解释性辩证环节的对话协商，逐渐达成共识。它是以交往价值为基础开展的评价活动，主体之间的交往实践不是为了进行价值判断，而是为了实现对已有评价标准或规范的批判、理解、反思、重建等，是一种开放性评价活动，属于超规范性评价。[②]

无独有偶，新高考背景下的学生综合素质评价也从超规范性评价这一角度出发，为本书中的新高考背景下高中生创新力评价研究的概念解读提供了参考。2014 年 12 月印发的《教育部关于加强和改进普通高中学生综合素质评价的意见》，将“综合素质评价”定义为“对学生全面发展状况的观察、记录、分析，是发现和培育学生良好个性的重要手段，是深入推进素质教育的一项重要制度”。

总结来看，学生综合素质评价是一种以学生自评为主，辅之以同伴、教师等多元主体评价，以质性评价为主，综合利用质性评价和量化评价，立足于学生日常生活，对学生发展的全过程进行观察、记录、分析，旨在发现学生的优势与潜能，促进学生全面而有个性发展的重要手段，它强调活动本身的育人价值。其内涵包括：第一，树立以育人为目的的高站位评价理念。虽然综合素质评价兼具育人和选拔两种功能，但育人功能始终被视为教育的本体功能，优先于选拔功能。育人功能的有效发挥能够更精准地促进人才的选拔。因此，这一评价体系始终强调其育人目的。第二，关注每一个具体而生动的学生。现代学生观倡导将学生视为充满个性的“具体人”，即重视每个学生的独特性和发展需求。教育的目标在于发现每个学生的优势和特长，因势利导，帮助学生找到适合自己的发展道路。因此，这一评价体系强调对学生进行个性化的评价，而非简单地用统一的标准来评分或划定等级，从而避免掩盖学生的个性化特点，真正促进学生的个性化发展。当然，强调个性并不意味着否定统一性的评价标准，关键在于如何灵活而恰当地运用这些标准。在标准的制定和使用过程中，需要广泛吸纳各方主体的参与和协商，以确保评价结果的公正性和认同度，从而更好地引导学生的发展。第三，它是一种日常性评价。这一评价体系基于学生的日常学习和生活进行经常性

① 刘志军. 教育评价. 2 版. 北京：北京师范大学出版社，2023：43.

② 刘志军. 教育评价. 2 版. 北京：北京师范大学出版社，2023：37+43.

评价，因此评价更加真实，评价时间更加灵活，评价更及时和连续。这样的评价方式不仅提高了评价结果的可信度，也更能有效地发挥评价的育人作用。日常性评价意味着要全程观察、记录和分析学生的发展情况，但这并不意味着要面面俱到、事无巨细地记录一切。相反，它要求结合学生的个人发展特点，有针对性地记录和分析对学生来说具有代表性的“典型活动”，以确保评价活动的有效性和可操作性。同时，日常性评价也强调学生的自我评价和同伴之间的互评，因为学生是活动的直接参与者，也是天然的评价主体。在评价结果不涉及高利害事件、评价环境民主温和的前提下，学生更能够敞开心扉，对自己和同伴做出客观、全面和深刻的剖析，从而实现以评育人的目标。第四，灵活使用评价方法。在评价育人理念的统领下，评价方法应更加灵活和自由，即一切更有利于促进学生发展的方法都可以被采用，包括质性评价方法和量化评价方法的有机结合。这一评价体系反对单纯追求便捷性和操作性而忽视评价方法的多样性和灵活性。

在“第四代教育评价理论”和新高考背景下学生综合素质评价理念的共同影响下，本书将高中生创新力评价定义为：对全体高中生在日常学习和各类活动中所展现的创新力进行全面、动态、持续的观察、描述、记录和分析。这一过程以学生自我评价为主导，同时辅以同伴评价和教师评价，以质性评价为主要手段，综合运用量化等多种评价方式。它旨在深入挖掘高中生的创新潜能，并推动其创新力的持续提升。其内涵主要涵盖以下几个方面。

第一，创新力评价旨在发现学生的创新潜能，激发其创新欲望，进而提升学生的创新能力，并最终培养学生的创新力。它并非用于简单区分学生“是否具有创新力”或“创新力高低”，尽管它确实可以用于选拔资优生和拔尖创新人才，但这并非本书所述的首要功能和目的。

第二，创新力评价关注学生的个性化表现。前文已述及创新力具有普遍存在性、表现多样性、动态发展性和阶段独特性的特点。当这些特点体现在每个学生身上时，个体差异尤为显著，因此更需要对学生进行个性化评价。在进行评价时，可以参考统一的评价标准，同时结合学生个性化表现进行综合评价。在此过程中，应积极与学生进行沟通协商，确保他们认同评价结果，并对自身创新力的发展有清晰的认识，从而实现育人的目的。

第三，创新力评价是一种常态化评价，它要求对学生进行日常性的观察、记录和分析。在这一过程中，特别关注学生的典型表现，如某个平时不主动提问或回答的学生突然提出了一个对其自身而言具有超越性和新颖性的问题。尽管这种情况对其他学生来说可能并不罕见，但对这个学生而言却是一个值得记录和分析的重要事件。教师可以及时引导学生对这样的重要时间进行记录和分析，以帮助其激发创新欲望并提升创新力。在此过程中，教师应注重将评价权力更多地交给学生自己，教师的主要任务则是营造民主、安全、和谐的评价氛围，并指导学生如何进行有效的自我评价。

## 二、创新力评价的特点

### （一）教育性

教育性是新高考背景下高中生创新力评价最显著的特征，体现在多个方面。第一，从广义的角度理解，可以说所有的教育评价活动都有教育性。评价活动是一种具有明确目的、组织和计划的教育活动。它围绕预先设定的目标展开，既具有前瞻性，又富有灵活性，旨在引导评价对象朝着既定的目标努力前进。创新力评价亦是如此，它遵循同样的原则和方法。然而，在当前的学生评价体系中，师生、家长以及社会的关注焦点往往过分集中于学生的学业水平，尤其是对学生基础知识和基本技能的考核，从而忽视了学生创新力的发展。创新力评价可以促使师生更加关注创新力的培养。而且创新力评价的目标越明确、越合理，教育教学的方向就越清晰、越有实效，进而越能推动学生创新力不断发展。[①]第二，从评价的一般功能来说，评价能够提供关于学生创新力发展过程中的丰富信息。借助这些信息，教师和研究者可以洞察学生当前创新力的发展状况，发现其与目标之间存在的差距，以及明确学生在创新力方面的优势和不足。通过进一步分析和反馈这些信息，学生能够更加全面地掌握自身创新力的发展详情。这样的过程不仅能够让学生在获得认可中增强发展创新力的信心和动力，而且为今后有针对性地改进不足之处提供了确凿依据。第三，从创新力发展特点来看，创新力具有普遍存在性，即每个人都有创新力，但表现状态有所不同，可分为“尚未显现”和“已经显现”，前者代表的是“可能的创新人”，后者代表的是“现实的创新人”。本书以创新力的普遍存在性为前提，旨在通过评价活动，使“可能的创新人”转变为“现实的创新人”，也使“现实的创新人”的创新力得到进一步提升。这一过程就是教育的过程，所以新高考背景下的创新力评价活动具有教育性，使学生在参与评价活动的过程中不断激发出创新的潜能和欲望、习得创新方法等，成为真正的创新人，不断提升创新力。因此可以说，评价活动开展的过程就是培养学生

---

① 刘志军. 教育评价. 2 版. 北京：北京师范大学出版社，2023：68-69.

创新力的过程。第四，相对于拔尖创新人才识别与培养而言，新高考背景下高中生创新力评价更侧重于教育性。前者虽然也是一种评价活动，但主要基于甄别和选拔的目的，旨在挑选出已经显现创新潜能和欲望，甚至创新力水平较高的学生。后者并非为了甄别或选拔，而是承认所有学生都具备创新力，并期望通过评价活动来激发每个学生的创新欲望和潜能，进而促使其创新力得到不断提升。第五，当今社会的迅速发展迫切需要充分发挥创新力评价的育人功能。以往，评价注重拔尖创新人才的识别与培养，旨在以更经济、高效的方式迅速培养出创新人才。然而，从当前国家和社会发展的角度来看，我们不能满足于仅培养少数拔尖创新人才，而是需要培养大量的创新人才。只有这样，科技才能不断进步，社会才能持续发展，国家才能真正强盛。因此，亟须发挥创新力评价的育人作用，倡导全员创新。这意味着我们不应仅关注“塔尖”上的少数学生，而是要在全面提升学生创新力的基础上，培养出更多的拔尖创新人才，实现“高原上筑高峰”的目标。

### （二）过程性

过程本身具有生成性、不确定性、复杂性的特点，是由丰富多彩的细节构成的，蕴含着学生的个性特征，并可以由此观察到学生细腻的心理，从而对学生形成更加全面、深入的认识。[①]首先，对于普通高中生而言，大多数学生的创新力尚处于潜在状态，并未完全显现。他们的创新尝试往往体现在对创新活动的积极参与等方面，而并非一定要求产出具体的产品或成果。因此，在评价过程中，我们应更加关注他们的创新实践过程，重点观察他们是否展现出尝试性的创新行为。其次，创新力具有弥散性的特点，其表现形式多样，贯穿于学生的日常学习和生活之中。单一的作品、奖状或测试所能提供的信息相对有限，无法全面反映学生的行为动机、情感态度、创新行为习惯以及具备的创新人格特质等方面。因此，仅凭结果进行评价难免片面，也无法有效地发挥评价对学生创新力发展的指导和促进作用。最后，新高考背景下的高中生创新力评价强调评价活动本身的重要性。评价的目的在于通过活动过程引导学生培养创新力，而非单纯地追求评价结果。以结果为导向的创新力评价往往忽视学习过程中的创新表现和作用机制。就创新力培养而言，过程表现是其核心所在。只有关注过程，才能准确评价学生的创新学习能力，并找到提升其创新力的有效途径。在促进学生创新力发展的层

---

① 柳夕浪. 学生综合素质评价：怎么看？怎么办？. 上海：华东师范大学出版社，2016：49.

面上，过程的价值远大于结果。[①]

（三）创生性

创生性是新高考背景下高中生创新力评价的一个显著特点。这一评价并非单纯的价值判断活动，而是超越了认识论的范畴，将价值研究置于实践框架中。它不仅强调主客体之间的关系价值，更在主体与主体的交往实践中深化对价值的理解。在以主体-客体为形式的实践活动中，评价主要依据特定价值标准进行判断。然而，这种评价方式往往脱离了学生本人，评价标准的形成主要受评价主体、价值主体需求以及价值客体特点的影响，忽视了学生自身的情感和兴趣。相比之下，以主体-主体为形式的交往实践活动中的评价则更具主体性。这种评价关注“活生生的人”，涵盖规范价值和人道价值，如社会的民主、公平、正义，以及人的意义、尊严、自由、权力等。它是开放、民主的评价活动，体现为评价主体间的相互交流、协商，对已有价值规范的批判、反思、理解，甚至创造。[②]因此，新高考背景下高中生创新力评价强调学生的主体参与和各主体间的平等交流、沟通协商。评价内容和标准随着实践的发展而不断变化，是现实地、历史地形成和改变着的，而非预设性、僵化、封闭、机械的评价标准。[③]最终，这些评价活动都落脚于学生创新力的提升，体现了评价的创生性这一重要特点。

---

① 钟柏昌，龚佳欣. 学生创新能力评价：核心要素、问题与展望——基于中文核心期刊论文的系统综述. 中国远程教育，2022（9）：34-43+68.

② 刘志军. 教育评价. 2 版. 北京：北京师范大学出版社，2023：40.

③ 张向众. 试论学校变革实践本位的创生性评价标准设计——“新基础教育研究”的探索. 河北师范大学学报（教育科学版），2012（4）：12-15.

第三章

# 改革开放以来我国基础教育阶段创新人才培养与评价的政策梳理

当今世界，人才竞争已成为综合国力竞争的核心所在，因此，提高创新人才培养质量是在激烈的国际竞争中占据优势、赢得主动的关键。基于对强国建设规律、世界发展大局以及现代化进程内在要求的深刻洞察与准确把握，党的二十大报告明确提出，我国进入创新型国家行列。为持续推动国家创新发展，报告进一步强调，我们必须“深入实施科教兴国战略、人才强国战略、创新驱动发展战略”，“要坚持教育优先发展”，以“全面提高人才自主培养质量，着力造就拔尖创新人才”为目标。高校一直被视作“培养拔尖创新人才的主阵地”[①]，其专业化培养模式对创新人才的培养至关重要。然而，与高等教育不同，基础教育阶段更侧重于人才幼苗创新素养和潜能的早期挖掘与开发，这一阶段被视为拔尖创新人才的早期培养阶段。[②]2023 年 5 月 29 日，习近平总书记在中共中央政治局第五次集体学习时进一步强调了基础教育的重要性，他指出，“基础教育既要夯实学生的知识基础，也要激发学生崇尚科学、探索未知的兴趣，培养其探索性、创新性思维品质”[③]。这一论述不仅凸显了基础教育在创新人才培养体系中的奠基作用，更明确了高中生是高等教育阶段创新人才培养的重要后备军，因此高中学校具有蓄水池的作用。改革开放以来，我国已陆续印发并颁布了一系列与创新人才培养相关的基础教育阶段法律、通知、计划、意见等政策文件。这些政策文件不仅为我国基础教育阶段创新人才培养提供了规范性的行动准则，更体现了国家对创新人才培养的高度重视和持续关注。因此，深入关注和研究这些政策文件，对全面提高人才自主培养质量具有深远的意义。

本章将系统梳理我国基础教育阶段创新人才培养政策的历史演进过程，深入分析其主要表现特征，并在此基础上对政策优化进行展望，以期为推动我国基础教育阶段创新人才培养政策的持续完善和发展提供有益的参考与借鉴。

---

① 史秋衡，李瑞. 高校拔尖创新人才培养的价值逻辑、关键要素与路径选择.中国远程教育，2024（1）：15-24.

② 臘洋. 我国拔尖创新人才早期培养的实践探索、现实困境与优化策略. 国家教育行政学院学报，2023（12）：20-30.

③ 习近平在中共中央政治局第五次集体学习时强调加快建设教育强国 为中华民族伟大复兴提供有力支撑. http://politics.people.com.cn/n1/2023/0530/c1024-40001653.html.（2023-05-30）[2024-02-21].

# 第一节　我国基础教育阶段创新人才培养政策的演进历程

经过在1985—2023年中央各部委门户网站和北大法宝数据库中仔细搜索，我们共筛选出63份对我国基础教育阶段学生创新培养产生重要影响的政策文件。通过对这些教育政策文本的深入分析发现，在社会主义建设的不同阶段，党和政府根据人才发展的实际需求，对创新人才培养政策提出相应的要求。国家发展阶段的转变往往成为推动基础教育阶段创新人才培养政策变革的关键因素，从整体来看，相关政策的发展历程可以划分为五个阶段：初始萌芽期、目标确立期、改进强化期、全面推进期和深化提振期。在这一过程中，政策内容实现了从创新培养的具体内容到培养目标再到培养路径和最终培养模式的系统性演变。这一演变为我们未来更加科学、精准地进行拔尖创新人才的培养与选拔提供了有力的支撑。

## 一、初始萌芽期（20世纪80年代中期到90年代中后期）

十一届三中全会后，经过指导思想的拨乱反正，党中央对教育工作做出了一系列新的论断和决策，我国教育事业逐渐得到了恢复，极大地增强了全党对教育工作、对人才培养的认识，尤其是将解决人才问题视为今后事情成败的关键和社会主义现代化建设的宏伟任务。在这一背景下，1985年5月印发的《中共中央关于教育体制改革的决定》明确提出，教育体制改革的根本目的是“提高民族素质，多出人才、出好人才”，教育要“为九十年代以至下世纪初叶我国经济和社会的发展，大规模地准备新的能够坚持社会主义方向的各级各类合格人才”，在当时历史条件下，国家对人才培养的要求首先是要满足数量的要求，其次对人才培养质量的要求主要看的是“合格”与否。有关人才培养的“创新”要求在当时虽然没有被正式写进这一决定，但却依托中小学德育工作在德育内容领域进行了初步探索。1986年5月印发的《国家教育委员会关于颁发全日制小学思想品德课教学大纲的通知》首次将“勇于创新的精神”作为教学内容之一提出。1988年7月，国家教育委员会颁布的《小学德育纲要》（试行草案）将“勇于创新”

作为培养学生良好的意志、品格教育内容之一，同年颁布的《中学德育大纲》（试行稿）则将“勇于创新的品格”作为高中阶段的德育内容之一。

可以说，20世纪80年代中期到90年代中期我国在基础教育德育领域对人才培养“创新精神”“创新品格”的提出既是基于对当时“合格”人才的前瞻性要求，也为今后创新人才培养政策的迭代升级奠定了良好的基础。

## 二、目标确立期（20世纪90年代末期至21世纪初）

面对深刻变化的国际国内形势，我国于1995年5月提出“科教兴国”战略，“创新”成为科教兴国战略的内在推动力，创新人才培养也成为此后教育改革与发展的重要目标和追求。1998年12月，教育部印发的《面向21世纪教育振兴行动计划》提出，行动计划的主要目标之一是“瞄准国家创新体系的目标，培养造就一批高水平的具有创新能力的人才”，这是“创新能力”突破具体工作领域，第一次在教育改革宏观整体文件中出现，标志着创新人才在培养目标层面正式确立。此后为进一步贯彻落实该行动计划的要求，多项政策文件沿用并重申了这一重要目标。

1999年6月，中共中央、国务院召开了改革开放以来的第三次全国教育工作会议，印发的《中共中央国务院关于深化教育改革全面推进素质教育的决定》中数次提到“创新”，并将培养学生的创新精神作为实施素质教育的重点之一，提出要从转变教学方式着手培养学生的创新意识和创新思维。与此同时，创新人才培养除了在德育领域继续得以加强，也逐渐开始向中考、课程等领域渗透，教育部于1999年4月下发的《关于初中毕业、升学考试改革的指导意见》提出，初中毕业、升学考试改革应“培养学生的创新意识和创新能力”，2000年3月下发的《关于2000年初中毕业、升学考试改革的指导意见》也提出初中毕业、升学考试改革要“有利于中小学课程教学改革，培养学生的创新精神和实践能力”。2000年11月教育部印发的《中小学信息技术课程指导纲要（试行）》将创新精神作为教学目标之一，提出要“积极利用信息技术开展各类学科教学，注重培养学生的创新精神和实践能力”，教学评价要鼓励学生创新。同年12月印发的《中共中央办公厅 国务院办公厅关于适应新形势进一步加强和改进中小学德育工作的意见》根据新的形势和全面推进素质教育的要求，再次重申中小学德育工作要坚持“全面贯彻党的教育方针，以培养学生的创新精神和实践能力为重点”的正确指导思想。随着21世纪的到来，基础教育阶段创新人才培养的政策话语从目标定位到指导思想再到教学目标的变化过程，在一定程度上预示着基础教育阶段创新人才培养体系建设将迎来一个新的时期。

## 三、改进强化期（2001—2009 年）

20 世纪末到 21 世纪初，我国基础教育开始由“应试教育”向“素质教育”转轨，并引发了人们对人才观、教育观的重新思考，同时伴随着我国第八次基础教育课程改革实验，政府及相关教育行政部门相继出台了一系列旨在培养创新人才的政策，这一时期基础教育阶段主要在两个层面共同发力进行创新人才培养：一是在全面推进素质教育过程中不断完善创新人才培养的顶层设计，二是在义务教育和高中阶段的课程、教学领域持续强化落地措施。

2001 年 5 月印发的《国务院关于基础教育改革与发展的决定》提出“实施素质教育，促进学生德智体美等全面发展，应当体现时代要求”，使学生“具有初步的创新精神、实践能力”等。这一论述充分考虑了基础教育阶段创新人才培养的特殊性，并被纳入义务教育和高中阶段课程方案的设计和实施中。2001 年 7 月教育部印发《全国教育事业第十个五年计划》，提出六项教育工程，其中素质教育工程的基本要求之一是“采取多种形式培养学生的创新意识、创新能力、创业精神和实践能力”。2002 年 11 月，党的十六大报告强调了教育的战略地位，提出要“全面推进素质教育，造就数以亿计的高素质劳动者、数以千万计的专门人才和一大批拔尖创新人才”，第一次提出了“拔尖创新人才”的概念，随后这一论述也被写入《国家教育事业发展“十一五”规划纲要》。至此通过教育手段培养拔尖创新人才成为我国教育方针总任务、总要求中的重要内容。为贯彻落实党的十六大精神和顺利实施《面向 21 世纪教育振兴行动计划》，2004 年 2 月，教育部印发《2003—2007 年教育振兴行动计划》，在“实施‘新世纪素质教育工程’”中强调，“以培养学生的创新精神和实践能力为重点，继续全面实施素质教育”。可以说，创新人才培养作为素质教育的应有之义，深切地回应了 21 世纪我国对高素质人才的时代要求，并被写入《中华人民共和国义务教育法》（1986 年 4 月 12 日通过，2006 年 6 月 29 日修订，以下简称《义务教育法》），提出“注重培养学生独立思考能力、创新能力和实践能力”，这是创新人才培养第一次在我国法律层面得到明确和保障。此后，这一表述在经过两次修正的《义务教育法》（2015 年 4 月 24 日第一次修正，2018 年 12 月 29 日第二次修正）中得以保留，并延续至今。

同时，随着新课改的全面展开，创新人才培养也逐渐开始从顶层设计走向实践落地。2001年6月，教育部印发的《基础教育课程改革纲要（试行）》明确课程改革目标之一是使学生“具有初步的创新精神、实践能力”等，课程结构则“强调学生通过实践，增强探究和创新意识”，课程标准也要求“引导学生创新与实践”。这一精神在学科课程标准、实施指南等中得到了进一步细化和充分体现，如《九年义务教育小学思想品德课和初中思想政治课课程标准（修订）》中，在小学低年级的教学内容和行为要求中，增加“大胆提问”。在三至五年级的行为要求中，增加“主动寻找答案”等。在六、七年级增加“勇于探索和创新”的教学内容。该文件要求“通过评价，努力创设有利于学生积极、主动、创造性学习的氛围”。《中小学心理健康教育指导纲要》针对高中年级学生提出，要“发展创造性思维，充分开发学习的潜能”。《中小学环境教育实施指南（试行）》也强调，环境教育的性质与特点之一就是实践性，“强调学生在亲身体验中发现和创造知识；在解决现实环境问题的过程中发展创新能力及批判与反思能力”。这些政策文件的出台，不仅体现了创新人才培养在中小学课程和教学中的重要性，也对这一时期的评价与考试制度改革产生了深远影响。值得注意的是，2002年12月印发的《教育部关于积极推进中小学评价与考试制度改革的通知》将“创新能力”作为学生评价的内容之一，将“引导学生创新与实践”作为评价教师教学的标准之一。在2008年9月教育部印发的《中小学教师职业道德规范（2008年修订）》中，“激发学生创新精神”更是被列为教师教书育人的重要职责。这些举措共同推动了创新人才培养在中小学教育领域的全面展开和深入实施。

综观这一阶段，基础教育课程改革取得了显著成绩。学生的社会责任感、创新精神和实践能力的培养受到了高度重视。在课程、教学、评价等多个领域，初步构建了基础教育阶段创新人才培养的体系。同时，基础教育课程改革也面临着严峻的挑战。

## 四、全面推进期（2010—2019年）

2010年4月印发的《教育部关于深化基础教育课程改革 进一步推进素质教育的意见》提出，“一些地方和学校对于课程改革在全面推进素质教育、提高教育质量、培养创新人才等方面的战略地位认识不到位”。因此，我们需要进一步创新人才培养体制，探索并实践新的创新人才培养模式，以提高创新人才的培养质量。2010年7月，中共中央印发《国家中长期教育改革和发展规划纲要（2010—

2020年)》，提出当今世界正处在大发展大变革大调整时期，我国正处在改革发展的关键阶段，面对前所未有的挑战，必须清醒认识到，我国教育还不完全适应国家经济社会发展和人民群众接受良好教育的要求，创新型、实用型、复合型人才紧缺。这些都进一步凸显了我国提高国民素质、培养创新人才的重要性和紧迫性，人才培养观念、创新人才培养模式亟待更新。该纲要在战略主题中强调要"着力提高学生服务国家服务人民的社会责任感、勇于探索的创新精神和善于解决问题的实践能力"，并特别提出"高中阶段教育是学生个性形成、自主发展的关键时期，对提高国民素质和培养创新人才具有特殊意义"。因此，在推动普通高中多样化发展过程中，要积极探索发现和培养创新人才途径，通过开展拔尖创新人才培养改革试点，支持有条件的高中与大学、科研院所合作开展创新人才培养研究和试验，建立创新人才培养基地等。该纲要从多个层面对创新人才培养体系进行了整体性、系统性规划，被视为21世纪以来我国创新人才培养的纲领性文件，对我国基础教育阶段创新人才培养具有重要的指导意义。

为贯彻落实该纲要，2012年6月，教育部印发《国家教育事业发展第十二个五年规划》，围绕"加强创新人才培养"做了专项论述，强调要"加强创新意识和能力培养""拓宽创新型人才成长途径"。同年年底召开的党的十八大强调坚持走中国特色自主创新道路、实施创新驱动发展战略，明确将"创新人才培养水平明显提高"列入全面建成小康社会和全面深化改革开放的目标。在这一背景下，基础教育阶段，尤其是高中阶段的创新人才培养显得愈发重要。该规划明确提出"开展普通高中多样化、特色化发展试验，建立创新人才培养基地"，"鼓励有条件的高中阶段学校和高等学校、科研院所、企业联合培养拔尖创新人才"。此后，基础教育阶段的创新人才培养开始全面渗透到学校督导评估、学生评价、新高考改革、学校管理、美育工作以及德育工作等多个领域。

2012年9月印发的《教育部关于进一步加强中小学校督导评估工作的意见》，在"学生的健康成长和全面发展"方面，"创新精神培养的情况"被列入重点考察内容。2013年6月印发的《教育部关于推进中小学教育质量综合评价改革的意见》提出，将"创新意识"作为评价学生学业水平的关键性指标之一。2014年国务院印发的《关于深化考试招生制度改革的实施意见》就高中生综合素质评价专门指出，客观记录学生成长过程中的突出表现，注重社会责任感、创新精神和实践能力。作为配套文件，同年12月印发的《教育部关于加强和改进普通高中学生综合素质评价的意见》进一步明确了要注重考察学生社会责任感、创新精神和实践能力。"研究性学习与创新成果等"被列入学业水平重点考察内容。教育部于 2014 年 8 月印发的《义务教育学校管理标准（试行）》和 2017 年 12 月印发的《义务教育学校管理标准》都提出要落实综合实践活动课程要求，通过多种方式培养学生创新精神和实践能力。2015 年 9 月印发的《国务院办公厅关于全面加强和改进学校美育工作的意见》提出，“要以审美和人文素养培养为核心，以创新能力培育为重点，科学定位各级各类学校美育课程目标”。2017 年 8 月，教育部印发的《中小学德育工作指南》针对初中学段提出，“数学、科学、物理、化学、生物等课要加强对学生科学精神、科学方法、科学态度、科学探究能力和逻辑思维能力的培养，促进学生树立勇于创新、求真求实的思想品质”。此外，基础教育阶段创新人才培养要求在中小学心理健康教育、中小学教育装备工作等领域也有所拓展。

为把党的十八大和十八届三中全会关于立德树人的要求落到实处，2014 年 4 月《教育部关于全面深化课程改革落实立德树人根本任务的意见》印发，深入回答“培养什么人、怎样培养人”的问题，提出“教育部将组织研究提出各学段学生发展核心素养体系”，“更加注重自主发展、合作参与、创新实践”。2016 年 9 月，中国学生发展核心素养研究成果发布，实践创新作为六大素养之一，进一步将创新人才培养聚焦于学生在日常活动、问题解决、适应挑战等方面所形成的实践能力、创新意识和行为表现，并对新一轮义务教育和普通高中课程方案与各学科课程标准的修订及其教学实践产生了重要影响，也将基础教育阶段创新人才培养推向一个新的阶段。2019 年 6 月印发的《国务院办公厅关于新时代推进普通高中育人方式改革的指导意见》在完善综合素质评价中，再次提出要强化对学生创新思维的评价，并提出“有条件的地方应建设学科教室、创新实验室、社团活动室等，推进数字校园建设”等。

## 五、深化提振期（2020 年至今）

2020 年以来，在我国基础教育领域，对创新人才培养具有深远影响的改革事件主要有两件：一是基础教育评价改革，二是新课程方案和各学科标准的再次修订。前者是借助评价指挥棒作用，对新时代基础教育阶段创新人才培养规格和标准做了整体设计和优化；后者则是在课程、教学领域持续精耕细作，为更高学段拔尖创新人才培养和选拔夯实了基础。二者共同形成了当前我国基础教育阶段创新人才培养的深化与提振态势。

一方面，为深入贯彻《中共中央 国务院关于深化教育教学改革全面提高义务教育质量的意见》《深化新时代教育评价改革总体方案》精神，2021 年 3 月，教育部等六部门制定了《义务教育质量评价指南》，其评价内容包括县域、学校、学生三个层面，其中对创新人才培养的要求在学校和学生两个层面均有涉及。其附件《义务教育质量评价指标》的“学校办学质量评价”中提出，要“强化实践育人，积极开展劳动教育和综合实践活动，培养学生的社会责任感、创新精神和实践能力”，这是国家精神和人才培养要求在学校办学中的进一步细化。在“学生发展质量评价”中，“创新精神”作为学生学业发展的关键指标被单列，其对应的考察要点包括：一是积极参加学校兴趣小组社团活动，有小制作、小发明、小创造等科学兴趣特长；二是有好奇心、想象力和求知欲，有信息收集整合、综合分析运用能力，有自主探究、独立思考、发现问题、解决问题的意识与能力。同年 12 月，教育部印发《普通高中学校办学质量评价指南》，在其附件《普通高中学校办学质量评价指标》中，“创新精神”作为学业发展评价的一个考察要点被单列，即“具有创新精神，注重知行合一、学以致用，有信息收集整合、综合分析运用能力，有自主探究和发现问题、提出问题、解决问题的意识与能力；积极参加学校社团活动，有兴趣特长，注重提高自身综合素质”。总体来看，这两个指南文件针对基础教育阶段创新人才培养的规格或标准进行了整体设计和优化，充分尊重了义务教育和高中的学段特殊性，同时清楚点明了可以用来考评学生“创新精神”的代表性活动类型，使内隐的创新素养通过外显的创新活动行为实现了可见可评。特别值得一提的是，2021 年修正的《中华人民共和国教育法》在总则第六条中明确规定：“教育应当坚持立德树人，对受教育者加强社会主义核心价值观教育，增强受教育者的社会责任感、创新精神和实践能力。”这是继《义务教育法》（2018 年修正）之后，再次在法律层面强调了创新人才培养的合法性。

另一方面，以基础教育课程改革的深化推进为主，辅以劳动教育、学校考试管理、家庭教育等多种渠道，创新人才培养在基础教育阶段不断向纵深挺进。2020 年 6 月公布了《普通高中课程方案和语文等学科课程标准（2017 年版 2020 年修订）》，提出要在高中各学科教学中充实丰富培养学生社会责任感、创新精神、实践能力的相关内容。如《普通高中数学课程标准（2017 年版 2020 年修订）》中强调数学的课程性质是“促进学生思维能力、实践能力和创新意识的发展”，其基本理念是“培育科学精神和创新意识，提升数学学科核心素养”，主要举措包括一是通过不断提高实践能力来增强学生的创新意识，二是考试命题要重点考察学生的思维过程、实践能力和创新意识。《义务教育课程方案（2022 年版)》在“四有”培养目标上结合义务教育阶段学生发展特点，专门强调“有本领”包含“具有探究能力和创新精神”之义，在课程内容上提出要注重培养学生“创新精神和实践能力”。课程方案的创新要求也在科学、数学、艺术、信息科技多个学科课程标准中得到落实，如《义务教育科学课程标准（2022 年版）》在课程总目标中要求学生能“提出创造性见解和方案，具有初步的创新思维能力”，在学段目标“科学思维”中要求 1—2 年级能够“提出不同想法”，3—4 年级能够“提出有一定新颖性和合理性的观点”，5—6 年级能够“进行初步的创意设计并表达”，7—9 年级能够“设计出有一定新颖性和价值的创意产品，具有初步的创造性解决问题的能力”。与此前多版课程方案和课程标准相比，这一时期创新人才培养在课程、教学领域的目标定位及实施举措更为精准和科学，落地抓手和实施途径更具可行性和操作性，可以预见，这将对创新人才培养的课程、教学两大主渠道的深化与拓展大有裨益。

## 第二节　我国基础教育阶段创新人才培养政策的特征分析

近 40 年来，我国基础教育阶段创新人才培养政策的演变和发展，反映了社会发展不同时期对人才培养规格的不同要求，展现了国家对基础教育阶段创新人才培养重要性的认识及所采取的举措。从其历史发展脉络来看，我国基础教育阶段创新人才培养政策整体上呈现“稳中有变”“变中有为”“为中有进”的态势，并表现为以下三大特征。

### 一、创新人才培养政策的价值迭代：从内容定位到目标定位再到法律保障

通过政策梳理可见，培养学生创新能力与素养在我国基础教育阶段相关政策中贯穿始终。同时，随着人们对创新人才认识的丰富与深化，创新人才培养政策的价值定位也发生了多次变化，先后经历了两次转型与升级。20 世纪 80 年代中后期，创新人才培养要求主要在中小学德育工作中被提出，“勇于创新”作为德育教学内容之一，回答的是德育“教什么、学什么”的问题，20 世纪 90 年代中

后期培养造就创新人才成为教育改革目标，回答的是要“培养什么样的人”的问题，这是创新人才培养政策第一次实现了从内容定位到目标定位的转型和升级。到21世纪初，《义务教育法》首次明确规定了“培养学生创新能力”的要求，使创新人才培养在我国法律层面得到保障，直至2021年修正《中华人民共和国教育法》，增加了“增强受教育者的创新精神”这一规定，是继《义务教育法》（2018年修正）之后，创新人才培养再次在法律层面强调了其合法性，这也意味着培养创新人才成为被人的理性普遍接受的事实，可谓创新人才培养从目标定位到法律保障的第二次转型和升级。先后两次迭代变化对基础教育阶段创新人才培养产生了重要积极影响：一方面，突出强调了基础教育创新人才培养的格局担当和站位高度；另一方面，也使“培养学生创新精神”突破了以往德育领域的限制，逐渐在考试评价、学科课程、学校管理等众多工作领域中持续渗透和全面推进，为建立健全我国基础教育阶段创新人才培养体系发挥了重要的指引性、方向性作用。

## 二、创新人才培养政策的内容分析：从一般性到具体化

进入21世纪，我国基础教育阶段创新人才培养政策内容从顶层方向引领逐步向精细具体化演进，政策顶层设计初期更多着眼于创新人才培养背景、理念、目标、指导思想等，如各种规划类、通知类文件主要是在宏观层面的指导性和战略性总体部署，在政策内容的精细化方面着力不足。随着新课改的全面推进和持续深入，基础教育阶段创新人才培养政策在课程、教学、评价、管理、美育、德育、信息技术教育等领域不断深化和细化，越来越多的意见类、指南类文件开始就创新人才培养的措施、实施、标准等微观操作做出明确指示，如前述《义务教育科学课程标准（2022年版）》针对1—9年级学生分学段提出的创新素养内容，就是结合学段特点将作为共性目标要求的创新素养进行具象化处理的结果，并整体形成了“创新人才培养目标—课程总目标—教学目标—学段分目标”的目标体系，再如在学生评价领域，新近颁布的两个指南文件，分别针对义务教育阶段和普通高中阶段提出了学生创新素养评价的指标体系，初步形成了“创新人才培养目标—评价重点—关键指标—考察要点”的评价内容体系。总之，创新人才培养政策的顶层设计体现的是政策背后理论逻辑的底色，将其进行具象化处理则是政策实践逻辑的方略，二者相得益彰，缺一不可。

## 三、创新人才培养政策的利益主体：以“有教无类”为主、以“因材施教”为辅

从政策利益相关者的角度来看，创新人才培养政策的直接利益主体毫无疑问是学生。从已有政策文本来看，在不同的政策语境下，作为利益主体的学生有两种不同的理解和指向：一种是作为受教育者的全体学生，如各学科课程标准中对不同学段学生创新能力或表现的要求，面对的就是课程教学过程中的每一个学生；一种是作为拔尖创新人才的部分学生，如《国家中长期教育改革和发展规划纲要（2010—2020年）》中提出在普通高中开展的拔尖创新人才培养改革试点，则是面向少部分优质学生的培养举措。两种不同的利益主体指向源于人们对创新的两种不同理解，前者理解的创新是一种人与生俱来的欲望和潜能，因此，人人都是“可能的创新人”①，对其培养秉持“有教无类”的原则，培养方式多是基于课程、教学、评价等领域的整体式、弥漫性、渗透式方式。后者理解的创新是少数人具备的优异特质，属于“现实的创新人”②，对其培养需要遵循“因材施教”的原则。但针对此类创新人才培养所需的专门的课程体系、师资队伍、升学机制以及德育教育等系统性设计，相关政策文本较少涉及，更多是在实践层面的探索。总体来看，基础教育阶段创新人才培养政策中利益主体主要是面向全体学生开展“有教无类”式的创新素养和能力的培养，这也高度符合基础教育的基础性、先导性特点。

## 四、创新人才培养政策的实施逻辑：先培养再选拔与先选拔再培养

创新人才培养一直是党和国家事业的时代呼唤：党的十六大报告提出“造就一大批拔尖创新人才”，党的十七大报告提出“建设创新型国家”，党的十八大报告提出“创新人才培养水平明显提高”，党的十九大报告提出“培养造就一大批高水平创新团队”，党的二十大报告提出“着力造就拔尖创新人才”。

基础教育创新人才培养政策除了在目标、方向、思想上贯彻体现国家意志，在具体实施层面，针对两类不同的培养对象，遵循了不同的实施逻辑：一是先培养再选拔，即面对全体学生，主要是在课程、教学等各项日常教育教学活动中培

① 吴康宁. 论培养“创新人”. 教育研究，2022（12）：32-47.

② 吴康宁. 论培养“创新人”. 教育研究，2022（12）：32-47.

养其创新精神和能力，并主要作为衡量学生学业发展质量的评价标准之一，通过学业发展质量的评价发现、识别优质生源并将其输送到更高阶段进行创新人才选拔，更多的是一种自然状态下的创新人才储备过程。二是先选拔再培养，即先通过评价手段将在物理、化学、地理、生物、信息技术等领域学有所长的学生筛选出来，再进行专门化、系统化的培养，主要表现为在政府主导下开展的多种多样的拔尖创新人才早期培养的实践探索，如国家层面由中国科协和教育部组织实施的高中阶段人才培养“英才计划”，省市层面统筹开展的有北京市青少年科技创新学院“翱翔计划”、重庆市青少年创新人才培养“雏鹰计划”、成都市普通高中学生“菁才计划”、青岛市学科特殊禀赋学生培养项目等，学校层面自主探索的有青岛一中与企业合作的“海尔创新班”，山东大学与山东省实验中学联合创办“山东大学创新实验班”，北京八中、中国人民大学附属中学的超常儿童早期培养实验项目等。[①]这些探索无一例外是“层层选拔、集中培养”[②]。理论上来讲，前者与后者应该是协同联动效应，但从实践来看，因受应试教育惯性影响，后者对前者的反向牵引作用更大一些。

## 第三节 我国基础教育阶段创新人才培养的未来启示

### 一、提升创新人才理论研究的广深度

当今时代循证决策是提高教育政策水平、实现现代化教育治理的重要手段，高质量的理论研究通过提供严谨可靠的证据不仅可以帮助政策制定者最大限度地利用有限的资源，还可以帮助政策制定者选择已被证明行之有效的方案，我国基础教育阶段创新人才培养的政策制定同样需要借力与循证有关的理论研究成果。从已有政策文本分析来看，我国有关创新人才及其培养的理论研究仍有很大的提升空间：一是在研究的广度上，除了以自然科学主导的循证决策外，还要充分发挥人文科学处理教育问题的作用，因为任何理论研究能够影响公共政策，需要的不是简单的事实证据，还要了解社会环境、利益相关者的看法、关键的规范与价值观等[③]，人文科学在此过程中发挥着重要作用，这意味着创新人才培养虽然基

① 王亮，熊建辉. 拔尖创新人才早期培养的实践探索与深化路径. 全球教育展望，2023（4）：46-62.

② 刘坚，董瑶瑶，刘启蒙. 基础教育阶段创新人才培养的误区及范式转变. 人民教育，2023（18）：30-33.

③ 王俊美. 弥合理论研究与政策实践的鸿沟. 中国社会科学报，2021-03-05（A02）.

础在教育，但并非教育的“私人领域”，需要支持哲学、社会学、政治学、历史学等跨学科研究，从而为采取更科学的集体政策行动提供智力支持。二是在研究的深度上，需要对创新人才及其培养的本质、根源、内外因、内涵、特质、差异等进行刨根问底式的研究，如如何理解创新、创新人、创新人才、拔尖创新人才；创新究竟是人与生俱来的欲望和潜能①，还是少部分学生身上的优异特质，例如，拔尖创新人才的识别标准是“优秀”还是“聪明”②，抑或其他；拔尖创新人才培养的重点和关键时期又是什么等③。再如，作为本能的创新，是不是应先培养再进行人才选拔；作为特质的创新，是不是要先选拔再进行人才培养等。对这些问题的广度审视和深度澄清都可以为政策的科学制定提供严谨可靠的证据，从而提高我国基础教育阶段创新人才培养的循证决策水平。

## 二、加强创新人才培养政策的协同度

利用协同思维解决复杂跨界问题是一种新型政策管理模式，即政策协同，指的是不同政府及政府部门通过沟通对话使其公共政策相互兼容、协调、支持，以解决复杂性问题和实现共同目标的方式④，主要解决的是治理过程中“局部协作、分散治理”的碎片化管理问题，为的是提高治理效率。有研究指出，在基础教育领域，拔尖创新人才培养同样也存在分散治理的问题，如对英才教育重视不足，英才教育不成体系且结构失衡，处于学校自发实验与地方零散化项目支持状态⑤，导致在实践中用普通教育中的较高层级部分（如重点学校、重点班）代替与普通教育同为一个单独类别的拔尖创新人才培养⑥，而基础教育阶段对拔尖人才选拔培养的忽视又是高校在人才选拔连接链“断层”的重要原因⑦。这些都反映了我国基础教育、高等教育内部以及它们之间的相互政策协同问题。创新人才培养是一项涉及理念、制度、方法、技术和资源等诸多要素的系统性改革。在这个过程中，政策协同既是改革所面临的问题，也是解决问题的有效方式。首先，我们需要在现有法律政策的基础上，进一步建立和完善关于拔尖创新人才选拔及

---

① 吴康宁. 论培养“创新人”. 教育研究，2022（12）：32-47.

② 周彬. 拔尖创新人才早期培养的实践困境及突破. 全球教育展望，2023（4）：63-72.

③ 柯政，李恬. 拔尖创新人才培养的重点与方向. 全球教育展望，2023（4）：3-13.

④ 朱光喜. 政策协同：功能、类型与途径——基于文献的分析. 广东行政学院学报，2015（4）：20-26.

⑤ 朱永新，褚宏启. 发现和培养拔尖创新人才研究. 宁波大学学报（教育科学版），2021（6）：2-7+1.

⑥ 周彬. 拔尖创新人才早期培养的实践困境及突破. 全球教育展望，2023（4）：63-72.

⑦ 杨德广. 拔尖创新人才培养的成效、缺失和建议.重庆高教研究，2022（6）：3-9.

培养的教育政策、法律法规保障与监管机制，以确保拔尖创新人才培养的合法性。其次，通过协同政策制定主体、政策目标主体和政策执行主体，有效解决因多部门管理权限限制而降低管理效能的问题、创新人才与拔尖创新人才在培养环节上的冲突问题，以及创新人才培养与选拔的大中小衔接一体化设计问题。这样可以形成政策效能的协同性，从而有效提高政策管理效能。

## 三、把握创新人才评价目的的契合度

在开展创新人才培养时，人们通常更关注对创新人才的发现与识别，这本质上是一种评价。人们往往认为，只有先识别或发现创新人才，才能对其进行有针对性的培养，从而确保培养质量。这种观点在拔尖创新人才的选拔和培养上尤为突出，并具有一定的合理性，因为拔尖创新人才的培养本身就是针对少数具备创新特质学生的个性化、专业化教育过程。无论是从教育资源利用效率的角度来看还是从培养质量实效的角度来看，对拔尖创新人才的发现、识别与选拔都是对其进行培养的前提，是必不可少的。

需要注意的是，基础教育阶段创新人才培养与拔尖创新人才培养之间存在显著差异。首先，在培养主体上，前者面向所有学生，因为每个人都可能成为“潜在的创新人”；后者则主要针对少数学生，即那些已经展现创新特质的“现实创新人”。其次，在培养目标上，前者侧重培养学生的创新精神，如力求超越、勇于探索和大胆想象等品质；后者更看重在前者的基础上，进一步追求创意、推陈出新和超越他人等创新创造能力。最后，在培养措施上，前者更多地采用整体式、弥漫性和渗透式的方式，贯穿于课程、教学和评价等各个领域；后者则需要专门的课程体系、师资队伍、升学机制以及德育教育等系统性设计和实施。也就是说，在基础教育阶段，面对所有“潜在的创新人”，创新人才培养应秉持有教无类的理念，激活学生的创新欲望和潜能，并引导他们掌握创新的方法。因此，这一阶段的创新人才评价重点不在于发现与识别学生创新素养的有无、多少、高低或优劣，而在于通过评价这一手段，保护、培育、滋养和激发学生的创新欲望与潜能，使其创新欲望得以充分展现，创新潜能得以有效发挥。符合这一目的的创新人才评价，首先看重的是基于“纵向比较”的创新，即“自我超越”意义上的创新，它具有自我实现的价值；其次才是“横向比较”的创新，即“超越他人”意义上的创新。这样的评价方式能够使任何心智正常的学生个体都能不断地进行“自我超越”意义上的创新，其中的优秀个体则可以在超越自己的同时超越他人，取得“超越他人”的创新成果。①

因此，“大到影响世界的重要发明，小到改变生活的奇思妙想”都应是创新人才评价关注的内容。相反，如果基础教育阶段对创新人才的评价以鉴别选拔为目的，很容易使学习变成一场追求分数最大化的策略游戏，进而导致个体过度自我监控，造就一种“可算度的人”②，最终在一定程度上抑制学生的创新精神和创新潜质，并进一步限制拔尖创新人才的高质量发展。

## 四、给予创新试误容误纠误的宽容度

有学者指出，“创新首先应是一种超越，是一种对于现状的打破与发展。它既包括行为主体对于社会和外物、他人存在状态的超越，也包括行为主体对自身的超越”③。如在义务教育科学课的学习中，1—2 年级学生要“提出不同想法”，3—4 年级学生要“提出有一定新颖性和合理性的观点”，5—6 年级学生要“基于科学原理提出有一定新颖性和合理性的观点”，7—9 年级学生要“从多角度提出具有新颖性和合理性的观点”。可见，学生在追求超越和实现创新的过程中，也必然经历不断地试误和纠误。试误与创新紧密相连，是不可避免的。因此，任何创新都伴随着试误的风险和成本。如何正确认识和对待这种试误，是否拥有容误和纠误的气度与胸怀，对基础教育阶段的创新人才培养具有重要影响。在政策制定和实施过程中，应合理保护学生的试误权，并加快建立容误纠误机制，以真正激发学生创新的意愿、勇气和能力，使其愿创新、敢创新、会创新。

其一，应该用试误和容误的气度来涵养学生的创新热情，从而解决学生“不愿创新”的难题。高质量的创新往往没有经验可循，没有案例可借鉴，面临的不确定性极强，因此创新失败的概率也很大。只有鼓励学生试误、宽容他们的失败，才能为学生创新提供滋养的土壤，打破阻碍创新的壁垒。

其二，需要通过试误和容误的教育生态来夯实学生的创新底气，突破他们“不敢创新”的软肋。创新意味着质疑或改变原有的规则或标准。在学生看来，“提出不同观点”等创新行为可能影响其学业成绩、奖优评先、升学等评判，带来试误的成本风险，导致其“不敢”创新。因此，培养一种宽容失败、鼓励试误

① 吴康宁. 论培养“创新人”. 教育研究，2022（12）：32-47.

② 林小英，杨芊芊. 过度的自我监控：评价制度对拔尖创新人才培养的影响. 全球教育展望，2023（4）：14-32.

③ 雷少波. 是什么制约了教育创新——一种基于社会学基本概念的分析. 社会，2001（12）：34-36.

的教育生态和评价生态，对学生增强创新底气、培育创新信心至关重要。

其三，需要将纠误的经验转化为学生的创新能力，以弥补他们“不会创新”的短板。创新就是在“改进”中寻求“进步”。试误后，教师不能仅仅停留在容误的阶段，而是要深入分析失败的原因，并有针对性地进行改进。通过总结和利用经验教训，教师可以指导学生激发新的创新动力，掌握科学的创新方法，逐步学会如何创新。

## 五、加强协同培育创新文化的氛围度

党的二十大报告提出“培育创新文化，弘扬科学家精神，涵养优良学风，营造创新氛围”。为了营造这种文化氛围，就需要在观念、态度和政策制度上尊重人才的独特个性，鼓励人才敢为人先，允许人才自主发展和自由探索。在基础教育阶段，培养创新人才同样需要这样适宜的创新文化氛围和社会环境，应通过学校、家庭和社会的协同努力来培育创新文化，营造创新氛围，共同构建基础教育创新人才培养的新格局。

首先，学校要充分发挥在创新人才培养中的主导作用。在日常教育教学工作中，如办学理念、育人目标、规章制度建设、课程建设、课堂教学和活动开展等方面，渗透创新理念，鼓励创新行为，支持创新探索，从而营造师生共同创新、共同成长的文化氛围。

其次，家长要切实履行家庭教育的主体责任。家长应注重家庭建设，以身作则、言传身教，培育积极向上、向善向新的家庭文化，为子女健康成长和勇于创新创造良好的家庭环境和氛围。

最后，社会应加大对创新育人服务的支持力度，在净化社会育人环境的同时，大力推进社会资源的开放共享。提倡依托各级各类社会机构部门，面向中小学生积极开展各类公益性创新实践活动，如创新教育、科学普及、兴趣培养和创新体验等，以丰富学生的创新文化生活，提升学生的创新创造能力。

通过学校、家庭和社会的协同努力，将扎实推进创新文化建设，不断营造激发创新活力的良好创新氛围。

第四章

# 学生创新力评价的国外经验

创新力在高中生思维成长与发展中扮演着重要角色，国外对学生的创新力发现与培养给予了高度重视。值得注意的是，国外更多地使用“创造力”（creativity）这一概念，而非“创新力”（innovation）。相较于“新”的层面，国外更侧重“造”的方面。尽管国外主要研究的是创造力，但其研究成果对国内创新力的培养仍具有重要的借鉴意义。在评价创造力方面，国外首先明确了创造力的内涵，并运用相关领域的理论来构建评价指标。在创新力研究领域，国外针对基础教育阶段学生的创新力评价研究不仅数量众多，而且更为成熟。相比之下，我国的创新力研究主要集中在大学阶段以及技术类、工程类学科，基础教育阶段的研究相对较少、分散且有待加深。因此，我们需要借鉴国外的先进经验，并进行相应的变革。

## 第一节　国外学生创新力评价实践做法

在对学生创新力的评价中，不同的国家做法也不同，多数国家以创新力评价模式构建为基础开展一系列学生创新力评价实践的探索。其代表性国家及具体做法如下。

### 一、美国学生创新力评价

美国在对创造力评价的探索与研究过程中，构建了一套适用于美国学生的创造力评价体系。2002 年，美国国家天才学生研究中心（National Research Center on The Gifted and Talented，NRCGT）发表了题为《评价创造力：教育者的指南》的专题研究报告，具体论述了这套学生创造力评价体系。该评价体系包括评价目的、评价内容、评价主体、评价方式、评价结果的呈现与运用，是一个完整的创造力评价体系。

在评价目的方面，美国对学生进行创造力评价时，并不旨在区分学生创造力水平的高低，而是着眼于揭示每个学生的创造力优势。美国教育界认为，学生的创造力并非固定不变的，而是具有持续发展的潜力。因此评价有双重目的：一是促进学生创造力的进一步发展，并发现他们独特的创造潜能；二是诊断学校教育教学中存在的问题，从而为不同创造力水平的学生提供更为贴切的教学设计。总体而言，其终极目标是持续提升学生的创造力。此外，美国的创造力评价具有另一个显著目的，即依据评价结果甄选出具有非凡天赋和才能的学生，并为他们量身定制专门的创造力培养课程，这类似于我国在高中阶段对拔尖创新人才的选拔与培养。这种多元化的评价目的体现了对学生发展复杂性的深刻认识。

在评价内容上，多年来，现代心理学与教育学关于创造力表现的研究多集中在识别具有创造力的人与一般人的个性特征差异上，这些研究覆盖了三大领域：认知特征、个性品质和个体经历。将创造力表现划分为产生观点（generating idea）、深入剖析观点（digging deeper into idea）、分享并勇于探索观点（openness and courage to explore idea）、自我调控与反思（listening to one's "inner voice"）[①]四个维度。①产生观点。产生新想法是创造性活动的开端，一个好的想法将时刻引领着人们的创造性行为。产生观点通常包含发散性思维与隐性思维两个方面，属于认知特征范畴，具体表现为思维的流畅性（fluency）、灵活性（flexibility）、独创性（originality）、精致性（elaboration）与隐喻性（metaphorical thinking），这五个思维特点也是"产生观点"这一维度下设的五个评价指标。这一维度重在评估学生发散创造的能力、技巧和风格，包括使学生产生新颖独特的观点，以及尽可能多地推演出解决问题的策略，并详尽说明解决问题的程序步骤，运用类比的方式发现事物之间的关联性等。②深入剖析观点。其也是认知能力的体现，不过与发散性思维相反，它通常是指聚敛性思维或批判性思维，这是一种更高级的思维能力，具体表现为分析（analyzing）、综合（synthesizing）、重组或再定义（reorganizing or redefining）、评价（evaluating）、探寻关系（seeing relationships）、渴望解决模糊问题以及打破原有规则（desiring to resolve ambiguity or bringing order to disorder）、偏爱并能理解问题的复杂性（preferring complexity or understanding complexity）。这里重点评估的是学生的高阶思维能力，比如学生将自己的观点排序、设置优先级，并从中选择最有价值的观点进行精细加工，从而创造出独特实用的事物。同时要评估学生在复杂情境中解决问题的能力。③分享并勇于探索观点。这部分集中反映了创造性的人格品质，它与一个人的兴趣、经验、态度、自信心等因素有关。典型的创造性人格特征包括敏感、好奇、幽默、

---

① Treffinger D J，Young G C，Selby E C，et al. Assessing Creativity：A Guide for Educators. Storrs，CT：National Research Center on the Gifted and Talented，2002.

豁达、冒险、适应、坚韧等。具有创造力的人天生充满好奇心，他们乐于接受新的体验和想法，并愿意公开分享自己的观点。这类人通常能先于他人发现有价值的问题，他们不盲从权威，也不固执己见，而是能够辩证、全面地看待事物。要评价学生的创造性人格品质，就需要进行长期且细致入微的观察，因为人格品质并不像认知能力那样容易显现，所以评价者在评估学生的创造性人格时，应该结合多种方法，如与学生本人进行访谈等，以确保评价的准确性和公正性。在评价的过程中我们需要注意那些看起来不太合群的学生，正如美国心理学者特伦斯（Torrance）所说："创造性人格最本质的特征是勇气，追求别人认为不重要甚至可能会遭到嘲笑的想法需要很大的勇气。尤其是在初中和高中阶段，学生想要融入集体，被他们的同龄人所接受。而那些不害怕与众不同的学生，那些敢于表达自己独特想法的学生，更有可能具备创造性人格品质。"[①]④自我调控与反思。自我调控与反思可被理解为"倾听内心的声音"，指个体对自己创造性行为的认知和监控能力。这种能力通常涵盖自我意识和动机倾向两个方面，并具体体现在目标明确、思路清晰、坚持不懈、持续反思以及言出必行等特质上。创造力强的人往往能清晰地认识到自己的创造力，并有强烈的创造欲望和信心去实现自己的目标。他们会全神贯注地投入自己感兴趣的问题中，甚至达到忘我的境地，这种投入程度有时在外人看来可能近乎疯狂。评价学生的自我调控与反思能力同样是一项复杂的任务。在评价过程中，我们需要细心观察学生的行为表现，例如他们在解决问题时是否展现出高度的主动性和责任感，是否能坚持不懈地追求完美解决方案，以及是否时常对自己的目标和行为进行反思等。这四个维度实际上涵盖了以往研究中关于认知特征、个性品质和个体经历的三大领域，美国中小学生的创造力评价也是基于这四个维度来展开的。

在评价主体方面，美国采用了多元化的评价主体，包括学生本人、老师、家长、同学以及其他相关人员。这种多元化的评价方式结合了学生的自我评价和他人评价，即学生通过自陈报告进行自我评价，而老师、家长等评价者则通过等级量表来评估学生的创造力水平。同学之间也会利用等级量表进行相互评分，学校还会根据标准化测验成绩来评价学生的创造力。这种多元化的评价主体有利于评价者与被评价者之间展开积极的互动，同时可以从多个方面来印证评价信息的真实性和准确性。

在评价方式上，美国采用了量化评价与质性评价相结合的方式。评价过程包

---

① Treffinger D J，Young G C，Selby E C，et al. Assessing Creativity：A Guide for Educators. Storrs，CT：National Research Center on the Gifted and Talented，2002.

括收集、组织、分析和解释数据，这些数据涵盖了定量和定性两个方面。主要关注四个方面的数据信息，分别是行为表现数据、自陈报告信息、等级量表评分和标准化测试分数。单独依靠定量数据或质性信息都不足以全面有效地反映创造力的复杂多元本质。定量数据主要来源于表现数据（behavior or performance data）、自陈报告信息（self-report data）、等级量表（rating scale）和标准化测试分数（test），评价者根据评价指标为学生的创造力打分，并对得分进行统计处理，最终以百分位数、平均值等方式呈现。定量分析的目的是避免评价结果受评价者主观判断的影响，通过统计分析努力减少误差。定量评价适用于测量学生创造力水平的高低以及发现影响学生创造力的因素等操作性较强的问题。质性信息则主要来自对学生创造性行为体验的观察和记录，包括描述性信息和客观事实记录。它为深入分析学生的创造性行为提供了更为真实详细的依据。评价者可以从这些质性信息中了解到学生创造过程的心路历程，从而弥补定量方法可能出现的误差和异常。当试图回答诸如学生的创造性行为何时或为何发生等问题时，通过深度剖析质性信息背后的意义，能为评价学生的创造力提供更有价值的信息。此外，美国在评价学生创造力时还特别注重评价工具的选用。NRCGT 在全面回顾以往创造力测评相关研究的基础之上，特别为创造力评价工具制订了评估标准，规定了检查评价工具质量的 6 个主要技术维度，包括用户使用手册（manual）、效度（validity）、信度（reliability）、实用性与适应性（utility and appropriateness）、文献支持程度（interpretation and context）、专业标准（propriety standards），并把每一个维度的质量划分为 4 个等级，分别为优秀（excellent）、良好（good）、一般（fair）、较差（poor）。这体现了对评价工具选用的高要求和严标准，进一步保证了评价的准确性与真实性。

在评价结果的呈现上，美国根据学生在特定时间与特定环境下的行为表现将学生的创造力划分为 4 个水平，分别是尚未显现（not yet evident）、略微显现（emerging）、基本显现（expressing）、完全显现（excelling）。评价学生当前的创造力表现水平并非最终目标，真正的目的在于根据这些评价结果，设计出与学生创造力发展水平相匹配的教学活动，从而有针对性地提升学生的创造力。当评价结果显示学生的创造力“尚未显现”时，这通常意味着学生所展现的创造力特征与评价者所依据的测评类型不匹配。但这并不代表学生缺乏创造力，只是在当前测试环境下，学生的创造力特征未能充分显现。

在评价结果的运用上，美国的创造力评价主要是为了调整和完善与学生创造力发展水平相匹配的教学设计及其具体实施。当学生未能显现出明显的创造力特征时，这通常表明当前的教学设计并不适合他们，因此需要进行全面的改进。首先，教师需要协助学生认清自身的优势，并引导他们发展和展现自己的创造潜能。其次，教师应致力于营造有利于激发学生创造性行为的课堂氛围，通过设计特殊的教学情境，比如运用“头脑风暴”和“尝试冒险”等多种方法来促进学生观点的生成。此外，教师还应注重创造宽松自由的环境，与学生建立信任关系，鼓励他们自由表达观点。最后，教师应引导学生直接探索和体验各种独特的创造方法与产品，例如有说服力的演讲、雕塑创作、角色扮演或戏剧表演、视频广告制作、旅游手册和广告牌设计等，并鼓励学生分享自己的学习感受和创作经验。当学生达到创造力“略微显现”水平时，这表明他们已在某些方面初步展现出创造力特征，但这些特征在质量、稳定性和持续时间上还有待增强。这也意味着当前的教学活动仍存在较大的改进空间。此时，教学的重点应放在帮助学生建立自信上，引导他们进入自己感兴趣且适合个人风格的创造领域。同时，教师要特别重视学生的成果展示，指导他们通过多种途径表现自己的创新成果，并注重培养他们的元认知能力，以便他们能更好地反思和调控自己的创造行为。当学生表现出较为规律且高质量的创造性行为时，这说明他们的创造力已进入“基本显现”水平。此时，教师可以直接观察到学生的一些典型的创造性行为，如独立解决开放性问题或创造出新产品等。然而，这并不意味着当前的教学活动就是最好的教学设计，它可能只适合部分学生。因此，教学的重点应转向帮助学生利用自身的优势和兴趣进行创造活动，教师需要帮助学生甄别出有价值的观点和想法，并创造鼓励他们主动行动和解决问题的环境。同时，教师要通过学生适当的创造性行为表现来评价他们的创造力水平。最后，当学生的创造力达到“完美显现”水平时，这表明他们在某些领域已经能够稳定地展现出杰出的创造性行为，并具备显著的创造性思维能力。此时，需要为他们提供量身定制的天才教育（gifted education），这需要资深教师和专家的共同努力。教学的重点应放在提升学生的创新能力和创造信念上，使他们在真实的问题情境中能够达到更高的创造力水平。在此过程中，教师应给予学生充分的自由去创造，同时也要为他们提供适当的指导和支持，表达对学生的欣赏和鼓励。

这 4 个创造力水平是连续发展的，并没有绝对的边界，它们之间也存在一定的主观性。然而，这些水平的划分最终是为了实现学生创造力的发展，并为他们提供更适合的教学设计和实施。

## 二、英国学生创新力评价做法

从英国国家创新体系构建的演进过程来看，其经历了从萌芽到改革深化的阶段。20 世纪后半叶，英国通过架通政府界、学术界、产业界之间的合作桥梁，“政、产、学、研”有机融合、协同创新的机制得以基本形成①。在 21 世纪积极推动国家创新体系的变革，英国颁布了一系列政策，并成立了英国研究与创新署（UK Research & Innovation，UKRI），以促进英国在创新方面的进步，同时体现了英国对于国家创新力的重视。2007 年，英国皇家园艺学会（Royal Horticultural Society）发起了一场学校园艺运动，树立了创新力培养的 3 个目标，实施以园艺教育为中心和以“3Rs”（学习准备、弹性、负责任）为主旨的创造性课程。同时对学校的这类课程进行评价，将其分为策划水平、启动水平、成长水平、经验分享水平、规模形成水平 5 种水平，重在培养儿童的独立思考能力、知识与技能应用能力、创造性思维能力、灵活处事能力、团队合作能力，以及责任心、自信心和爱心②。具体的评价标准如表 4-1 所示。③

**表 4-1 英国儿童创新力评价标准**

| 比较项 | 具体内容 |
| --- | --- |
| 策划水平 | • 确定有兴趣开发学校花园的个人或团体<br>• 考虑筹款方案<br>• 已经在室内或室外种植了一些植物<br>• 对校园进行审计<br>• 计划进行风险评估<br>• 寻找教授园艺技能的方法<br>• 审核学生和教师使用园艺作为资源的技能<br>• 向儿童介绍植物在他们生活中的重要性<br>• 计划让更多学校和当地社区参与园艺活动，并以此为标准进行评价 |
| 启动水平 | • 在员工团队中分享园艺愿景<br>• 建立园艺或环境俱乐部<br>• 开始为花园筹款<br>• 制订计划并确定适合开发花园的区域<br>• 开始准备场地<br>• 进行风险评估<br>• 向一些孩子传授园艺技能和如何安全使用工具<br>• 指定一名或多名教师协调园艺活动<br>• 家长或其他社区成员提供帮助<br>• 知情并参与的州长 |

① 王胜华. 英国国家创新体系建设：经验与启示. 财政科学，2021（6）：142-148.

② 陆小兵，钱小龙，王灿明. 国际视野下教育促进创造力发展的分析：理论观点与现实经验.外国教育研究，2015（1）：28-38.

③ Royal Horticultural Society. Research on School Gardening. http://apps.rhs.org.uk/schoolgardening/teachershome/news/researchonschoolgardening.aspa.（2013-06-06）[2023-12-23].

续表

| 比较项 | 具体内容 |
| --- | --- |
| 成长水平 | ·将开发花园及其目的写入学校发展计划<br>·负责实施花园项目的工作人员团队<br>·参与花园维护的看守人或场地工作人员<br>·参与花园设计和开发的学生<br>·在学校课程中参与园艺活动的广大学生<br>·定期为花园筹款<br>·种植一系列植物<br>·展示对环境关心的做法，例如减少用水量<br>·假期护理计划<br>·提高学生的园艺技能<br>·学生学习安全使用越来越多的工具<br>·学生熟悉园艺词汇，并能够识别一些作物和杂草<br>·学生学会合作，尊重他人和周围的世界<br>·学生了解食物的来源，以及如何种植食物以获得更健康的饮食<br>·几名具有园艺技能的工作人员能够在花园里<br>·花园里教授不止一个课程科目<br>·花园里有标志和标签，以增加学生可以进行的学习内容<br>·州长和家长积极关注，部分参与 |
| 经验分享水平 | ·实施花园项目的工作人员，并宣传这个项目对其他学校的好处<br>·学生和教师领导花园的设计与开发<br>·全校大多数学生参与园艺活动<br>·定期活动为花园筹集资金或采购材料<br>·花园中的各种植物和特征显示了植物的不同用途<br>·良好的环境和可持续实践，建立假期维护制度<br>·花园中的产品可用于其他学校活动<br>·学生发展更高级的园艺技能<br>·参与花园建筑活动的学生<br>·学生能够使用和维护各种工具<br>·经常使用各种园艺词汇，具有识别作物和杂草的能力<br>·学生使用花园来发展解决问题和沟通的能力<br>·通过食物种植培养健康饮食的意识<br>·年龄较大的孩子在花园里指导年幼的孩子<br>·领导具有足够园艺技能和知识的员工培训学校内的其他人<br>·通过花园这个项目教授两个或多个课程科目点，花园所蕴含的信息的知识水平很高，可以向最广泛的受众解释<br>·来自社区的志愿者团队与花园中的学生一起工作，外部专家进来分享他们的技能 |
| 规模形成水平 | ·花园被视为教学和学习的关键资源，为学生、教职员工和社区服务<br>·通过项目工作、集会和开放日定期庆祝花园项目所取得的成就<br>·花园在植物范围、可持续实践以及全年护理和维护的内容<br>·一个被认为是教育领域最佳实践范例的花园<br>·具备准备、种植、培育和维护花园所需的园艺技能的学生<br>·具有提前计划、了解季节性并具有设计和建造花园元素技能的年龄较大的学生<br>·能够使用和照顾各种工具的学生<br>·能够在学校内指导低年级学生的高年级学生<br>·能够定义一系列园艺术语并适当使用它们的学生<br>·通过园艺获得许多关键技能和生活技能的学生，包括自信、耐心、养育/关怀、团队合作/合作、尊重他人、解决问题、沟通、指导<br>·坚持写花园日记并能够按计划实施的学生，让他们开展和审查自己的工作<br>·一些正在发展与花园及其产品相关的企业技能的学生<br>·在花园里定期举行简报和计划会议，以最大限度地利用花园作为教学资源<br>·有能力接受其他学校的工作人员进行指导/辅导<br>·大多数国家课程科目是通过与学校花园的链接来教授的 |

续表

| 比较项 | 具体内容 |
| --- | --- |
| 规模形成水平 | • 在花园和教室里提供全面的口译材料<br>• 整个社区层面都参与学校花园项目<br>• 欢迎外部专家前来分享他们的技能<br>• 每年至少为整个社区举办一次花园开放日活动<br>• 花园项目为成人（终身）学习提供机会 |

这一评价标准与国家的政策导向相呼应，将儿童的创造力培养与艺术相结合，突出儿童创造力的独特性。在这一环境下，英国的教育体系也进行了一系列变革，以适应国家对创新人才培养的要求。在对学生的创造力的培育方面，英国拥有专门致力于打开儿童和年轻人创造力之门的国际组织——英国创意文化与教育（Creativity Culture and Education，CCE）中心，该中心致力于发展儿童的创造力，培养学生发明新工作的能力，为学生的未来发展做准备。英国还实施了艺术教育创造力培育计划——创新伙伴关系（Creative Partnerships，CP）项目。该项目在发展期间还扩展为每周五小时的“文化活动”，旨在鼓励年轻人作为文化的生产者、参与者和观众参与其中，并由青年文化信托基金监督，使年轻人通过合作伙伴关系“发现自己的才能”。这一计划成功将艺术、文化和创意方法带入课堂，2002—2011 年，英国各地纷纷开展 CP 项目，对英国的两千多所学校产生了影响，促进了一些教育资源薄弱地区学生以及师生创造力的发展，给其带来了新的机遇。英国对创造力的探究不仅在此，在培养方面，英国国家课程将思维技能定义为信息处理技能、询问技能、推理技能、评估技能和创造性思维技能。对于五岁以下的儿童来说，创造力的定义是艺术、工艺、设计、戏剧表演和创造性表达。①关于五岁以下儿童创造力的教育政策侧重于更传统的艺术领域，但中学的创造力强调整个课程的思维技能，例如产生和扩展想法、发散和收敛思维以及创新解决问题。基于此，关于创造力的培养和掌握，英国对不同的年级也提出了不同的要求。在课程的设计上，小学阶段几乎没有作业，鼓励学生多听多看，注意在大脑中储存各类信息。初中阶段设置了少量作业，注重课程的多样化，旨在培养学生的广泛兴趣，全面提升学生的综合素质。高中阶段则负担加重，注重与大学课程的连接，初步对学生进行一些科研训练。除此之外，英国中小学每年有三个假期，每个学期中间还有一周的“小学期”（half-term），小学生除了课堂作业，几乎没有额外作业，他们有充分的时间参加丰富多彩的课外活动。②如此一

① Alenizi M. Assessment of Creativity in Education. Online Submission. https://so1.typicalgame.com/scholar?q=Assessment+of+Creativity+in+Education. 2008.

② 钞秋玲，王梦晨. 英国创新人才培养体系探究及启示. 西安交通大学学报（社会科学版），2015（2）：119-123+128.

来，学生创新力的培养逐步递增，学生创造力的评价也融入课程。针对不同阶段的学生采取不同的评价方式，不仅用作业或考试成绩衡量学生，还辅以一些活动中学生的表现或成果，以实现对学生的全面评价。另外，对创新人才的培养标准早已融入课程建设之中，表现在课程内容的设置方面。

具体来看，英国注重制定创新人才培养教育质量标准，形成了国家层面和地方层面两种比较完备的天才儿童培养评价体系。在国家层面，主要由教育、儿童服务和技能标准办公室负责评估整体的天才儿童教育情况，从而影响教育政策制定。在地方层面，由地方教育局派遣视察员视察各个学校的天才儿童教学情况，并发现和推广优秀的实践经验。[①]其还先后制定《资优教育国家质量标准》（National Quality Standards for Gifted and Talented Education）、《学校质量标准》（School Quality Standards）等一系列评价，为英才教育提供政策评估工具[②]，为具有创造性拔尖儿童提供完整的评价体系。《资优教育国家质量标准》中设立了机构质量标准（Institutional Quality Standards，IQS）和课堂质量标准（Class Quality Standards，CQS）两套标准。IQS 又分为入门（entry）、发展（developing）和示范性（exemplary）3 个水平，CQS 也分为 3 个层次，分别是层次一、层次二、层次三，每个层次下又详细划分几个点，以说明其包括的内容。基于此，英国教育标准局（Office for Standards in Education，Children's Services and Skills，Ofsted）将资优学生定义为那些具有"显著高于同年级平均水平"的学术能力的学生，以两套标准为中心，同时为学生制定了个性化的学习标准，对学生使用智力测试，再筛选有天赋的创造性人才，对其进行个性化的培养。此外，英国政府还规定了对学校和地方当局为儿童提供 5 项成果的期望，即享受和实现（enjoy and achieve）、安全的（be safe）、健康的（be healthy）、能做出积极的贡献（make a positive contribution）、经济福利（economic well-being）。[③]为了这些期望，学校需要同等关注有天赋和有才能的学生的幸福与成就，从而制定良好的策略提升学生的创造力。其设计了不同层次以及不同主体适用的评价工具，其中主要有 IQS 自我评价量表，包括 5 个方面 14 种要素，评价结果呈现分为入门、发展和示范性 3 种水平。具体如图 4-1 所示。

① 白学军，刘颖，卢柳柳，等. 拔尖创新人才早期培养的国际经验. 基础教育参考，2023（4）：3-21.

② 代文峰，祝刚. 国际拔尖创新人才培养的最新改革趋势与启示. 人民教育，2022（24）：22-24.

③ Parkman M. National Quality Standards in Gifted and Talented Education User Guide. https://www.egfl.org.uk/sites/default/files/Services_for_children/National_Quality_Standards_in_GT_Education.pdf

| 通用要素 | 入门 | | 发展 | | 示范性 | |
|---|---|---|---|---|---|---|
| | 标准档号 | ✓/X | 标准档号 | ✓/X | 标准档号 | ✓/X |
| A - 有效的教学策略 | | | | | | |
| 1.身份识别* 1. | i | | i | | i | |
| | ii | | ii | | ii | |
| | iii | | iii | | iii | |
| 2.课堂教学的有效提供* | i | | i | | i | |
| | ii | | ii | | ii | |
| | iii | | iii | | iii | |
| 3.标准* 4. | i | | i | | i | |
| | ii | | ii | | ii | |
| B - 促进课程权利和选择 | | | | | | |
| 4.赋予课程权利和选择权* | i | ✓ | i | X | i | |
| C - 促进学习的评估 | | | | | | |
| 5.学习评估* | i | | i | | i | |
| | ii | | ii | | ii | |
| | iii | | iii | | iii | |
| 6.转移和过渡 | i | | i | | i | |
| D - 学校组织 | | | | | | |
| 7.领导能力* | i | | i | | i | |
| 8.政策* | i | | i | | i | |
| 9.学校/学院的校风和教牧关怀 | i | | i | | i | |
| | ii | | ii | | ii | |
| 10.工作人员发展 | i | | i | | i | |
| | ii | | ii | | ii | |
| 11.资源 | i | ✓ | i | ✓ | i | |
| 12.监测与评估 | i | ✓ | i | ✓ | i | |
| | ii | ✓ | ii | X | ii | |
| E - 在学校之外建立强有力的伙伴关系 | | | | | | |
| 13.与社区、家庭和其他方面合作* | i | | i | | i | |
| | ii | | ii | | ii | |
| 14.课外学习 | i | | i | | i | |
| | ii | | ii | | ii | |
| 通用要素（总体） | ✓ | | | | | |

图 4-1 评价要素截图①

此外，其还在每种要素后说明了可能的证据来源，用以观察学生的表现，从而对学生进行评价。学校可以根据这一标准因地制宜，结合自己的实际情况进行校本化开发，在 14 种要素后设置不同的参照点，进行符合自身发展的评价。除了这一探索外，英国也使用一些经典的测试和量表对学生进行创造力测试，如托伦斯创造性思维测试（Torrance Test of Creative Thinking）、吉尔福特的儿童创造力测验（或南加利福尼亚大学测验，University of Southern California Testing）、创造性成就问卷（Creative Achievement Questionnaire）、创造性行为量表（Creative Behavior Inventory）等，以一些量化的结果呈现来评估创造力训练的有效性。英国教育部发布《识别天才学生：从此处开始》（Identifying Gifted and Talented Pupils—Getting Started），列举了几十种天才儿童可能的行为表现②，将作为评价的指标参照，同时采用家长评价、教师评价、同伴互评、自我评价等多主体评价，全面反映学生的创造力水平。

① Parkman M. National Quality Standards in Gifted and Talented Education User Guide. https://so1.typicalgame.com/scholar?q=National+Quality+Standards+in+Gifted+and+Talented+Education+User+Guide. 2007.

② 白学军，刘颖，卢柳柳，等. 拔尖创新人才早期培养的国际经验. 基础教育参考，2023（4）：3-21.

## 三、俄罗斯学生创新力评价

对教育中创造力的记录和评估取决于对过程及产品中的一者或两者的重视程度，以及创造力被理解为与背景无关或领域相关、个性化或集体努力的程度。[①]对教育中创造力评估的探索中隐含着对可以采用何种评估模式的信念。同时对创造力的测量采用一些心理学方面的测量方法，以及一些产品为中心的方法、重视在情境中表现的方法的组成方法等，这类方法往往既包括过程也包括结果，这与很多国家在对创造力测量的做法类似。可以看出，俄罗斯对创造力评价更为偏向实用主义，以市场的观点来看待人的创造力的发展。教育的发展也促使人从市场转向教育、从教育的视角看待创造力。

在对创新人才的培养方面，苏联就依托校外补充教育系统，建立了较为成熟的拔尖创新人才教育体系。21 世纪以来，俄罗斯出台了一系列相关支持创新人才培养与发展的政策，为创新人才培养提供了良好的政策环境。随着历史的演变，俄罗斯对创新人才的识别与培养逐渐走向精细化，分层次设立了很多专门的机构。从机构设置来看，俄罗斯拔尖创新人才教育系统分为三个层次：一是普及性的补充教育机构；二是多领域的拔尖创新人才专门教育机构，如“天狼星”教育中心；三是特定领域的拔尖创新人才专门教育机构，如“量子智慧家”儿童科技园。[②]这一系统形成了“大学-儿童科技园-企业”的结构，将学校、机构与企业联系起来，为儿童创造力的发展与培养提供有力支撑。这些机构覆盖范围广泛，让大多数学生能够接触到创新教育，并且针对大学生实行“标准选拔+先学习后识别”模式[③]，贯彻了教育公平的理念，先根据标准选拔，让学生进入机构学习，再重新进行选拔，根据学生的不同情况开展个性化教育。这种补充教育机构创造了一种新的教育模式，在课程内容方面采取必修+选修相结合的方式，让学生可以灵活选择课程。教学也以讨论形式进行，不拘泥于传统的教学模式，在课程结束后，以学科论文作为考核方式，形成了一种新的创造力培养模式。此类模式更多地是以学习结果评价学生的创造力发展，最终的评价依据是学科论文，虽避免不了分数评价，但在过程中尊重学生的自主性，使学生能够更好地发挥自主创造性，从而促进学生创造力的发展。在对创造力培养的理念上，俄罗斯的创

---

① Craft A. Creativity in Schools：Tensions and Dilemmas. London：Routledge Falmer，2005：8.

② 肖驰，Yulia N. 设立校外拔尖创新人才专门教育机构的俄罗斯经验及思考. 全球教育展望，2023（4）：87-97.

③ 肖驰，Yulia N. 设立校外拔尖创新人才专门教育机构的俄罗斯经验及思考. 全球教育展望，2023（4）：87-97.

新人才教育秉承从娃娃抓起的理念，致力于培养资优儿童，以发展儿童的天赋；基于国情与政策导向，树立了为儿童自我实现和能力发展创造条件、为青少年能力发展提供伴随性支持、发挥专业侧重型人才培养优势三个层面的目标，并以三个层面的目标和三种类型的机构为支撑，构建了一套适合自身的评价体系。在如何识别资优儿童的方面，国家做了大量探索，20 世纪 90 年代便出现了以实践为导向的学龄前和学龄期资优儿童鉴定和发展方向，在莫斯科和俄罗斯其他城市还建立了教育机构网络，为俄罗斯的创新人才培养系统奠定了基础。基于对识别资优儿童的重视，科学家将资优儿童的特质称为资优类型的“关键识别因素或指标”。[①]一些专家在研究中将儿童学业资优的识别标志归纳为个性取向、动机、活动速度和风格、个人品质偏好、行为特征等几个方面，以此来识别资优儿童。在识别方法上以综合方法为基础，采用一些传统的测量方法以及心理学测量方法，在进行测试的同时还考虑到儿童的能力倾向和兴趣因素，以专家为主导，对儿童的个性特征和创造性活动成果进行评估。

除此之外，在俄罗斯创新人才培养体系的基础上，俄罗斯高中生还可以依靠竞赛成绩、项目成绩直接进入大学。确切地说，“俄罗斯高校主要通过考试成绩选拔能力更高的学生，包括各种竞赛成绩和高考成绩。由于竞赛考试本身具有公平性和普遍性，俄罗斯的高校也乐于通过竞赛成绩挑选优秀学子，并且提供各种优惠政策吸引天才学生，包括免试政策、加分政策等”[②]。在此基础上，俄罗斯还对 21 世纪学校应该采取哪些技能教育进行研究，采用了行动研究方法，对学校及其日常生活进行调查。这些研究既具有科学目的，又具有实践目的，以促使学校发现自身的不足，从而加以改进，更好地促进学生创造力水平的提升。在对学生的创造力评价方面，该研究致力于如何提升学生的创造力水平，经合组织的研究人员还提出 5 种创造性倾向模型，从好奇心、坚持、想象力、协作、纪律[③] 5 个方面描述学生的创造性特征，对这 5 个特征也有详细描述。好奇心具体包括识别、提出、探索和批判性地评估任何创造性领域的有趣问题这些表现；坚持具体表现在挑战中坚持不懈、在面对不确定性时表现出信心、在选择解决问题的策略时承担风险等特性；想象力具体包括想出富有想象力的解决方案、测试并改进它们、在不相容的物体之间建立联系、运用直觉；协作包括分享智力活动的成

---

① Кларк М. Технология образования или педагогическая технология? // Перспективы：Вопросы образования ЮНЕСКО，1983（2С）：77-92.

② 白学军，刘颖，卢柳柳，等. 拔尖创新人才早期培养的国际经验. 基础教育参考，2023（4）：3-21.

③ Avdeenko N，Denishhheva L，Krasnyanskaya K，et al. Creativity for everyone：Integrating the 21st century skills in Russian schools. Educational Studies Moscow，2018（4）：282-304.

果、支持他人并接受他人的支持、进行合作；纪律包括利用现有的知识和技能开发一个创造性的产品，并开发其创造所必需的新产品、批判性地反思、做出关于改进产品的决定。围绕这 5 个特征，为学生创造一种情境，并在作业的设置中体现。比如对于数学作业的设计，需要合理地利用创新与重复，即使用有趣的作业设计涵盖相同的数学运算的作业是合理的，学生开发的解决问题的策略则需要重复。要跳脱传统的作业设计，就要以新的方式呈现经典内容。具体案例如下。

在家庭会议上，爸爸让女儿阿莱娜帮忙解决一个重要问题。这家人打算在未来三年内买一辆经济实惠的汽车。然而，可用的资金（30 万卢布）不足以购买所选的汽车，还需要 5.5 万卢布。爸爸建议把他们所有的钱（30 万卢布）存入银行，并获得一定的利息。妈妈想出了另一个主意：购买一家成熟小企业的股票，以获得股息。

父母有以下关于一家小企业的信息。

● 每年生产 $x$ 千件产品的成本可以用依赖性表示，即 $y = 0.05x^2 + x + 1$（成本以百万卢布计算）。

● 产品的售价为每件 3000 卢布。

● 公司的利润（每年以百万卢布为单位）计算为产品销售收入与生产成本之间的差额。

● 一家小公司的产能允许每年生产不超过 20100 件产品。

公司制订了未来三年的产量计划。假设不改变生产过程的基本参数，该方案计算股份的收入和支付。

● 当以 20 万—30 万卢布的金额购买公司股票时，股东预计每年将获得公司利润的 0.1%。

决定一个成功的投资策略应该在家庭会议上批准，以便在 3 年内节省所需的资金。

在作业后面附有以各种形式呈现的附加材料。①

这样的作业不仅有助于修改以前学习的材料（二次函数和百分比的计算），而且鼓励学生开发非标准的方法来解决问题，能有效推动 5 种创造性倾向模型的发展。对这一作业也是依据 5 种创造性性格标准进行评价，从作业中获取初始数据以进行分析，仅以学生表现是否体现出 5 个创造性特征为标准，强调识别而不是判断，不对学生做出等级或者分数类型评价，让学生能够清晰地认识自我。其

① Avdeenko N，Denishhheva L，Krasnyanskaya K，et al. Creativity for everyone：Integrating the 21st century skills in Russian schools. Educational Studies Moscow，2018（4）：282-304.

他学科亦参照这一学科，以5个创造性特征为标准，结合学科自身的特色对学生进行评价。在这一过程中，教师观察自己的教学对学生的影响，不断调整自己的教学策略，以适应学生的需求，以达到激发和培养学生创造力与问题解决能力的目的。

由此来看，俄罗斯对创新人才的评价，依托广泛实施的3种类型的机构实行“标准选拔+先学习后识别”，在机构课程教学过程中对学生进行评价。评价主要以机构开发的个性化课程为依据，遵循机构制定的评价标准和原则，同时注重学生创造能力和整体素质的培养。在评价过程中，教师关注学生的课程表现和成绩，具备与家长、同事、社会伙伴及利益相关者合作的能力，以确保教育质量，并实现对学生的个性化培养与评价。这3种类型的机构不仅注重发掘普通学生的创造性才能，还致力于识别具有天赋的创新型人才。另外，高中生可以通过参加竞赛或项目类活动取得的成绩直接进入研究型大学，这为创新型人才进入大学提供了另一条途径。这一举措促进了俄罗斯拔尖人才培养的体系化。该教育体系覆盖了中小学和学前教育，范围广且具有专业性，能够为不同年龄段的孩子提供适应性教育，以全面提升学生的整体创新力素养。

## 四、日本学生创新力评价

为了专门管理天才儿童教育，日本设立了特定的机构和组织，以推动天才儿童教育的专业化发展。早在20世纪初，日本就对高中教育的观念有所转变，开始认识到高中教育应着重于培养学生独立、协作解决问题的能力以及探究精神。这样的转变旨在通过提升学生独立解决问题和团队协作的能力来促进他们创造力的整体发展。同时，日本也意识到在知识型社会中，要从小培养科技创新人才对科学、数学和技术的兴趣，以及他们独立工作的能力。

因此，在创新人才的培养上，日本展现了一种从小学到大学的连贯性培养模式，特别强调对科技创新人才的培养。在保持连贯性的基础上，针对不同阶段的天才儿童，日本还设立了具有针对性的教育项目。例如，幼儿园和小学有专门的天才儿童教育机构和私塾，中学阶段则有“超级理科高中”，在中学和大学的过渡阶段实施了“高中-大学联合培养”计划，大学则设有“研究型大学”，这样的设置使拔尖创新人才的培养具有层次性。这种教育体系以STEM教育为纽带，确保了各个教育阶段的连续性发展。自2015年起，日本文部科学省在理科教育方面提出了新的要求，强调从小学到大学要连续性地培养学生的创造力、好奇心和主动性。这一举措实现了对于学生从小学到大学的一体化培养，着重于培养学生的超前发展能力，以助力他们更好地成长。在具体实施中，小学阶段注重激发学生的科学兴趣，初中阶段则引导他们探索科学问题，到了高中阶段则着重训练学生的科学思维。这一系列措施旨在全面培养下一代科技创新领军人才。同时，日本还将编程教育纳入小学必修课程，让小学生提前接触新时代的科技发展，从而激发他们的创新力。

为了适应这些变化，日本还多次尝试并探索了针对在校学生的评价方法。这些方法主要采用评分标准，聚焦小学学科教育中以课堂为基础的教育实践，并试图开发新的学校教育方法。

也有研究者进行了实验。他们首先将儿童分为两类：第一类是喜欢从头开始创作，可以按照自己的想法自由地创造。他们有强烈的好奇心，常常根据熟悉的事物和经验来构思自己的作品。他们不善于系统地学习，往往把自己的兴趣与周围的事物联系起来学习。第二类是善于根据给出的内容进行安排。他们有毅力，能读懂课文内容，对给定的任务反应良好。他们通过系统学习，渴望不断成长。然后研究者选取 5 名具有合适特征的大学生，要求他们“评价由小学生和初中生创作的编程作品（游戏）”，但不提供有关儿童个人的背景信息。具体来说，5 名大学生被要求评价这些作品（游戏）的趣味性、有创意和独创性。从“趣味性”“有创意和独创性”两条主线上为每个目标儿童挑选 3—5 件作品，然后根据主线对所有提取的作品进行筛选再进行综合排名，从而实现对学生这一方面能力的发展。从排序的结果看，在“趣味性”和“有创意和独创性”两方面，获得一个以上评分者支持的作品主要集中在第一类儿童。除了系统地学习编程技能外，第二类儿童的作品往往在他们就自己的作品提出问题并与他人分享时，结合 5 名大学生对他们实践的观察，获得了更高的评价。这一结果表明，只有在系统学习编程技能的同时，让儿童有机会就自己的作品提出问题并与他人分享，才能产生创造性作品。①

因此，对于在校学生这一类创造力的评价，需要更多地结合学生的个性特征进行。在这一评价中，只以两种特征评价学生，不区分好坏优劣，能够更好地发掘学生的创造性特性，让学生有机会发展自己的创造性，同时又以评价带动学生创造能力的发展。和小学初中阶段的体验式学习不同，高中阶段进行课题研究和项目学习，此外，日本于 2022 年在日本立川市立川高中设立“创新理数科班”，

---

① 松本博雄，重松宏规. 学童期の IT 教育における創造性評価モデルの検討//日本教育心理学会総会発表論文集 第 61 回総会発表論文集. 一般社団法人 日本教育心理学会，2019：275.

以实现创新人才的培养[①]。通过这类学习，可以筛选出具有探究性特质以及具有特殊才能的学生，进而对其进行个性化培养，使其提前接触更高一级的知识，培养学生的创造性，以实现“50 万大学生接受 AI 通识教育”[②]的目标。在高等教育阶段实行所有大学生不分文理必修 AI 通识课程的措施，并在此基础上培养具备一定专业知识的 25 万 AI 应用人才，重在培养科技创新人才，将现代科技发展融入学校教育成为通识性知识，每个人皆可接触。在高中到大学阶段，日本还采用综合型、跳级和学校推荐三种方式选拔学生进入研究型大学[③]，以多样的评价方式为大学选拔创新人才。

除此之外，日本在 2017 年进行了一次教育改革，推行了“高大接续”改革，提出了以学生“学力三要素”的培养与评价为基础，在高中教育、大学入学者选拔机制、大学教育三方面开展的一系列一体化改革[④]。对评价的方式进行调整，进行了一种多样化的评价，依据这一评价理念，制定的评价方式主要有《高中生学习基础诊断》《职业认证》《事业机构自我评定·情报公开·第三方评价指南》[⑤]。三种方式包含不同的评价内容与评价方式。评价内容上主要呼应“学力三要素”，与改革的方向相适应，在评价方式上既有自评也有他评，学校可以根据自身情况选择适切的评价内容与评价方式。基于此，大学的选拔方式也相应进行改革，变换了选拔内容与选拔方式，与“高大接续”的内容相呼应，对学生进行多样的、综合性考核与评价，更加全面完整地评价学生，实现高中和大学的自然衔接。评价也不只有选拔功能，而是识别人才，对其进行个性化培养，进一步促进其创新创造能力的发展，突出成长个体的天赋。

由此看来，日本对于创新人才的评价，首先是建立在其一贯制的培养方式基础之上。在早期阶段，日本就制定了天才儿童的选拔标准，明确了相关指标与适用年龄，以此对天才儿童进行评价。在后续的教育过程中，日本为天才儿童提供了具有整体性和连贯性的升学或继续教育通道。这些通道包括高中提前毕业、大学提前入学、研究型大学创新人才选拔，以及博士课程教育引领计划等。在各个不同的教育阶段，日本都设立了针对天才学生的专门对接措施和培养计划，为他

① 孙梦莹. 日本：高中设置理数科班培养创新人才. 人民教育，2021（21）：20.

② 田辉. 构建贯通培养体系——日本创新人才教育面面观. 光明日报，2021-06-24（14）.

③ 郑军，支金鑫. 日本高校本科拔尖创新人才培养的经验及启示. 教育与教学研究，2019（10）：118-129.

④ 欧阳光华，周菁菁. 日本高中与大学贯通式创新人才培养改革探析. 比较教育研究，2019（5）：20-27.

⑤ 高等教育局高大接続改革 PT. 多面的な評価の推進. https://www.mext.go.jp/a_menu/koutou/koudai/detail/1397727.htm. 2018-03-06.

们的继续教育提供了广阔的空间。①

在评价标准方面，日本多借鉴创造性的新颖性、实用性、审美性和真实性这四个标准结构，并结合自身的教育特点，对学生进行全面评价。特别是在高中与大学的衔接阶段，日本采用了包括基本的三种评价方式在内的多种评价手段，如综合性评价、跳级和学校推荐等，以确保天才学生能够顺利进入大学学习。这种多样化的评价方式不仅促进了创新型拔尖人才的个性化培养，还为他们提供了特殊的评价路径，从而有效激发并培养了他们的创新能力。

## 第二节　国外学生创新力评价经验总结

20 世纪 90 年代以来，高等教育在全球范围内都高度重视创新人才的培养。美国在这一领域率先垂范，英国、俄罗斯、日本等国家在相互借鉴的过程中也形成了鲜明的培养特色。与此同时，各国在不同的培养模式下也发展出了独特的评价方法。我们可以从这些实践中总结出宝贵的经验，以供借鉴和学习。

### 一、以政策为支撑

政策支撑是理论能否顺利转化为实践的关键因素。为了推动高中生创新力评价的积极发展，必须在政策层面获得坚实的支持。国外在创新力评价研究与实践方面已经取得了长足进展，这背后离不开政策的强力支撑。政府对学生创新力的发展给予了高度重视，通过创造多样化的创新力培养模式来促进学生创新能力的提升，进而推动了创新力评价体系的不断完善。

在探索国外创造力人才培养与评价的过程中，我们可以清晰地看到，各国在政策上都给予了很大支持。这种支持往往源于社会对创新人才的迫切需求，以及这类人才对国家发展的重要推动作用。以美国为例，其发布的《2018—2023 年 STEM 教育战略规划》明确提出了建立强大创新人才队伍的目标，以推动创新人才的全面发展。

各国不仅认清了国内外形势，还积极做出改变，颁布各种政策来引导学校和各类教育机构进行变革。这些政策为学校提供了物质和精神上的双重支持，有力

---

① 白学军，刘颖，卢柳柳，等. 拔尖创新人才早期培养的国际经验. 基础教育参考，2023（4）：3-21.

地促进了学生创造力的培养与发展。具体来说，这些政策首先明确了培养目标和要求，为教育指明了最终方向；其次，在如何培养人方面提供了方法性的指导，让学校和教育机构能够自主选择适合的培养方式；最后，在为什么培养人方面，鼓励学校以学生发展为本进行人才培养，突出评价的发展性功能。另外，学校和各类教育机构也紧紧抓住了这一机遇，利用政策支撑为自身谋求更好的发展。它们以大方向为指引，积极进行相应的变革，以适应政策发展，从而使自身的发展走在前列。

## 二、评价理念超前

各国在评价创新人才方面展现出超前性，这与传统的评价理念形成鲜明对比。早在 20 世纪，各国就已认识到创造力对学生的重要性以及创造性在儿童成长中的关键作用，因此纷纷将创造力培养纳入教育目标，并不断探索相关的评价体系，以促进学生创新能力的发展。例如，日本实施了从小学到大学的连贯性培养模式，让小学初中阶段的学生就能接触到高阶段的学习内容，并与高校联合培养。高校在评价阶段也做出了相应变革，以呼应这一培养方式，体现了对学生发展的前瞻性。

不仅如此，从各国的实践来看，美、英、俄、日这四个国家都构建了多元化的评价指标，将关注点扩展到更多方面。在评价创造力时，它们不仅关注创造性思维，还重视创造性实践活动以及影响创造力的各种关联因素，从而构建了全面的评价指标。同时，这些国家还注重对学生进行个性化评价，根据每个学生的特点和潜力制定相应的评价指标与方式，以更全面地了解和发展个体的优势与需求。俄罗斯的“标准选拔+先学习后识别”模式就是个性化评价的一个典范。

对于评价的结果，这些国家非常重视评价的反馈与发展功能。它们认识到评价不仅仅是对已完成工作或学习的判定，更应该提供有针对性的建议和指导，帮助被评价对象改进和发展。通过及时的反馈和支持，个体能够不断成长和进步。此外，这些国家还强调自主评价的重要性，鼓励学生参与评价过程，主动反思、分析和总结自己的表现与进步，从而提高自我认知和自我发展能力。

由此可见，在评价理念方面，这些国家很早就树立了多主体评价的意识，以追求评价的真实性和完整性。它们的评价理念相对走在了前端，为我们提供了宝贵的经验和启示。

## 三、设立专门机构

专门的创新人才培养与评价机构是评价得以有效实施的关键支撑。在这方面，美、英、俄、日四个国家都基于各自国家发展的背景，设立了专门致力于各年级学生创造力培养的机构。这些机构的成立为发现和挖掘每个儿童的创造力提供了宝贵机会，使儿童创造力发展有了专门的平台。

这些机构均提供了多样化的课程供学生选择，以激发学生的创造力。以这些丰富多样的课程为基础，这些机构建立了自己独特的评价目的、评价内容、评价主体和评价方法，从而形成了一套完整且独立的评价体系。

总的来说，这些机构展现出专业性特征，具备专业的知识和技能，能够独立、客观地进行创造性评价工作。它们能够依据科学的评价体系和方法，对不同领域的组织、项目或个人进行全面评价。通过采用权威数据和有效工具，它们提供科学可信的评价结果和建议，对儿童进行专业的创造性评价，并确保评价结果对双方都是透明可见的。

评估结束后，这些机构不仅能够指出问题和不足之处，还能提供有针对性的建议和改进方案。同时，它们鼓励被评价对象进行自我反思和改进，以实现持续进步。这种专业性和独立性的机构设置使得评价结果更为准确和公平，能够真实反映学生的创造性水平。

这些专门机构的设立使得这四个国家在个体创造力的培养与评价上独具特色，与其他国家形成鲜明对比。这也为创造性评价提供了坚实的支撑，使其更加系统化、体系化，而不是依附于其他类型的评价。这无疑有助于推动创造力评价的规范化进程。

## 四、设置专门课程

评价的开展离不开评价内容的支撑，评价内容则依托专门的课程。专门的课程能够使学生接触到专业化的知识，为其创新能力的培养打下坚实的基础。一方面，将创新课程融入其他课程可以实现与各学科的融合发展，开阔学生的知识视野；另一方面，这种做法也可能使创新课程带有其他课程的印记，导致师生难以清晰地认知创新课程的独特性和核心目标，进而使得创新能力的评价变得模糊和困难。

从几个国家的实践中可以看出，它们分别在各自的体系中设置了专门的学生创造力培养课程。例如，美国根据评价结果选拔出具有超常天赋和才能的学生，并为他们开设专门的创造力培养课程。俄罗斯则采用“标准选拔+先学习后识别”的模式，在三层教育机构的设置下，为选拔后的儿童提供个性化的培养课程，并在课程培训后再进行评价。这些做法确保了学生能够接触到专门的课程，从而不断提升他们的专业化水平。

专门的课程设置对创新人才的培养和评价至关重要。上述国家通过设置专门课程，不仅推动了评价内容的不断变革，还促进了评价的进一步实施。更重要的是，这些课程使评价能够更好地为学生的发展服务，实现了评价的精准化和有效性。因此，专门的课程开发与设置对推动国外创新人才的培养迅速发展起关键作用，同时也做出了符合学生发展需求与社会发展需求的重要变化。这些努力共同提升了学生创新力的发展水平，使得评价的结果在提升学生创新能力方面的作用更加显著。

各国在评价创新人才方面表现出明显的超前性，这与传统的评价理念截然不同。早在 20 世纪，各国就已经深刻认识到创新力对学生的重要性以及创造性在儿童成长过程中的关键作用。因此，它们纷纷将创造力培养纳入教育目标，并持续探索与之相关的评价体系，旨在促进学生创新力的发展。

## 五、评价方式多样

多样的评价方式能够更全面地评估学生的创造力水平，从各个层面揭示学生的优点和不足，从而帮助学生更好地认识自己。综合观察各国创新力评价方式的应用，我们可以发现，每个国家都不是单一地使用某种评价方式，而是采用多种类型的评价方式或方法。以美国为例，它结合了量化评价与质性评价。这样既可以对学生进行量化数据分析，通过分数反映学生的能力水平，同时又能够通过质性信息，更深入地分析影响学生表现的原因，从而提供有针对性的建议，促进学生从内在层面实现创造力的成长。日本则对学生进行多样化、综合性的考核与评价；俄罗斯实行“标准选拔+先学习后识别”模式，依托教师、学生、家长等多主体进行个性化评价；英国则从国家和地方两个层面构建了两套不同的评价标准，实现了对学生的分类评价。

这四个国家在评价方式的使用上相互借鉴、取长补短，并根据自身实际情况采用多种方式对学生进行创造力评价。总体来看，这些国家所采用的评价方式可以分为两大类：一是量化评价与质性评价相结合，其中量化评价依托国外经典的创造力评价量表，质性评价则依托学生的自我陈述或教师的观察描述；二是自评与他评相结合，即让学生进行自我评价，同时其他主体也对学生进行客观评价。

这种多样化的评价方式不仅给这四个国家在评价内容的设计与开发、评价主体的选择、评价工具的使用等方面带来了更多挑战，也促使其在这些方面不断进行改革和创新，从而为学生创造力的培养营造更好的环境，提供更多的选择，并使其能够不断达到所需的人才培养目标。由此可见，要想真正发挥创造力评价的导向性作用，我们需要树立多样化的观念，不断采用多样化的评价方式，以确保创造力评价对个体发展的全面促进作用。

## 第三节　国外学生创新力评价的启示

国外更多地关注学生创造力的评价，并且在评价阶段的划分上，并没有局限于高中阶段的学生，而是对各个学段的学生都进行了创造力的评价。国外的创造力评价研究比较深入和广泛，更加系统化，特别是其典型的做法和经验，能够为我国提供一定的经验和启示，有助于推动我国高中生创新力评价的进一步发展。

### 一、给予政策支撑，实现育人目的

从不同国家的经验和做法中可以看出，各国在培养创新人才方面都出台了专门的政策，以实现创新人才培养的目标，并为教育创新性评价创造了良好的物质和精神环境。在这些政策的要求下，国外学校非常重视学生的创新性培养，并为此设立了专门的评价机构和构建了独特的评价体系。相比之下，我国在创新力评价方面，政策与实践之间的联动并不理想，导致政策未能得到有效落实。同时，由于缺乏专门针对高中生创新力发展的政策，高中生的创新力发展无法得到保障。目前，创新力评价主要依托综合素质评价，但从小学到大学阶段，学业成绩仍然受到过度重视，尤其是在高中阶段，面临高考的压力，创新力的培养与评价更容易被忽视。因此，我们应该充分考虑各种影响高中生创新力发展的因素，并提供独特的政策支撑，以促进高中生创新力的全面发展。

一方面是评价环境的创设。在我国，创新力的发展往往依托其他学科，与对学生创新力的培养相比，我们更关注的是高考的学科，特别是在高中阶段，学业往往被置于首要位置，学生创新力的培养与评价则显得相对缺失。在这种背景下，探索高中生创新力评价面临诸多困难，因此，目前这方面的研究在我国也相对较少。学生的创新力受到学校环境、家庭环境以及个人人格因素等多重影响，其中既包含个人因素，也涉及非个人因素，政策的制定需要全面考虑这些因素。基于此，政府应致力于营造良好的环境，首要任务是关注创造力的培育问题，政策应支持各个阶段创造力的培养工作，提升创造力在个体发展中的重要性。只有先进行有效的培养，才能对创造力进行准确的评价。一些国家从孩子很小的时候就开始注重创造力的培养，因此创造力的评价也是持续进行的，只是在不同阶段调整评价的内容和方式，这为创造力评价的发展与创新奠定了坚实的基础。我国也应采取相似的策略，要想做好高中阶段的创新力评价，就不能仅局限于高中阶段，而应从小做起，关注学生的整个成长过程；在高中阶段，要明确学生应具备的创造力类型，并进行相应的评价。同时，评价不能流于形式，而应完善与创新力评价相关的整套机制。

另一方面，政策可以为学校提供必要的支持，以推动相关工作顺利开展。首先是关于学校思想意识的工作。为了有效地进行高中生创新力评价，必须从转变观念开始，不应将创新力视为高中阶段教学中可有可无的部分，而应将其置于重要地位，重视学生高中阶段创新能力的培养。其次是教师创造力培训的工作。当前，我国教师在创造力评价方面的能力有待提高，对创造力的重视程度也须加强。因此，我国应积极推动改革现有的教师教育课程体系，对教师进行有针对性的教育培训，特别是高中教师。教师不应仅关注学生的学科能力，还须提升自身在创新能力方面的素养，从而更好地推进学生创新力的评价工作。最后是将创新力评价融入高中教学实践活动之中。只有在教学实践环节中，创造力的评价才能得到更好的发展，同时，学生的创新力也会在教学实践活动中得到更好的展现。高中生创新力具有其独特性，它既建立在初中阶段的基础上，又为大学阶段的创新力发展奠定基础。然而，目前国外对这一阶段创新力的培养并未给予足够的重视，导致创新力评价缺乏针对性的内容与方式，且与教学实践活动脱节。因此，我们需要以评价为引领，将创新力评价融入高中阶段的日常教学实践活动中，从而推动高中生创新力的培养工作。

## 二、变革评价理念，助力评价改革

我国在评价理念上深受中国传统教育制度的影响，长期以知识为中心，并在应试教育的推动下，形成了以高考为主要评价方式、以学科学业成绩为主要评价内容的体系。这种背景下，我国的评价理念主要指向学生成绩的提升，存在一定的片面性和短视性，未能充分关注学生的长远发展。因此，我国的评价理念亟待变革，应转向全面性和长远性，着眼于学生的全面发展和长远成长。尽管综合素质评价在我国已开始推行，但面对现实情况，其发展仍面临诸多挑战。从当前社会发展来看，原有评价理念下培养出的人才与社会所需人才之间的匹配度并不高。因此，我们需要更新评价理念，紧跟时代发展步伐。值得注意的是，国外在20世纪就已经实现了创造力评价理念的显著转变，这也是其创造力评价能够持续发展的原因之一。为了推动我国高中生创新力的进一步发展，我们也需要积极借鉴和学习国外的先进理念与实践经验。

一是要树立超前的评价理念，转变传统的评价观念。这里所说的"超前"并非忽视学生的身心发展需求，而是要在看到传统评价理念弊端的同时，使评价理念与现代社会发展要求相契合。创新人才是时代发展的关键力量，也是国家立足于国际舞台的重要基石，培养创新人才理应成为现代教育的重要目标。然而，尽管我们已认识到这一点，但在学生创新力评价的理念上仍未能及时更新，导致创新力的发展受阻，这无疑是一大缺憾。因此，我们必须及时转变创新力评价理念，使其与时代发展的要求相呼应。例如，日本建立了从小学到大学的连贯性培养体系，这实际上是在国家对科技创新人才需求增加的背景下，转变了创新人才的培养方式，并随之调整了评价理念。其看到了社会发展的需求以及未来的发展方向，在高中到大学阶段贯彻了综合评价学生的观念，从而推动了创造力评价的进一步变革。在当前的发展形势下，我国也应充分认识到高中生创新力评价的重要性，以超前的评价理念推动评价的革新。

二是要正确认识评价的目的。评价旨在发现存在的问题、促进个体发展，而非单纯评选优劣、强调选拔功能。以美国为例，他们将学生创造性评价的结果细分为尚未显现、略微显现、基本显现、完全显现四个层次。根据这些结果，教师会不断调整教学策略，以适应学生的成长并激发他们的创造力。这种做法承认了每个学生都具备创造力，只是在表现上有所不同，且可以通过改变外部条件来激发学生的这种潜力。我国也在实行评价的转变，但实际操作中评价目的更多的仍然是突出选拔功能。一些学校开始实行拔尖人才选拔和培养工作，但总体来看，这项工作推进的速度不容乐观。一方面，高考的巨大影响使得人们普遍认为，高考就是为了筛选和分类，让学生进入不同的学校和专业学习。但这种分类标准相对片面，仅仅依靠一种类型的分数来评价学生是远远不够的。学生在学习过程中展现出的特性是多方面的，不应仅限于单一方面的评价。从这一角度来看，我国对评价功能的认识和使用仍过多地停留在筛选与选拔上，而非以促进学生的发展为核心。另一方面，尽管综合素质评价的提出在一定程度上改变了我国的评价观念，使人们逐渐认识到评价应指向人的全面发展，并将结果反馈真正用于人的发展中，但仍存在不足之处。虽然综合素质评价反对只呈现学生的单方面成绩，也反对仅以成绩来评价学生，但在实际操作中仍然会给学生划分等级，在关注学生各方面发展的同时，会给学生的不同方面打上等级标签。有些学者在某些学科上甚至建议用“合格”与“不合格”来显示评价结果。这其实仍然带有筛选的痕迹，“合格”与“不合格”仍然是一种判定，无法真正帮助学生发现问题并做出改变。从这一角度来看，即使综合素质评价理念与传统评价理念相比已有了很大进步，但仍需不断改进和完善。在这方面，美国的四种结果呈现水平给了我们很多启示，即不应以“合格”与“不合格”来简单判定学生某方面的能力，而是应让各相关主体不断调整，以实现学生全面发展的目标。

## 三、设立专门机构，实现精准评价

专门的评价机构能够使评价更加有效地进行。在国外，许多国家为了对创造力进行评价，设立了专门的机构，这些机构在培养过程中也实现了对创造力的有效评估。我国已经提出“强基计划”，并启动了“国家关键领域急需高层次人才培养行动”等，显示出对创新人才培养的一定重视，但目前我国尚未建立起一套针对学生创新力的评价体系，也缺乏从基层到高层的专门评价机构。因此，为了推动高中生创新力评价的发展，我国必须建立专门的评价机构。这些机构可以构建高中与大学相互贯通的创造力培养与评价模式，让高中生能够接触到更多的高级别知识，为日后的深入学习奠定基础。同时，这些机构还能为高中生实现创新性想法提供良好的平台，使高中生的创新力得到应有的重视。

其一，评价机构要有明确的评价目标与正确的评价理念。评价机构的设立首先要明确培养什么样的人，并据此制定明确的目标，以指导人才培养工作。同时，坚持正确的评价理念也至关重要。当前我国高中生创新力评价的发展尚显薄弱，机构设立过程中难免遇到诸多困难，也容易误入传统评价的歧途，变为另一种形式的“辅导机构”，这有违初衷。因此，评价机构的设立必须以正确的评价理念为支撑，它不仅决定了机构未来的发展方向，也决定了其将对学生产生何种深远影响。

其二，评价机构要建立自己的评价指标和标准。评价指标即从哪些方面对学生进行评价，这部分内容的重要性不言而喻。我们应结合高中生的发展特点、我国社会发展的新要求，以及全球范围内创新人才培养的趋势来制定评价指标，以确保这些指标能全面、准确地反映高中生的创新力水平。就目前高中生创新力评价的发展现状来看，这一方面的探索尚显不足，高中生创新创造类课程往往形同虚设，导致相关评价指标缺失。因此，我们亟须构建一套符合我国国情、适合我国高中生创新力发展的评价指标，以推动高中创新力的提升。

其三，评价机构应具备独立进行评价的能力。国家应支持成立这类机构，并在总体方针上进行指导，同时赋予其独立评价的权利。国家负责整体把控与提出要求，确保评价结果的有效性，并以促进高中生创新能力发展为目标。这类机构可以设立于学校内部，也可以是另行构建一套体系化的独立机构。例如，我们可以借鉴俄罗斯的经验，分层次设立机构，以实现对学生的个性化评价。

其四，评价机构需配备相应的人才与设施。管理人员和教师应具备良好的创新意识与创新能力，并接受系统的培训，以确保评价的客观性和真实性。我们应始终贯彻“评价是为了人的发展”的理念，通过创新力评价来推动高中生创新力的发展，并引导他们不断调整自我、提升创新能力。对于评价结果的呈现方式，我们可以借鉴美国的做法，划分为四个水平层次，从而准确反馈问题并促使相关人员做出相应调整以实现创新力的持续提升。此外相关的设施也应当完备齐全不能流于形式、只设立一个空壳机构，要为高中生创新力的培养提供一个良好的空间环境，使其创新力得以充分展现，进而便于他人及学生自身观察存在的问题或优点，以便不断调整策略、激发这一阶段学生的创新潜力。

总体来看，专门的评价机构是实现对学生精准评价的关键。创新力若依附其他评价体系，便容易被忽视。即便在综合素质评价中强调培养学生的综合素质和全面发展，学生的创造力所占比重也较小，未能有效融入其他学科，也缺乏独立的领域，因此其发展处于弱势地位。要实现对学生的精准评价和个性化评价，需要专门的机构来承担这一任务。基于此，应积极设立专门的创新力评价机构，打通各个阶段之间创新力培养的壁垒，构建一套从小学到大学的连贯性创新力评价体系。正如考试制度一样，虽然存在诸多弊端，但其普及性和适用性仍有许多值得借鉴之处。我们可以借鉴其发展过程，以新理念构建新的创新力评价制度，从下往上实现连续性评价，从而精准地评价学生的创新力。

## 四、开发专门课程，致力个性发展

课程的设计与开发遵循一套既定流程，创新课程的研发则具有其特殊性。首先，在创新课程的知识选择上，我们应结合当前世界与我国人才发展的需求，进行系统化、体系化的内容构建，摒弃以往以死记硬背为中心的教学模式，转而突显学生的创新思维与创新能力培养。同时，各学段知识的连贯性也不容忽视。针对高中创新课程的设计，我们需特别关注其与大学课程的衔接问题。其次，创新课程的研发应融入本土特色，开发具有中国特色的创新型课程。国外在创新型课程的开发与设计上，主要采用了加速制（acceleration）和充实制（enrichment）两种模式，这两种模式分别针对不同类型的学生，很好地满足了学生的个性化发展需求。在符合自身条件的基础上，这些模式实现了“因材施教”，促进学生更好地发展。

因此，我国在这一方面应积极借鉴国外经验，结合本土实际情况，为创新人才设立专门的课程，以激发他们的创新能力。在高中阶段，我国应为学生提供与高校对接的相应课程，这不仅便于高校进行人才选拔时的评价参考，也为学生实现个性化发展提供了有力支持。

## 五、转变单一评价，实施多元评价

单一评价具有片面性。目前我国正在提倡综合素质评价，但这一评价体系仍处于试点阶段，在高中阶段的推广应用还相对较少。由于我国长期以来实行的高考评价制度，已经逐渐形成了单一评价的局面。因此，我们必须增加对其他方面内容的评价。只有改变这种评价方式，才能让其他评价得以有效实施与发展。

其一，变革单一的评价方式。我国高中阶段创新力的评价方式较为单一，主要依赖量化的评价方式，并且评价结果的使用过于形式化。由于创新力与当前的升学关联度不高，创新力评价常常只是走过场。尽管综合素质评价正在逐渐推广，但在高中阶段的实施仍然面临诸多困难。因此，目前高中创新力的评价主要以量表或学生参与活动的程度为依据，缺乏具体且有针对性的评价方式。基于这种情况，我国高中生的创新力评价需要进行创新，采用多样化的评价方式以推动评价的有效开展。首先，应构建属于自身的专业性评价工具。当前高中生创新力评价主要依附于综合素质评价或借鉴国外的评价工具，缺乏适合本土高中生的专门工具。因此，我们需要构建符合本土高中生特点的创新力评价工具，以便更真实地评价他们的创新力水平。其次，应将量化评价与质性评价相结合。在收集量化数据的同时，还应通过观察、自评等方式收集质性信息。这样可以通过两种信息更全面地反馈学生的创新力水平。最后，既要重视过程性评价，也要进行总结性评价。例如，国外对学生发散性思维的评价就是过程性的，而以产品来评价学生的创造力则是总结性的。将这两者相结合，能够更真实地反映个体的创造力水平。因此，我国高中生的创新力评价也应综合运用多种评价方式，以准确评估其真实的创新力水平。

其二，探索综合评价方式。创新力不仅仅是思维的内在表现，也通过行为外显出来。它不仅体现为一种思维的发散或某种产品的创造，更深层次地反映了一种综合能力的集合。因此，我们不能仅仅依赖单一的方式或内容来评价学生的创新力水平，而应以综合的视角来进行全面评价。国外高中生的创新力评价强调学生的综合素质与能力。在评价过程中，学生被要求展现出非传统的、独特的思维方式，并提出富有想象力的创意。同时，他们需要将这些创意转化为实际行动，并有效地实现所设定的目标。此外，解决实际问题的能力，以及通过各种方式寻找解决方案的能力，也是评价中的重要考量。团队协作精神和沟通能力同样在评价过程中占据重要地位。除了关注学生的创作能力，历程的记录和反思能力也受到同等重视。学生需要详细记录整个创新过程，并从中总结经验教训。综合以上多个因素，国外形成了一个相对完善的高中生创新力评价体系。借鉴于此，我国在高中生创新力评价中也应更多地转向综合性评价，结合理论与实践，丰富评价方式与评价内容，以实现对学生创新力的全面、多样化评价。

其三，鼓励创新和改进。多元评价的目的是提供更全面、准确的评估，以便相关方做出更明智的决策。在评价结果出炉后，应积极推动创新和改进，促使被评价对象不断提升和发展。具体而言，鼓励创新和改进可以从以下几个方面入手：首先，创新评价内容，在各级学校推广创新型课程，并以此为依托变革评价内容，将评价从单一维度拓展到多个方面。其次，充分利用多种评价主体，如自评、他评等，开展量化评价和质性评价，从而拓宽评价数据与信息的来源，多角度全面评估学生的创新力。最后，实现评价成果的共享，及时向社会公开评价结果，并通过报告、宣传材料、数据开放等方式，提高评价过程的透明度和可信度。这样，在形式和内容上都对高中生的创新性评价进行创新，以实现真正意义上的多元化评价。

第五章

# 新高考背景下高中生创新力评价现状审视

# 第一节　新高考背景下高中生创新力评价的调查设计

## 一、调查目的

随着新高考改革的推行，创新力评价在学生评价实践中应受到重视并能够有效落实。研究新高考背景下普通高中生创新力评价的相关问题，需要将理论与实践紧密结合，积极关注实践现状。实践调研的目的在于整体上了解普通高中创新力评价开展的真实情况，发现学校在创新力评价过程中存在的问题，进而为更好地实施和改进新高考背景下普通高中生创新力评价提供切实可行的理论指导与策略建议。

## 二、调查内容

基于调查目的，实践调查内容包括：①师生对学生创新力评价的整体认知态度；②学校开展创新力评价的相关措施和安排；③师生在创新力评价中的具体操作，从而了解创新力评价目的、评价内容、评价载体、评价方式、评价结果、评价效果；④师生心目中创新力评价的应然状态；⑤师生对学校创新力评价的意见和改进建议。

## 三、调查对象

为保证调研信息的全面、真实、可靠，研究选取了北京市 3 所学校（海淀区 2 所，朝阳区 1 所）、江苏海安市 1 所学校，以及河南省 2 所学校的师生作为调查对象。6 所学校都对学生的创新力评价进行了一定的探索，因此调研对象具有一定的针对性；同时，6 所学校分属北部、中部、南部城市，在地理位置以及经济发展程度上都具有一定差异，因此样本具有一定的代表性。

## 四、调查方法

第一，问卷调查法。以发放电子问卷的形式进行，共发放学生问卷 300 份，收回有效问卷 243 份，回收率为 81.00%；发放教师问卷 120 份，收回有效问卷 102 份，回收率为 85.00%。最后对回收的问卷进行描述统计分析。第二，访谈调查法。以电话和微信访谈的形式，对 9 名学生和 12 名教师分别进行半结构化访谈。调查对象基本情况见表 5-1—表 5-4，其中对访谈对象的编码主要由 4 部分构成，依次为对象（“S”代表“学生”，“T”代表“教师”）、学校、时间和序号，问卷和访谈提纲见附录（附录三—附录六）。

**表 5-1 学生问卷基本信息**

| 变量 | 类别 | 频数/人 | 比例/% |
|---|---|---|---|
| 学校 | 北京 S 中学 | 15 | 6.17 |
| | 北京 J 中学 | 9 | 3.70 |
| | 北京 D 中学 | 12 | 4.94 |
| | 河南 J 中学 | 53 | 21.81 |
| | 江苏 H 中学 | 90 | 37.04 |
| | 河南 F 中学 | 64 | 26.34 |
| 性别 | 男 | 130 | 53.50 |
| | 女 | 113 | 46.50 |
| 年级 | 高一 | 95 | 39.09 |
| | 高二 | 107 | 44.03 |
| | 高三 | 41 | 16.87 |

注：由于四舍五入，加总可能不为 100%，余同

**表 5-2 教师问卷基本信息**

| 变量 | 类别 | 频数/人 | 比例/% |
|---|---|---|---|
| 学校 | 北京 S 中学 | 6 | 5.9 |
| | 北京 J 中学 | 5 | 4.9 |
| | 北京 D 中学 | 5 | 4.9 |
| | 河南 J 中学 | 26 | 25.5 |
| | 江苏 H 中学 | 29 | 28.4 |
| | 河南 F 中学 | 31 | 30.4 |
| 性别 | 男 | 43 | 42.2 |
| | 女 | 59 | 57.8 |
| 教龄 | 1 年以下 | 18 | 17.6 |
| | 1—5 年 | 47 | 46.1 |
| | 5—10 年 | 23 | 22.5 |
| | 10—20 年 | 9 | 8.8 |
| | 20 年以上 | 5 | 4.9 |

续表

| 变量 | 类别 | 频数/人 | 比例/% |
|---|---|---|---|
| 职务 | 任课教师 | 93 | 91.2 |
| | 班主任 | 50 | 49.0 |
| | 中层干部 | 7 | 6.9 |
| | 学校领导 | 3 | 2.9 |
| 学历 | 本科以下 | 8 | 7.8 |
| | 本科 | 36 | 35.3 |
| | 硕士及以上 | 58 | 56.9 |
| 职称 | 未定级 | 21 | 20.6 |
| | 中教二级 | 58 | 56.9 |
| | 中教一级 | 15 | 14.7 |
| | 中教高级 | 8 | 7.8 |
| 任教年级 | 高一 | 38 | 37.3 |
| | 高二 | 46 | 45.1 |
| | 高三 | 18 | 17.6 |
| 任教科目 | 语文 | 13 | 12.8 |
| | 数学 | 10 | 9.8 |
| | 英语 | 13 | 12.8 |
| | 政治 | 7 | 6.9 |
| | 历史 | 9 | 8.8 |
| | 地理 | 6 | 5.9 |
| | 物理 | 10 | 9.8 |
| | 化学 | 8 | 7.8 |
| | 生物 | 10 | 9.8 |
| | 体育 | 4 | 3.9 |
| | 音乐 | 5 | 4.9 |
| | 美术 | 4 | 3.9 |
| | 其他 | 3 | 2.9 |

**表 5-3　学生访谈基本信息**

| 序号 | 学校 | 性别 | 年级 | 时间 | 编码 |
|---|---|---|---|---|---|
| 1 | 河南 J 中学 | 女 | 高一 | 2022-02-04 | S-J2022020401 |
| 2 | 河南 J 中学 | 女 | 高二 | 2022-02-04 | S-J2022020402 |
| 3 | 河南 F 中学 | 男 | 高二 | 2022-02-05 | S-F2022020503 |
| 4 | 北京 S 中学 | 女 | 高一 | 2022-03-18 | S-S2022031804 |
| 5 | 北京 S 中学 | 男 | 高一 | 2022-03-18 | S-S2022031805 |
| 6 | 北京 D 中学 | 男 | 高二 | 2022-03-18 | S-D2022031806 |
| 7 | 北京 D 中学 | 女 | 高二 | 2022-03-18 | S-D2022031807 |
| 8 | 北京 J 中学 | 女 | 高一 | 2022-03-19 | S-J2022031908 |
| 9 | 北京 J 中学 | 男 | 高一 | 2022-03-19 | S-J2022031909 |

表 5-4 教师访谈基本信息

| 序号 | 学校 | 性别 | 任教科目 | 时间 | 编码 |
|---|---|---|---|---|---|
| 1 | 河南 J 中学 | 女 | 语文 | 2022-02-03 | T-J2022020301 |
| 2 | 河南 J 中学 | 女 | 数学 | 2022-02-03 | T-J2022020302 |
| 3 | 河南 J 中学 | 女 | 物理 | 2022-02-03 | T-J2022020303 |
| 4 | 河南 F 中学 | 男 | 化学 | 2022-02-04 | T-F2022020404 |
| 5 | 河南 F 中学 | 女 | 数学 | 2022-02-04 | T-F2022020405 |
| 6 | 河南 F 中学 | 女 | 信息技术 | 2022-02-04 | T-F2022020406 |
| 7 | 北京 S 中学 | 女 | 语文 | 2022-03-16 | T-S2022031607 |
| 8 | 北京 S 中学 | 女 | 英语 | 2022-03-16 | T-S2022031608 |
| 9 | 北京 D 中学 | 男 | 信息技术 | 2022-03-17 | T-D2022031709 |
| 10 | 北京 D 中学 | 女 | 政治 | 2022-03-17 | T-D2022031710 |
| 11 | 北京 J 中学 | 女 | 物理 | 2022-03-18 | T-J2022031811 |
| 12 | 北京 J 中学 | 男 | 信息技术 | 2022-03-18 | T-J2022031812 |

# 第二节　高中生创新力评价存在问题

## 一、创新力评价内涵认知不清，目的存在偏差

在被调查学校中，无论是教师还是学生，对创新力评价的整体态度还是比较认可的，57.61%的学生和 77.45%的教师认为创新力评价可以提升学生的创新力（表 5-5）。

表 5-5 师生对创新力评价的调查统计　　单位：%

| 题目 | 选项 | 学生 | 教师 |
|---|---|---|---|
| 创新力评价可以提升学生的创新力 | 完全不符合 | 1.65 | 0 |
| | 比较不符合 | 10.29 | 8.82 |
| | 说不清楚 | 30.45 | 13.73 |
| | 比较符合 | 40.74 | 47.06 |
| | 完全符合 | 16.87 | 30.39 |
| 创新力评价目的 | 完成学校规定和教师要求 | 51.03 | 43.14 |
| | 考虑到将来升学需要 | 79.01 | 83.33 |
| | 判断学生创新力发展水平 | 80.25 | 95.10 |
| | 在过程中发现和培养学生的创新力 | 70.78 | 86.27 |
| | 其他 | 8.23 | 13.73 |
| 创新力评价结果使用 | 是学生完成相关课程、活动的证据 | 82.30 | 88.24 |
| | 选拔出创新力较高的学生 | 81.89 | 58.82 |

续表

| 题目 | 选项 | 学生 | 教师 |
|---|---|---|---|
| 创新力评价结果使用 | 是评奖优先的依据之一 | 86.42 | 83.33 |
| | 是反馈意见、促进学生创新力发展的一个重要手段 | 74.07 | 86.27 |
| | 其他 | 6.17 | 4.90 |

但在进一步对师生开展创新力评价目的的调查中发现，分别有43.14%、83.33%、95.10%、86.27%的教师和51.03%、79.01%、80.25%、70.78%的学生选择了完成学校规定和教师要求、考虑到将来升学需要、判断学生创新力发展水平、在过程中发现和培养学生的创新力（表5-5）。这也可以从创新力评价结果的使用上反映出来。总体来看，评价结果常被用于外部目的，忽视了创新力评价活动本身对学生创新力培养的重要作用。由此可推断，被调查的师生对创新力评价的内涵认知还不够清晰，导致目的存在一定的偏差，被调查的教师更多地将创新力评价视作一项需要完成的工作，或将其作为判断创新力发展水平的依据，重视对少数学生的选拔，没有将创新力评价视为一项培养全体学生创新力的教育活动。在访谈中，北京市海淀区的两位老师提到：

> 创新力评价对学生来说还是很重要的，如果学生拿了全国或国际比赛名次，能够获得区人才引进计划资格，从而获得一定的项目经费，或者有直接进入清华大学、北京大学的资格，抑或高考能够加分。（T-S2022031608、T-D2022031709）

此外，通过调查还发现，有部分学校对创新力评价的重视程度不是很高，虽然有一些规定，但不够具体，多数被调查的师生认为创新力评价是一件比较困难的事情（如表5-6和表5-7）。

**表5-6　教师对创新力评价整体认识调查统计**　单位：%

| 题目 | 完全不符合 | 比较不符合 | 说不清楚 | 比较符合 | 完全符合 |
|---|---|---|---|---|---|
| 学校非常重视学生创新力评价 | 4.90 | 27.45 | 20.59 | 33.33 | 13.73 |
| 学校有创新力评价的相关规定 | 5.89 | 24.51 | 26.47 | 32.35 | 10.78 |
| 创新力评价是一件困难的事情 | 3.92 | 7.84 | 14.71 | 60.78 | 12.75 |

**表5-7　学生对创新力评价整体认识调查统计**　单位：%

| 题目 | 完全不符合 | 比较不符合 | 说不清楚 | 比较符合 | 完全符合 |
|---|---|---|---|---|---|
| 老师重视对我的创新力进行评价 | 6.17 | 16.46 | 28.81 | 38.27 | 10.29 |
| 学校有创新力评价的相关规定 | 10.70 | 19.76 | 27.98 | 24.28 | 17.28 |
| 创新力评价是一件困难的事情 | 5.34 | 10.29 | 24.69 | 46.92 | 12.76 |

## 二、创新力评价内容重成果、轻实践

评价内容主要涉及“关注学生创新力哪些方面的发展”的问题。结合问卷调查结果（表 5-8 和表 5-9）和师生访谈结果，发现在创新力评价过程中，除了创新思维外，创新成果的占比仍较大。

**表 5-8 师生关于学生创新力评价内容统计** 单位：%

| 题目 | 选项 | 学生 | 教师 |
|---|---|---|---|
| 创新力评价主要评什么 | 学生对创新的认识与态度 | 65.02 | 81.37 |
| | 学生的创新个性品质发展 | 59.67 | 85.29 |
| | 学生的创新思维发展 | 76.54 | 92.16 |
| | 学生的创新实践，包括个体投入的以产生创新性成果为目的的任何活动 | 68.31 | 84.31 |
| | 学生的创新成果，主要是一些新颖有价值的结果 | 75.31 | 85.29 |
| | 其他 | 8.41 | 0 |
| 比较关注学生的创新实践成果 | 完全不符合 | 2.88 | 4.90 |
| | 比较不符合 | 11.93 | 17.65 |
| | 说不清楚 | 25.51 | 16.67 |
| | 比较符合 | 40.33 | 42.16 |
| | 完全符合 | 19.34 | 18.63 |

**表 5-9 学生关于创新力评价内容认识统计** 单位：%

| 题目 | 完全不符合 | 比较不符合 | 说不清楚 | 比较符合 | 完全符合 |
|---|---|---|---|---|---|
| 希望老师关注创新实践行为 | 4.12 | 8.23 | 16.05 | 46.91 | 24.69 |

在访谈中，有多位老师谈到：

其实老师们也会关注学生参与的各种以创新为目的的创新实践活动，但通常学生的创新成果会更具有代表性，在操作时也更加方便。（T-J2022020302、T-J2022020303、T-F2022020404）

而在对学生的主观意愿进行调查时，有学生谈到：

创新比较困难，有时候尝试了很多次也不一定能得出一个令人满意的结果，希望老师多关注我们的创新实践行为。（S-J2022020401、S-J2022020402、S-F2022020503）

因此，对于高中生来说，创新力评价应着眼于参与的创新实践活动行为本身，而非过多地关注创新成果。

## 三、创新力评价主体重教师、轻学生

新高考背景下高中生创新力评价是以学生自评为主的多元主体评价，但通过对创新力评价主体参与情况的调查发现，班主任、任课教师是占比相对更高的评价主体，其次是学生、家长，而师生也都比较依赖、倾向于班主任、任课教师的评价（表 5-10）。

表 5-10　师生关于创新力评价主体调查情况统计　单位：%

| 题目 | 选项 | 学生 | 教师 |
|---|---|---|---|
| 通常哪些人参与创新力评价？ | 班主任 | 88.89 | 90.20 |
| | 任课教师 | 85.60 | 82.35 |
| | 学生自己 | 54.32 | 69.61 |
| | 同学 | 61.73 | 64.71 |
| | 家长 | 38.27 | 30.39 |
| | 其他 | 7.41 | 5.88 |
| 哪些人更适合评价创新力？ | 班主任 | 81.89 | 87.25 |
| | 任课教师 | 84.77 | 86.27 |
| | 学生自己 | 57.20 | 69.61 |
| | 同学 | 64.20 | 73.53 |
| | 家长 | 41.52 | 47.06 |
| | 其他 | 4.53 | 8.82 |

甚至部分教师认为教师评价能够全面反映学生的创新力，当然也有老师重视并鼓励学生进行自评和互评（表 5-11）。

表 5-11　教师关于创新力评价主体的认识　单位：%

| 题目 | 完全不符合 | 比较不符合 | 说不清楚 | 比较符合 | 完全符合 |
|---|---|---|---|---|---|
| 教师评价能够全面反映学生的创新力 | 1.96 | 17.64 | 19.61 | 48.04 | 12.75 |
| 在学生创新力评价过程中学生自评很重要 | 0 | 3.92 | 14.71 | 54.90 | 26.47 |
| 在学生创新力评价过程中同伴互评很重要 | 0 | 5.88 | 10.78 | 56.87 | 26.47 |
| 我在进行创新力评价时会充分结合学生自评和同伴互评的内容 | 0 | 10.78 | 20.59 | 48.04 | 20.59 |
| 我会告诉学生如何进行自评和互评 | 0 | 4.90 | 14.71 | 55.88 | 24.51 |

在访谈中有老师说：

自评和互评通常是学生在课下自愿进行的一个交流活动，能够促进学生相互之间的交流和学习，但通常还是以教师评价为主，教师评价通常更具科学性和权威性。（T-S2022031607）

不过也有个别老师反映：

我们会采取同学投票推举的方式进行评价。（T-S2022031607）

这在一定程度上运用了同伴互评的方式。在对学生的调查中发现，有学生提到，教师评价虽不太能真实全面地反映出个人的创新素养，但相对于自评和同伴互评等其他评价，还是更习惯于教师评价，评价结果也基本可以接受。教师虽鼓励学生进行自评和互评，也会告诉学生怎么做，但对学生的调查结果显示，还是有超过四成的学生对自评、互评的做法认识得不够清晰（表 5-12）。由此可以发现，在被调查的学校中，创新力评价还是以教师评价为主，师生对学生评价主体作用的认识和重视程度还有待提高，学生自评、互评还应落到实处，以与新高考背景下高中生创新力评价强调学生评价主体地位的内在诉求相符合。

**表 5-12　学生关于创新力评价主体的认识**　　单位：%

| 题目 | 完全不符合 | 比较不符合 | 说不清楚 | 比较符合 | 完全符合 |
|---|---|---|---|---|---|
| 教师评价能够反映出我真实的创新力水平 | 6.17 | 16.46 | 20.58 | 41.15 | 15.64 |
| 创新力评价时，老师经常鼓励我进行自我评价和同伴互评 | 1.65 | 7.41 | 18.51 | 48.56 | 23.87 |
| 老师会告诉我怎么进行创新力的自评和互评 | 2.06 | 12.34 | 19.34 | 42.80 | 23.46 |
| 创新力评价过程中，我知道怎么进行写实记录和反思 | 2.47 | 8.64 | 33.74 | 39.51 | 15.64 |
| 我知道怎么在同伴之间进行创新力互评 | 2.88 | 16.46 | 30.87 | 34.98 | 14.81 |
| 写实记录和反思对我的创新力提升有很大作用 | 3.29 | 10.70 | 38.68 | 37.04 | 10.29 |
| 同伴互评能促进我的创新力提升 | 2.06 | 10.29 | 32.92 | 41.15 | 13.58 |

## 四、创新力评价载体单一化、轻日常

通过前文理论分析可知，新高考背景下的高中生创新力评价载体应是丰富多样的，应贴近学生的日常学习和生活，能够真实地反映学生创新力各个方面的发展情况。但实践调研结果显示，被调查的学校在进行创新力评价时，师生通常采用的评价载体及认识如表 5-13 所示。

**表 5-13　师生关于创新力评价载体及认识的统计**　　单位：%

| 题目 | 选项 | 学生 | 教师 |
|---|---|---|---|
| 从哪些方面评价 | 标准化测验情况（创新思维测验、人格测验等） | 56.79 | 47.06 |
| | 创新素质综合测评情况（教师和学生填写相关问卷） | 65.02 | 77.45 |
| | 校本化创新课程 | 56.79 | 68.63 |
| | 学校举办的创新活动（如科技创新、文艺创作活动） | 65.02 | 86.27 |
| | 学科探究性活动 | 58.85 | 83.33 |
| | 研究性学习 | 48.56 | 68.63 |
| | 科学实验课 | 41.98 | 51.96 |

续表

| 题目 | 选项 | 学生 | 教师 |
|---|---|---|---|
| 从哪些方面评价 | 信息技术课程 | 59.26 | 55.88 |
| | 其他 | 7.82 | 4.90 |
| 应从哪些方面评价 | 标准化测验情况（创新思维测验、人格测验等） | 41.56 | 34.31 |
| | 创新素质综合测评情况（教师和学生填写相关问卷） | 52.67 | 47.06 |
| | 校本化创新课程 | 60.08 | 81.37 |
| | 学校举办的创新活动，如科技创新、文艺创作活动 | 69.96 | 77.45 |
| | 学科探究性活动 | 62.14 | 82.35 |
| | 研究性学习 | 59.67 | 77.45 |
| | 科学实验课 | 58.44 | 73.53 |
| | 信息技术课程 | 59.26 | 55.88 |
| | 其他 | 3.70 | 9.80 |

在访谈中，北京市海淀区一高中信息技术教师说：

我们评价学生创新力时会着重关注学生在机器人大赛、编程比赛以及一些国际赛事中的表现，这些最能反映学生的创新力发展水平。（T-J2022031811）

对学生的访谈也发现，学生更倾向于认为那些在相关考试，如五大学科竞赛、奥林匹克竞赛，以及一些创新比赛中获得名次或奖励的学生更有创新力（S-S2022031804、S-S2022031805）。但也有教师提到，学生的创新力其实也可以表现在日常教育教学活动中，比如语文教师毛老师提到：

有学生在课堂上回答问题时思路很特别，能够质疑书本，这也是创新力的一个表现。还有学生采取与众不同的方式来展示作业成果，比如利用短视频，创意非常好。这个时候，我就会及时地对他进行口头表扬和鼓励。（T-S2022031607）

总的来说，被调查学校的创新力评价载体类型还是比较单一，没有从学生的日常活动、课程等多方面入手，而且比较关注学生的成绩或成果。

## 五、创新力评价方式重量化、轻质性

新高考背景下的学生创新力评价侧重于在真实情境中对学生进行评价，以质性评价为主，量化评价为辅。但在调查中发现，在评价方法上，最常用的方法是测验，比如主观测验法、情境测验法，两者的使用占比相对更高。相较于主观测验法、情境测验法，学生写实记录的使用占比较低，但师生认为其更适合评价创新力的占比较高，尤其教师的占比达到73.53%。除“其他”方法外，学生在其他方法更适合评价创新力的占比均有所提升，教师在问卷调查法更适合评价创新力上的占比则明显降低（表5-14）。

**表5-14 师生关于创新力评价方法的调查统计** 单位：%

| 题目 | 选项 | 学生 | 教师 |
| --- | --- | --- | --- |
| 采用哪些方法评价创新力 | 借助相关量表进行测验 | 48.97 | 38.24 |
| | 问卷调查法 | 49.38 | 51.96 |
| | 情境测验法 | 59.67 | 73.53 |
| | 主观测验法（如通过作文等主观性试题） | 54.73 | 77.45 |
| | 学生写实记录 | 46.09 | 53.92 |
| | 观察 | 50.21 | 73.53 |
| | 其他 | 7.41 | 3.92 |
| 哪些方法更适合评价创新力 | 借助相关量表进行测验 | 54.91 | 47.06 |
| | 问卷调查法 | 53.09 | 38.24 |
| | 情境测验法 | 67.90 | 84.31 |
| | 主观测验法（如作文等主观性试题） | 60.08 | 82.35 |
| | 学生写实记录 | 53.09 | 73.53 |
| | 观察 | 60.91 | 69.61 |
| | 其他 | 3.70 | 7.84 |

这也可以通过评价结果的表现形式加以证实，教师在实践中通常以等级、简短的评语来呈现评价结果，与这两种表现形式相比，针对性较强的写实性评语使用相对不足（表5-15）。

**表5-15 师生关于创新力评价结果的调查统计** 单位：%

| 题目 | 选项 | 学生 | 教师 |
| --- | --- | --- | --- |
| 通常如何呈现创新力评价结果 | 分数 | 50.62 | 48.04 |
| | 等级 | 56.38 | 68.63 |
| | 简短的评语 | 60.08 | 64.71 |
| | 针对性较强的写实性评语 | 49.79 | 52.94 |
| | 其他 | 7.41 | 4.90 |
| 以哪种方式呈现创新力评价结果更为合适 | 分数 | 38.27 | 25.49 |
| | 等级 | 42.39 | 47.06 |
| | 简短的评语 | 49.79 | 68.63 |
| | 针对性较强的写实性评语 | 76.54 | 81.37 |
| | 其他 | 6.17 | 3.92 |

有教师表示：

质性评价方式和针对性较强的写实性评语其实更加有效，但在实践操作时比较复杂、有难度，一定程度上也会增加教师的工作量，所以教师通常还是偏向使用量化评价方式，评价结果也一目了然，而以质性方式作为辅助。（T-J2022020301）

比如一位信息技术教师说：

平常我会对学生进行口头评价，创新力较强的学生，平时成绩就会高一些，而成绩通常会用分数、等级来表示。（T-J2022031812）

也有学生提到：

更希望老师能通过多种途径来评价创新力，尤其是详细的评语，这样能够让自己明白不足和优势，清楚努力和改进的方向。（S-D2022031807、S-J2022031908）

所以，过分依赖量化评价而质性评价不足是创新力评价实施过程中亟须改进的一个问题。

## 第三节　高中生创新力评价存在问题的原因分析

### 一、创新力评价育人理念滞后

创新力评价的实施需要正确的教育评价理念加以指导和推动，其关涉“通过评价选拔人才”和“通过评价促进发展”两个问题，也即甄别性评价和发展性评价两个发展取向，前者是发挥评价的甄别选拔功能，后者是发挥评价的育人功能。甄别性评价重视绩效考核与社会报酬的评价价值取向，反映在教育评价领域，即重视学生的考试成绩、教师的绩效、学校的升学指标等较为直观且与评价对象利益密切关联的内容，尤其关注评价的甄别选拔功能。[①]所谓甄别选拔，就是承认这样一个假设：在一个群体中，只有极个别的人是优秀的，评价的目的就是把这部分人筛选出来，这就意味着只有极少数所谓的“优秀者”能够体验到成功的快乐，而剩下的大多数人成了相比之下的“失败者”。但随着教育领域多元智能理论、建构主义学习理论、人本主义学习理论等的发展及深化，评价理念已

① 张旸，杨正宇，陈凡．中西部基础教育评价改革：困境与突破．中国考试，2022（9）：39-46.

由甄别性评价转向发展性评价，评价的意义不在于选拔，而是促进学生的全面发展，是要利用评价这一手段从对学生的差异性分析中去判断其存在的问题与不足，发掘适合其发展的教育方法，在创新力评价活动中，就是要通过评价促进学生创新力的提升。但在当前的创新力评价实践中，甄别性评价仍屡见不鲜，类似于对拔尖创新人才的早期识别与培养，将一部分学生选拔出来进入“资优班”“天才班”“实验班”等进行集中、单独的教学，剩下的学生仍按部就班进行学习，这就是一种典型的甄别与选拔。虽然它在一定时期内和一定范围内发挥了积极作用，比如在新中国成立初期人才紧缺的时候，需要集中优势资源对少数人进行高效率的培养，或是在一些竞争性活动中，选拔的意义也是毋庸置疑，但在教育领域，尤其是基础教育领域，评价的首要功能应是育人功能。调查分析发现，虽然政策一直在强调发展性评价，教师和学生也在喊着发展性评价的口号，但实际上师生对这一理念的理解并不深刻，在实践过程中仍有部分教师和学生认为创新力评价的目的在于完成学校的规定、考虑未来学生的升学需要，还没有对通过评价促进学生创新力发展这一认识达到高度认同，也没有将其作为开展评价活动的出发点。

## 二、应试文化环境对创新力评价负面影响

中国既是一个考试古国，又是一个考试大国，考试文化的影响根深蒂固。古有科举制，历史学家邓嗣禹通过对科举制的深入研究曾发出这样的感叹：“中国盛行考试，已有千余年：历代继绳，时加改革，积千余年之心思才智，殚精竭思，兴利除弊，制度严密，良有以也。”①今有高考，它是具有鲜明中国特色的当代考试制度，是受到全民关注的社会性事件。在考试自身相对公平公正、实施效率高的优点及我国悠久的考试传统、国人自古崇尚公平的文化传统和我国现实国情的影响下，考试已成为首选的评价方式，甚至将考试等同于评价，经过长期运行，在我国已形成了一套考试文化，渗透在任何评价活动中，包括学生创新力评价。首先，无论是科举制考试还是高考，人们希望通过考试巩固阶层或实现阶层跨越，从而改变命运。考试的核心是公平、竞争、选拔，注重考试成绩、考试结果，因此创新力评价也常采用考试、测验的方法，并用分数或等级表示评价结果，走向结果导向，服务于甄别选拔，致使出现评价的育人目的被忽视、评价内

① 邓嗣禹. 中国考试制度史. 南京：国民政府考试院，1936：377.

容重成果、评价方式重量化等问题。其次，应试与考试相对，在考试文化影响下，学校的活动通常围绕考试进行，尤其是高考，导致部分师生对创新力的培养和对创新力的评价不重视、流于形式。最后，创新力的培养是一个长期、慢效的过程，创新力评价也更加复杂，比如知识、一般性技能，在短期内就可以看出效果，在考试文化、应试文化以及一些人急功近利思想影响下，多数师生将关注点集中在基本知识与基本技能上，而对创新力培养、创新力评价的关注不够。此外，中国传统文化较为推崇中庸，相较于一些西方国家，国人性格偏沉稳、内敛、谦虚，在一定程度上影响了思维方式，如在以往的学生评价中，常以"乖巧""听话""遵守纪律""尊重老师"等称赞学生，相比之下，师生对创新力、创新力评价的重视程度还不够，虽然现在学校大力提倡学生的质疑、批判等创新性行为，但这一民族性格仍潜移默化，导致部分师生的创新力培养及评价意识较为淡薄，对创新力评价的内涵的认识不够深刻。总之，文化对行为的影响是潜移默化的，在特定文化环境的影响下，师生的评价行为不自觉地被已有的观念裹挟。

## 三、学生评价制度缺乏创新力关注

简单来说，制度是对区域内全体民众都具有权威性和强制性约束的一系列规范、办事规程和行为准则，具有指导性、约束性、激励性、规范性、程序性等特点。完善的创新力评价制度是促进高中学校创新力评价落到实处的重要保障，能够促进评价实践规范、有序、高效进行。对师生来说，与学业水平、艺术素养相比，创新力的内涵还不够清晰，学生创新力的表现多样，不同的学校评价创新力的载体也有差异，因此通过校本化制度建设对师生的评价实践活动加以引导、指导和规范尤为重要。通过调查发现，被调查学校在创新力评价制度建设方面还存在不足，很多教师提到学校只是在一些文件中笼统地提到创新力评价，并没有具体的文件，教师对创新力评价的内涵、评什么、怎么评、什么时候评、谁来评等具体内容缺乏清楚的认知，在操作时也没有依据，因此评价过程中很容易出现目标不清晰、过程混乱、职责不明的现象，导致创新力评价活动逐渐形式化，比如目的偏离育人指向、内容片面、仍以教师评价为主、评价载体混乱、以量化方法为主，无法起到培养学生创新力的作用。有教师表示：

其实很多时候评价还是模模糊糊的，基本上依靠自己的经验进行，能够

参考的东西比较少。（T-F2022020405、T-F2022020406、T-D2022031710）

也有学生表示：

老师有时候会告诉我们怎么自评、怎么互评，但没有对我们进行详细全面的指导或提出比较具体的要求，所以具体操作时，我们也不确定是否符合要求。而且有的老师比较重视，有的老师不太重视。（S-J2022020402）

在“意见与建议”开放性问题回答以及访谈过程中，“重视”“指导培训”“规定”“方法”等词语出现的频率较高，这也反映出被调查学校的创新力评价实践比较缺乏制度方面的规约。

## 四、教师经验性评价根深蒂固

教师活跃于创新力评价活动的各个环节，是影响创新力评价活动效果的重要因素：一方面，他们是创新力评价活动的重要参与者和指导者，参与相关活动的设计与组织、为学生提供活动指导、督促学生进行自评和互评、为学生撰写评语等；另一方面，教师是学生亲密和熟悉的人，教师的评价对他们来讲至关重要，并在很大程度上影响学生对自己创新力发展水平的判断和信心，因此，教师的评价素养十分重要。

在调查过程中发现，有的教师自身评价素养不高，主要体现在部分教师对学生评价以及学生创新力评价的意识不强、知识缺失、能力不足。①部分教师片面地重视教学而忽视评价的作用，或者单纯地将评价视作考试，认为评价是对学生学习结果的检验，缺乏评价育人、以评促学的意识。而且传统的评价对学生的创新力关注不够，部分教师仍固守传统，对创新力评价的积极性不高，即便是进行创新力评价，也是将此作为应对检查的额外工作，更多的是为了完成学校的规定，缺乏主动参与的热情，具体操作时更是套用传统做法，敷衍了事。②缺乏相关的理论知识，对学生评价、学生创新力以及创新力评价的理解不够深入，具体体现在对创新力评价的功能认识不清，将其当作促进学生升学的工具，致使评价“虚假化”，如教师、家长过度参与，甚至代替学生进行创新，导致评价结果的真实性和有效性大打折扣，这也反映出他们在对评价目的认知上就已经出现偏差。③创新力评价能力欠缺，不知道该运用什么方法、技术、手段或者工具，相当一部分教师认为创新力评价是一件比较困难的事，因此习惯性地选择操作较为简便的量化评价方法，而没有考虑到评价目的以及评价方法的适切性。在访谈中，有教师坦言：

> 自己的创新力就不太强，所以对学生的创新力进行评价是一个相当大的挑战。（T-F2022020415）

总体来看，被调查学校中的教师普遍存在评价素养不高的问题，这在一定程度上阻碍了学校创新力评价的有效实施。

## 五、学生创新力评价意识与能力不足

新高考背景下高中生创新力评价非常强调学生的评价主体地位，是建立在学生写实记录基础上的多元主体评价，包括学生自评、同伴互评和教师评价。学生本就是教育活动的主体，学生自评能充分发挥其主体作用，提升其自我发展能力。同时，学生作为活动的亲历者，通过写实记录能够加深对活动的体验，感悟和反思能促使学生客观地认识自己的优势与不足，明确改进的方向，因此学生自评有其必要性和优势。同伴互评也是学生评价的一种，它仍以学生为评价主体，是学生之间的相互交流、评价，使学生更加全面、客观地认识自己，而不至于囿于自评而无法观察到与他人之间的差距，从而促使学生之间的相互学习。调查发现，被调查学生的评价主体意识尚不足，大多数学生习惯于教师评价，认为学生和教师之间就是评价者与被评价者的关系，教师的评价更具权威性。至于同伴互评，多数是同学之间自发的交流，评价比较随意。除了评价主体意识不足外，学生自评和互评的能力也比较欠缺，学生普遍认为创新力评价是一件比较困难的事，尚不能完全掌握评价的具体做法，比如哪些需要记录，什么时候记录，以什么样的形式记录，记录之后怎么做等。当然，在访谈中也有学生表示，自评和互评的真实度不高，大家都希望得到很好的评价，所以评价没有起到真正的作用。由此可见，部分被调查学生对自评和互评还存在认识上的误区，不清楚创新力自评、同伴互评的意义所在，仍旧依赖教师评价，自我评价、自我发展的意识和能力亟待提升。

第六章

# 新高考背景下高中生创新力评价理论分析

# 第一节　新高考背景下高中生创新力评价的理论基础

## 一、发展性教育评价理念

### （一）发展性教育评价理念的内涵

发展性教育评价思想在20世纪30年代美国进步主义教育联盟组织的“八年研究”中已初露端倪，泰勒提出，评价应是一个过程，要发现问题，进而改进。[①]这一思想也被布鲁姆关注，他认为评价是确定学生水平和教学有效性的证据，是一种过程，更是一种反馈矫正系统。[②]20世纪60年代后，评价的发展、改进作用愈发突出，1966年，斯塔弗尔比姆（Stufflebeam）提出评价是为了改进。1967年，斯克里文（Scriven）强调形成性评价，提出“目的游离评价模式”，斯塔克（Stake）提出“应答评价模式”，发展性评价思想呼之欲出。20世纪80年代，库巴（Guba）和林肯（Lincoln）提出了自然主义探究评价模式，强调评价的意义在于服务，要“回应”服务对象。[③]在此基础上，英国的纳托尔和克里夫特正式提出“发展性教育评价”理论。在我国，随着新课程改革的推行，逐渐酝酿出发展性教育评价理念，2001年教育部印发的《基础教育课程改革纲要（试行）》提出，“发挥评价促进学生发展，教师提高和改进教学实践的功能”。2002年12月印发的《教育部关于积极推进中小学评价与考试制度改革的通知》也明确提出，建立以促进学生发展为目标、有利于教师职业道德和专业水平提高、有利于提高学校教育质量的评价体系。从其发展历程可以发现，发展性教育评价强调反馈、改进和过程，旨在促进学生的不断发展。

我们可以从发展性教育评价的特征和功能两个方面对其进行深入理解。

---

① 拉尔夫·泰勒. 课程与教学的基本原理. 罗康，张阅译. 北京：中国轻工业出版社，2008：97.

② B. S. 布鲁姆. 教育评价. 邱渊，王钢，夏孝川，等译. 上海：华东师范大学出版社，1987：5.

③ 转引自骈茂林. 发展性教育督导评估功能及其生成机制：从质的评价取向出发. 教育发展研究，2002（5）：79-82.

第一，发展性教育评价特征包括：①在评价方向上，反思过去、立足现在、面向未来；②在评价目的上，旨在促进学生、教师和学校的长期发展，而非甄选和选拔；③在评价内容上，倡导多元化的评价内容，促进学生的全面发展，而非单一的学习成绩、升学率，是用多把尺子去发现多种多样的人才；④在评价方法上，以质性评价为主，综合运用质性和量化评价方法，发挥不同评价方法的优势，最大限度地保证评价的科学、有效；⑤在评价主体上，强调学生、教师、家长、专家、教育行政部门等多元主体的参与，评价是多个评价主体之间交流、协商、共同建构的过程；⑥在评价侧重点上，将结果性评价和过程性评价相结合，在关注评价结果的同时，更加关注评价过程，重视对过程性资料的收集以及过程中的反馈和指导；⑦评价环境民主、宽松，评价结果不作为奖惩依据。

第二，发展性教育评价功能主要包括：①反馈调节。评价是手段和工具，为相关人员提供反馈信息，从而调整教育评价发展方向。②展示激励。评价为学生提供展示的平台和机会，使其优势得到发现和认可，激励其不断进步。③反思总结。评价促使学生进行及时回顾、反思和总结，激发其内在动力。④记录成长。发展性评价强调对过程的关注，能够记录学生成长的足迹，形成完整的学生成长轨迹。

### （二）对高中生创新力评价的启示

第一，高中生创新力评价的根本目的是促进高中生创新力的发展。高中生创新力评价是学生评价的重要内容之一。传统的创新力评价重在甄别选拔，比如通过竞赛考试选拔资优生，或将创新成果与高利害评价相联系，如在高中创客比赛中获奖会对学生高考大有帮助等。对评价结果的过分关注容易使创新力评价滑入误区，部分教师、家长为帮助学生获得奖项或成绩，代替学生出一些创新成果或创新作品，这不仅无益于学生创新力的培养，还会助长不良风气，不利于学生培养良好的情感态度和意志品质。[①]在发展性教育评价理念的指导下，高中生创新力评价突破了传统创新力评价的鉴别、选拔目的，更加关注学生创新力的发展过程，着重发挥创新力评价的反馈调节、展示激励、总结反思、记录成长的功能，及时发现学生的创新潜能并予以肯定，使学生通过评价认识自身创新力发展的优势和不足，明确发展方向，从而不断推动个人创新力的发展。

第二，重视质性评价方法的运用。传统的创新力评价通常依赖量化方式，如

---

① 甘秋玲，白新文，刘坚，等. 创新素养：21 世纪核心素养 5C 模型之三. 华东师范大学学报（教育科学版），2020（2）：57-70.

测试给出分数或等级，或者利用量表、问卷调查收集数据，再通过权重计算得出结论。尽管近年来国际上在创新力评价中融入问卷调查等手段进行背景与原因的深入分析，但整体上仍是量化评价占主导，质性评价相对缺乏，尤其在学生创新力发展过程的记录、描述和分析方面显得不足。发展性教育评价理念秉持科学与有效的原则，它在剖析各种评价方法和工具的长短处后，根据评价内容灵活采用多种评价手段。在信息收集阶段，它不仅涵盖量化数据，也包括质性信息；在处理信息时，则综合运用量化分析和评语。因此，考试、测验、观察、访谈、自我报告、成长记录袋以及表现性评价等多种方法均被纳入考虑范围。更重要的是，由于发展性教育评价的核心目标是推动学生创新力的发展，它更加注重评价过程，并强调反馈的调节作用。这使得观察、访谈、表现性评价和自我报告等质性评价方法在评价流程中显得尤为关键。

第三，以学生自评为主，主张多元主体评价。传统创新力评价以教师、专家等外部人员为评价主体，学生是评价对象，处于被评价地位，评价是建立在价值判断基础上的活动。在发展性教育评价理念的指导下，高中生创新力评价涵盖学生、教师、家长、专家、教育行政部门等多个主体。由于每个主体所关注的角度和发挥的作用有所差异，因此只有将各方意见综合起来，并在充分沟通和协商的基础上达成共识，帮助评价者接受并认同这些意见，才能获得最佳的评价效果。在这一过程中，学生自评处于核心地位。作为活动的直接参与者和经历者，学生最为了解自身创新力的发展历程和心理感受。学生通过对自己创新力发展过程的描述、记录、分析和反思，不仅能激发内在动机，还能增强发展创新力的主动性，从而实现自我教育和自我发展。

## 二、创造力结构理论和创造力层次理论

### （一）基本内容

在创造力结构方面，心理学家吉尔福特提出“智力三维结构理论”；阿玛贝尔提出“创造力外显理论”，认为创造力的产生是由多种因素共同影响的结果，包括基础知识、基本技能这类领域性技能，普遍存在于各个领域内的思维风格，这属于创造性技能，以及工作动机。[①]与此观点类似的有斯滕伯格提出的“创造

① Amabile T M. The social psychology of creativity：A componential conceptualization. Journal of Personality and Social Psychology，1983，45（2）：357-376.

力投资理论”，认为思维方式、环境、人格、智力、动机以及知识储备这六种因素都会影响到个人的创造力。[①]同时，斯滕伯格于1985年在对创造力的深层结构的研究中还提出了“创造力内隐理论”，该理论认为创造力是“一般公众（专家和外行人）在日常生活和工作中形成的对创造力的认识和看法”[②]。它是对外显理论的有效补充，调整了外显理论的思路，关注人们在经验中对创造力的真实看法，拓宽了创造力的研究思路。

在创造力层次方面，考夫曼和贝戈特按照由低到高的层次，将创造力依次分为微C、小C、专业C和大C四个方面。这四个方面既代表了创造力的不同层次，也指创造力的四个不同发展阶段，意味着创造力不是某一类人所特有的，每个人都有不同程度的创造力，每个人都可能经历这四个阶段。正如吉尔福特所说：一般心理学家确信，除了有病理学上的问题之外，所有人都在某种程度上拥有所有能力。因此，可以预期，几乎所有人都有创造性行动，不管这种创造性行动是多么微弱或多么罕见。[③]

### （二）对高中生创新力评价的启示

第一，无论是“智力三维结构理论”“创造力外显理论”“创造力投资理论”，还是“创造力内隐理论”，都揭示了创新力本身结构的复杂多维，都认为创新力是多个要素共同影响、共同作用的结果，不能简单将发散性思维等同于创新性思维，进而与创新力画等号，或是将创新人格特质等某一要素直接等同于创新力。尤其是“创造力内隐理论”所揭示的创造力更加真实，能够直接说明创造性人才在社会中的基本特质，更具现实意义，同时也能够考虑到不同文化背景下人们对创造力的理解偏差。[④]因此，在进行高中生创新力评价时，应以多维结构观为理论指导，确保评价内容的全面性，并深入关注创新力各要素的发展状况。在确定评价内容时，不仅要吸纳外显理论中心理测量的相关内容，还要积极采用专家咨询、问卷调查、访谈等方法，以深入挖掘潜藏在专家、教师和学生等不同群体中的创新力认知。

---

① Sternberg R J，Lubart T L. An investment theory of creativity and its development. Human Development，1991，34（1）：1-31.

② 黄四林，林崇德，王益文. 教师的创造力内隐理论. 心理科学，2005（5）：1243-1245.

③ 吉尔福特. 创造性才能——它们的性质、用途与培养. 施良方，等译. 北京：人民教育出版社，1991：12.

④ 李吉品，刘秀丽. 基于创造力内隐理论的艺术创造力结构研究. 延边大学学报（社会科学版），2015（4）：93-100.

第二，在创造力层次理论指导下，首先，高中生创新力评价的对象应包括全体高中生，以每个学生拥有不同程度的创新力为前提，不认为创新力只是一小部分学生所拥有的，而将其他学生排除在外。因此，创新力评价是平等地面向所有学生而进行的评价活动。其次，由于学习阶段不同，创新力评价的标准也不同，对于高中生来说，评价时主要关注微 C 和小 C，如果用专业 C 和大 C 的标准来进行评价，那么绝大多数学生的创新力或创新潜能将被埋没。

## 第二节 新高考背景下高中生创新力评价的性质定位①

### 一、创新力评价是育人之道

从教育评价的目的取向来看，教育评价活动基本上可被分为两种类型，即形成性评价和总结性评价。形成性评价是指通过诊断教育活动与过程中存在的问题，为正在进行的教育活动提供信息，以提高活动质量的评价；总结性评价则是在教育活动发生后对教育活动效果的判断，常常与分等鉴定和考核有关。从评价目的角度来看，创新力评价也主要包括两种类型：一种是日常开展的创新力评价，另一种是用于甄别、选拔的创新力评价。前者指的是以各类课内外活动开展为基础，以学生成长记录为主要载体，通过描述和记录学生在校期间的创新学习行为和结果、日常创新性表现以及在参与社会公益活动、综合实践活动等中的创新性表现，对学生创新力进行分析和评价，以发现和培育学生创新力的过程。这样的创新力评价主要是一种形成性评价。后者指的是在特定时间、通过测试等方法对学生创新力进行测评，从而得出一定的结果，以甄别、选拔具有创新潜能的学生的评价活动。这样的创新力评价本质上是一种总结性评价。

在性质定位上，高中学校开展的学生创新力评价是一种日常评价活动，是形成性评价，它寻求的是一种育人的有效路径。与此相对，那些用于甄别和选拔学生创新潜质的评价更强调选才之术，具体表现在以下四个方面：第一，在评价信息来源上，前者以学生参与的各类课内外活动为重要基础，后者以创新力测评为主要参考；第二，在评价信息收集上，前者以学生个体的过程性写实记录为主要载体，后者多以结果性、定量化评判为主要方式；第三，在评价主体地位上，前

① 张红霞，刘志军. 关于综合素质评价若干问题的再认识. 教育发展研究，2022（8）：21-29.

者十分强调学生自己作为首要评价主体的作用，后者主要是测评人员起着决定性评价主体作用；第四，在评价功能定位上，前者注重的是评价的育人作用，创新力评价活动的开展最终都指向促进学生创新力提升的明“道”，后者更看中评价的选拔功能，各种测评方法、工具、量表等的设计都是实现选拔功能的优“术”。因此，与甄别、选拔的创新力评价不同，育人指向的创新力评价主张以评价活动为手段或工具来提升全体学生的创新力，实现全体发展基础上的拔尖创新人才的培养，而非通过甄别、选拔，以“掐尖”的方式培养创新人才。

## 二、创新力评价是价值重构

在教育评价发展史上，从20世纪30年代泰勒第一次正式提出“教育评价”概念至今，把教育评价定义为一种价值判断几乎是人们的主流共识，如美国评价标准委员会提出的“评价是对某些对象的价值和优缺点的系统调查”[①]；日本评价学者梶田叡一认为的“教育评价是对全部与教育活动有直接或间接关系的各种实态把握和价值判断”[②]；我国学者陈玉琨认为，“教育评价从本质上是一种价值判断的活动，是对教育活动现实的（已经取得的）或潜在的（还未取得，但有可能取得的）价值做出判断的过程”[③]。这些观点的核心即教育评价是以评价准则为核心的价值关联活动，并且主要基于主客体关系价值论认识的结果。价值的主客体关系论能够较好地刻画客体相对于主体的价值，回答的是价值的生成问题，在教育评价过程中主要依据统一或固定的评价标准，将教育准则体现在教育活动中。但价值的主客体关系论无法回答主体与主体之间以及客体与客体之间的价值，尤其是主体与主体在交往实践中生成的交往价值，基于交往价值的评价活动其主要功能不在于进行价值判断，而是把重心转移到对已有价值规范的批判、反思上，解决的是价值的创造问题，为的是检验规范的合理性和重建教育准则。

学生创新力评价是教育评价的有机组成部分，它不仅与价值生成问题密不可分，更与价值创造问题高度相关。一方面，在国家相关政策以及专家学者的研究指导下，创新力评价有待在创新思维、创新人格、创新精神、创新实践等方面聚

---

① Hansen J B，Patton M Q. The Joint Committee on Standards for Educational Evaluation's “The Program Evaluation Standards：How to Assess Evaluations of Educational Programs”. Educational and Psychological Measurement，1994，54（2）：550-567.

② 梶田叡一. 教育评价. 李守福译. 长春：吉林教育出版社，1988：20.

③ 陈玉琨. 中国高等教育评价论. 广州：广东高等教育出版社，1993：23.

焦关键指标，设计制定具有一定普适性、确定性的评价标准，并通过创新力评价的实际开展对学生创新力的发展做出价值判断，使学生创新力发展的评价价值得以生成。另一方面，创新力评价是一种特殊的交往实践活动，它是各方力量（学生、同伴、教师、家长等）合作的产物，也是一个学生之间相互学习和交流的过程，更是一个连续的、问题反复呈现并可能产生众多分歧的过程。正是在这样的实践过程中，因事因时因人而设的交往价值不断产生。相较于基于确定性规范的创新力评价，作为交往实践活动的创新力评价更具不确定性和动态性。这种评价方式需要关注并回应与评价有各种利害关系的人的需求、关注和问题，通过对话和协商，逐步达成理解和共识，最终推动教育准则的更新与重塑。

总的来说，创新力评价起初是以既定的固有标准作为评价准则，从确定性出发进行价值判断。然而，随着学生表现和成长发展的不断变化，当既有标准无法解释新现象时，评价标准与学生实际之间便产生了矛盾。这时，评价的确定性开始向不确定性转变。作为交往实践的创新力评价正是从不确定性开始，通过各类评价主体多元价值的交流、碰撞、妥协，最终达成理解和共识，形成新的平衡态下的价值准则。此时，评价的不确定性又升华为更高阶段的确定性。因此，学生创新力评价是一个在确定性与不确定性的矛盾运动中不断前行的连续性评价活动。它是一个在持续突破旧有价值标准，寻求多方价值共构，进而形成新价值并不断向前发展至平衡态，持续促进学生创新力提升的循环往复的过程。

## 三、创新力评价是个体评价

在一般意义上，教育评价的人员对象主要包括个体评价和群体评价两种，创新力评价的对象分类也主要有学生个体评价和学生群体评价两种。所谓学生个体评价指的是针对某个具体学生的评价；所谓学生群体评价指的是对某类学生集体的评价，如优秀小组、文明班级等。但在实际评价情境中，创新力评价究竟针对的是学生个体还是学生群体，抑或两者兼而有之，则需要在不同评价情境中具体问题具体分析。针对学生个性特点、差异表现、变化过程等的创新力评价是一种学生个体评价，主要是通过对学生创新力发展状况的观察、记录、分析，关注学生成长过程，把握学生个性特点，激发学生创新潜能，鼓励学生不断进步，在此基础上，学校也可以对学生进行一定的“精准选拔”。因此，其评价对象都是针对学生个体而非学生群体的。常见的学生小组、班级、年级评价是基于集体内学生的个体表现进行的学生群体评价。在区域或学校层面开展的创新力评价的监测、督导、评比则主要是一种学生群体评价，主要通过对区域或学校内学生创新力发展状况的测评、督导、评比等方式，发现学生整体发展中存在的共性问题，提出有方向性、指导性、普适性的改进措施，从而有效推动创新力评价在区域层面的科学治理和纵深发展。总体来看，新高考背景下高中生创新力评价更多的是一种个体评价。

针对学生个体的创新力评价也并非单指个体内差异评价，还包括相对评价和绝对评价，三者共同的着力点在于其背后的高度契合。个体内差异评价是指以学生个体过去或某一方面的表现为参照，将学生现在或其他方面的表现与之进行比较，从而评判学生个体的创新力发展状况，发现学生个体的个性特长、优势潜能、进步程度、存在的不足等。相对评价是指以学生个体所在群体内的某一常模为参照，将学生创新力与之进行比较，用以说明学生个体在群体中所处的相对位置，并根据其在群体中所处的位置评判优劣。绝对评价是指以教育准则或标准为参照，对学生个体的创新力进行评定，从而确定学生个体在达到或实现教育准则或标准方面的程度，用以说明学生个体在群体中所处的绝对位置，并进行优劣评断。所以前者主要用于学生个体创新力的培养，后两者主要作用于甄别选拔、评优奖先；相比之下，个体内差异评价更便于评判学生个体创新力发展变化过程和进步程度，从而为学生提供个性化、针对性指导和帮助，真正体现过程育人、常态育人、评价育人。因此，个体内差异评价与日常开展的学生创新力评价最为密切。

## 四、创新力评价是反思自评

在评价主体上，纵观教育评价发展史，评价主体经历了单一化倾向到评价主体多元化态势再到强调被评价者主体地位这样一个不断探索、改进、深化的过程。在测量时代，评价者更多地扮演着某种“测量技术员”的角色，评价者的主要任务是选择测量工具，组织测量，提供测量数据；到了以泰勒目标评价为代表的描述时代，评价者不再是简单的“测量技术员”，而重在对“测验结果”进行“描述”，以判断实际的教育活动是否达到预期的教育目标以及达到程度，评价者扮演的是一个“描述者”的角色。但本质上，测量时代的评价者和泰勒时期的评价者都由某一类人担任，前者是掌握了一定测量技术的人，后者是能够描述目标与结果一致性程度的人，他们几乎无一例外地集中在评价对象之外的人身上（如评价方案的制定者、实施者或某些决策者等），评价主体的单一化倾向明显。此后，不少学者在批判借鉴泰勒目标评价的基础上，试图摒弃评价中的数量化特征，强调从人的角度出发，充分考虑各类评价服务对象或评价利益相关者的需求，例如，斯克里文满足消费者需求的“目的游离评价模式”，斯塔克以回应服务对象为起点的“应答评价模式”，斯塔弗尔比姆用于为决策提供信息的“CIPP评价模式”等，都不同程度地把各类评价利益相关者作为“当事人”看待，尽管他们没有明确提出将这些评价利益相关者纳入评价者之中，但评价主体多元化的态势已明显显现。深受泰勒评价思想的影响，当时评价的主要目的并不在于学生的发展，而是了解教育的效果，以证明教育实验是成功还是失败。人们更多地把工具理性放在优先地位，对学生主体性的关注明显不足。直到以古巴和林肯为代表的第四代评价理论，认为评价不是“外在于人的”“纯客观”的过程，而是参与评价的所有人，特别是评价者与被评价对象双方交互作用，形成共同的心理建构的过程，明确指出从“评价的组织者和实施者”到“参与评价活动的所有人”都是评价主体的组成者。此外，由于学生在课程开发中的特殊作用，学生主体的发展越来越受到重视，各种质性评价方法的开发和使用也有效地推进了学生主体地位与主体发展。至此，评价主体多元化尤其是被评价者作为评价主体重要性的认识逐渐成为共识，并直接影响着教育评价改革尤其是学生评价的实践探索。

从现代教育评价理念及创新力评价本身特征而言，学生是创新力评价活动中的首要天然主体，学生本人在创新力评价中的主要职责有参与各类课内外活动、如实记录活动客观信息、总结反思个人感悟、展示交流成长记录、自我描述个人发展等。其相应的角色主要包括课内外活动的主体“参与者”、活动过程的“记录者”、自我成长的“反思者”、同伴成长的“交流者”、个人发展状况的“评价者”。学生自我评价是指学生根据教育评价标准，对自己的创新力表现进行自我总结与反思，做出自我评判和自我反馈。这里强调的是评价自律逻辑，其内在运行机理体现在学生常态化、过程性地不断自我反思、自我总结，从而实现自我教育、自我发展。同伴、教师、家长等则是辅助性评价主体，是创新力评价中有益且不可或缺的补充。以教师为例，在创新力评价过程中，教师的主要职责有：协助学生开展各类活动、指导学生做好写实记录、引导学生开展自我评价、解读学生成长发展过程、评价学生综合素质评价表现、指引学生健康成长发展。其相应的角色则主要包括学生创新活动的“协助者”、学生创新活动表现的“观察者”、学生创新纪录的“解读者”、学生创新活动的“指导者”、学生创新素质状况的“评价者”等[①]。这里强调的是评价的他律逻辑，其内在运行机理体现在通过教师包括评价者角色在内的多重角色职责的发挥，从他者视角引领、指导、评判学生的创新素质状况和未来发展。

## 五、创新力评价是效率优先

不论是哪种性质的创新力评价，都深受公平和有效问题的困扰，同时又都无法回避公平和有效的问题。效率与公平作为教育改革的两大价值目标，普遍存在于学校教育教学活动中，并直接投射在创新力评价上，表现为一种特殊类型的效率与公平诉求，即评价的有效性与公平性，它们既有效率与公平的普遍含义，也内含教育评价学的理论基因。在汉语中，效率是一个复合词，“效”即效果、功效，“率”即比例、比率，从哲学角度来看，“所谓效率，乃是其特定的结果与导致结果的特定过程之间的关系，是其所实现的与所耗费的二者之间的比率”[②]。从中可以看出，对效率的衡量以结果、目的或有用性为标准，效率更关心事物或活动之于目的的关联性，往往将无关于目的的事物或活动排斥于效率之外。关于公平一词，《现代汉语词典》中对公平的解释是公正而不偏袒。[③]作为一个社会性概念，公平问题存在的前提是资源稀缺，在资源稀缺的情况下，社会所能提供的资源不能满足所有人的生存和发展需求，一个人对资源的占有则意味着另一个人对资源占有的减少，这时如何处理相互之间的资源分配问题就被现实地提了出来。[④]因此，公平总是涉及两个或多个人或利益群体，主要用于人与人或群体间的价值判断，反映的是人们的利益关系，表现的也是一种竞争关系，同时，由于公平强调客观性，公平也更为注重衡量标准的“同一尺度”。

上述关于效率与公平的普遍意义同样适用于创新力评价领域，即创新力评价活动本身具有效率冲动，同时也需要公平处理评价中的各种价值关系。一方面，创新力评价追求以最少的投入收获最大的效用，并且这种有用性、有效性主要体现在学生个体创新力成长发展上；另一方面，当创新力评价结果面临学生毕业、升学、奖惩等高利害事件时，评价的客观性、公平性就会格外凸显。因此，正确看待并妥善处理创新力评价结果使用的有效性和公平性尤为重要。

---

① 张红霞. 综合素质评价校本化实施的实践逻辑探析. 教育科学研究，2021（10）：43-44+53.

② 甘容辉，何高大. 大数据时代高等教育改革的价值取向及实现路径. 中国电化教育，2015（11）：70-76+90.

③ 中国社会科学院语言研究所词典编辑室. 现代汉语词典. 7版. 北京：商务印书馆，2020：452.

④ 龙安邦. 基础教育课程改革中的效率与公平. 重庆：西南大学，2013.

在创新力评价中，有效性和公平性并非相互矛盾的，而是基于不同评价情境和价值需求，人们对评价结果使用的不同选择。日常进行的创新力评价，本质上是一种交往实践活动，其评价育人的有效性主要体现在培养学生的创新力上。具体表现为：学生能否自我认识、自我反思、自我规划与自我发展；同伴能否欣赏他人、取长补短、共同进步；教师能否启发、指导、引领、助推学生的学习和发展等。这些与评价育人的最终目的紧密相关的事项，是日常创新力评价最为关注的。在此情境中，创新力评价遵循"效率优先，兼顾公平"的原则。然而，当创新力评价的结果用于甄别选拔时，其背后反映的是优质教育资源供给与学生享受高质量教育需求之间的不平衡。在资源稀缺的情况下，公平成为首要原则，此时创新力评价应遵循"公平优先，兼顾有效"的原则。评价的有效性和公平性本身都具有价值，且蕴含着对学生生命个体意义的更高层次的关怀。两者在现实中往往是相互融合的，只是在不同的评价情境中有不同的优先级，并非非此即彼、二元对立的关系。因此，在综合素质评价中，有效性和公平性看似最不可能混合，而这也正是它们相互需要的原因。

## 第三节　新高考背景下高中生创新力评价的内在诉求

### 一、以提升学生的创新力为目的

传统的创新力评价主要侧重价值判断，强调评价的鉴定功能，例如通过创新力评价来选拔资优生或对学生创新力进行等级判定，以达到甄别和选拔的目的。然而，新高考背景下高中生创新力评价在根本目的上与之存在显著差异。

根据2014年印发的《教育部关于加强和改进普通高中学生综合素质评价的意见》，综合素质评价是对学生全面发展状况的观察、记录和分析，是发现和培育学生良好个性的重要手段。这种评价更像一种育人方式，而非单纯的评价手段，它借助评价来促进学生综合素质的培养。同样地，新高考背景下高中生创新力评价也是对高中生创新力发展状况的观察、记录和分析，以创新力评价为手段，通过"写实"的方式强调对过程的参考。其根本目的在于发现和培养学生的创新力，通过过程性的评价激励学生在日常学习生活中建立信心，不断完善、超越和发展自我。

这种评价与创新力学科渗透、创新力培养课程、创新环境营造等目标相一致，都是培养高中生创新力的方法和途径，最终实现提升高中生综合素质的目标。值得注意的是，评价活动是面向全体高中生的，它并不旨在对学生的创新力进行定性或等级划分，而是关注每个学生在不同方面展现出的创新潜能，以实现每个学生创新力的发展和提高。正如杜威在《民主主义与教育》中所强调的："一个人的能力怎样和另一个人的能力在数量上进行比较，并不是教师的事。这种比较和教师的工作无关。教师要做的事，是使每一个学生有机会在有意义的活动中使用他自己的力量。"[①]新高考背景下高中生创新力评价也遵循这一理念，以提升全体学生的创新力为最终目的。

## 二、以实现价值创生重构为内容重心

基于创新力评价是一种价值重构的立场，首先，评价的焦点从"给出什么样的评价结论"转向"提出哪些改进建议"。这意味着学生自评、教师评价、同伴互评等都将更加重视通过评价来诊断学生的优势、了解学生的个性、提供针对性的指导以及促进学生的改进和提高。

其次，创新力评价的内容指标将从统一化、固定化转变为共性与个性相融合、预设与生成相补充。在充分考虑社会、学校与学生成长发展之间固有价值事实的基础上，应充分兼顾学生的个体发展优势和个性化成长需求。同时，结合学生创新力的发展变化状况，内容指标不断被进行适切性的调整、升级和优化，以真正发挥评价在规约、引导、促进学生创新力发展方面的根本目的。

传统的创新力评价往往从心理学角度出发，评价内容呈现单一、零散的特点，如聚焦发散性思维、创新人格或创新成果等。尽管随着创新相关理论的发展，创新力的多元复合结构理论得到了更多学者的认可，但在评价方面仍未完全摆脱测评的范式。实际上，一些学者质疑创新力测评的真实性，斯滕伯格指出，"心理测量学研究创造性取向，其结果的预测效度和区分效度并不高，不少获得很高测量分值的人，在实际工作和生活中并不一定有高创造的成就，可见心理测量学研究创造性取向的真实性值得推敲"[②]。

刘志军和徐彬认为，面对受多元复杂因素影响而动态发展的人，采用单一、

① 约翰·杜威. 民主主义与教育. 2 版. 王承绪译. 北京：人民教育出版社，2001：188-189.

② 罗伯特·J. 斯滕伯格. 创造力手册. 施建农，等译. 北京：北京理工大学出版社，2005.

简单的评价指标是不可取的，这可能导致教育的平庸和同质化。[①]清华大学的学者魏晶也指出，由于每个学生都是独立且复杂的个体，现有的指标体系根本无法涵盖一个人的所有素质。[②]再加上创新力本身内涵丰富，对其进行详细的指标划分既困难，也存在科学性的怀疑。[③]

然而，这并不意味着我们应该否定评价指标体系的确立。“指标系统是目标的具体化，是对目标的分解，设计指标系统的问题，说到底是对目标的分类与把目标加以具体化、行为化的问题，规定评估的指标就是规定评定哪些因素，不评哪些因素”[④]，这是评价标准进入实际操作层面的基础。因此，在进行创新力评价时，维度划分十分重要，要明确其包括哪些方面的内容，从而为评价提供基本的参照。同时，评价内容的划分宜粗不宜细，要抓住核心，而非面面俱到，以开放性、灵活性为准则，保持对学生发展结果的包容性和开放性，为学生创新力的发展创造条件。评价内容的确定一方面可以依据国家的相关文件，另一方面也需要评价主体的广泛参与，这需要结合学生具体的实践活动和需求变化来广泛征求学生、教师以及理论工作者等的意见，从而达成共识。因此可以说，新高考背景下高中生创新力评价的内容强调创生与重构。

## 三、以强调学生反思自律为主体指向

在传统评价中，他人尤其教师是主要评价者，学生多是被评价者，双方是一种典型的评价与被评价的关系，从现代教育评价理念及创新力评价自身特征来看，学生本人是自身创新力发展状况的天然评价主体，他参与创新力评价的过程实质上就是一个不断对自我进行总结与反思，更好地认识和评判自我，最终实现自我创新发展的过程，这正是自我评价的真义，反思则是其内核和要诀。这是因为，首先，学生能够清楚感知自己参与各类创新活动中的情感态度变化、思维情况以及具体活动过程，学生是创新力评价的首选主体。其次，学生自评能够帮助学生建立正确的自我意识，在自评过程中，学生可以发现自己在创新个性品质、思维能力、实践过程中的优势与不足，从而对自己的创新力发展情况有一个正确的认识。最后，学生自评能够推动学生独立学习、终身学习，通过不断地反思、

① 刘志军，徐彬. 综合素质评价：破除“唯分数”评价的关键与路径. 教育研究，2020（2）：91-100.
② 转引自王袁玲. 近十年关于学生综合素质评价的研究综述. 工业技术与职业教育，2022（2）：56-60.
③ 张羽，王存宽. PISA 2021 创造性思维测试述评. 比较教育研究，2020（1）：19-25.
④ 陈玉琨. 教育评估的理论与技术. 广州：广东高等教育出版社，1987：45.

改进，推动创新力的不断发展。在此基础上，通过同伴互评、教师评价、家长评价等多主体评价从不同角度、不同层面挖掘、发现学生创新力发展的多源多样多维信息，评判学生创新力发展潜质与优势，有助于学生更全面地认识自我，有针对性地去发展自我，从而形成自评和他评相结合的创新力评价共同体，共享评价目标，统筹评价过程，通过相互支持、相互配合，形成合力，共同促进学生全面、健康地成长与发展①，协同发挥评价的育人功能。总之，鉴于创新力发展及其创新力评价本身的个性化、内隐性、情境性特点，新高考背景下高中生创新力评价更强调以学生自评为主的多元主体评价，学生对自我创新发展状况的关注和反思是评价主体指向的逻辑起点与实践归宿。

## 四、以突出日常典型行为为载体

由于高中生的创新力发展具有动态性、阶段独特性和表现多样性的特点，同时新高考背景下高中生创新力评价又强调教育性、过程性和创生性，因此，评价载体需要丰富多样，与高中生的学习和生活紧密相连。这样设计的目的是在平常之中发现、培养和提升学生的创新力，既保障创新力评价在教育教学活动中的常态化实施，又兼顾评价的典型性和可操作性。

传统的创新力评价往往依赖考试、学科竞赛和各类创新比赛等，特别关注在创新性活动中所取得的成绩、荣誉证书或其他成果。这些荣誉根据活动级别的不同，分为世界级、国家级、省部级、县区级以及校级，级别越高，成绩的权威性和代表性也越强，能在一定程度上体现学生在某方面创新力的发展水平。然而，这种选拔性的活动机制意味着只有少数学生获得荣誉和奖励，大部分学生成为“陪跑者”，这无疑削弱了多数学生参与活动的热情，不利于其创新力的培养。

此外，单纯依赖考试和创新比赛结果来评价学生的创新力会导致评价载体的单一化倾向，从而忽视学生在日常学习和生活中的多样性创新性表现。例如，有些学生虽然没有在创新比赛中获奖，但他们平时热爱思考，常有与众不同的想法和思路，或者喜欢动手改装东西等，这些都是学生创新力的重要体现。因此，新高考背景下高中生创新力评价需要关注与学生课程安排、课外活动密切相关的各种载体，特别是学生在日常学习和生活中有关创新的关键事件。这样才能更全

① 邵光华，胡建勇，张光陆，等. 社会转型期基础教育的变革与发展研究. 杭州：浙江大学出版社，2014：294.

面、准确地评价学生的创新力，并有效激发学生的创新潜能和热情。

所谓“关键事件即为人-情境互动过程中的特写镜头。只有那些促动个人成长的重要节点，才是真正意义上的关键事件”[①]，它可以是某次作业中一个新的解题思路，也可以是一次远足旅行中的自我挑战，还可以是研究性学习的报告成果等。这些事件的关键意义在于“与特定人的发展相联系，意味着人对习惯了的生活方式、思维模式的一种打破，熟悉生活圈的一次跳跃，已有价值观念的一次冲击、澄清和再造”[②]。换言之，只要是蕴含学生价值观重塑、生活习惯改变、行为方式转化、个体精神蜕变等重要因素的创新表现，都可被视为关键事件。

## 五、以质性评价为主、以量化评价为辅

质性评价是通过收集非数量化资料，并运用描述分析方法得出评价结论的一种评价方式，例如观察法、档案袋记录、撰写评语等。[③]这种评价方式具有全面性、灵活性、过程性、个性化、即时性和深入性等典型特征，能够更真实地反映学生的创新力，并提供详细的反馈信息，从而有助于学生进一步发展。

相比之下，量化评价则是通过测量可测量的事物来获取数量化的信息资料，并运用数学方法进行统计分析，以得出统计结果。在创新力评价中，常用的标准化测验、考试以及问卷调查法都属于量化评价。虽然这种评价方式具有精确客观、易于比较、操作性强的优点，但也存在不足之处。例如，标准化测验容易以偏概全，用思维测验或人格测验来代替全面的创新力评价。情境化考试虽然本身偏向质性评价方法，但在实施过程中通常是由教师对学生的创新活动表现进行赋值打分或划分等级，从而形成最终评价结果。问卷调查的评价面虽然较广，但通常是通过设计指标及权重、发放问卷、数据录入及分析、得出结果等一系列标准化程序操作来完成，这种评价方式不仅完全依赖师生的主观评价，其准确度也令人质疑。此外，它也是以分数、等级来呈现评价结果，缺乏过程性资料，评价没有落实到学生个体在具体情境中的行为表现，因此缺乏针对性。[④]

---

① 柳夕浪. 撬动未来的杠杆：学生综合素质评价改革研究. 杭州：浙江教育出版社，2021：92.

② 柳夕浪. 撬动未来的杠杆：学生综合素质评价改革研究. 杭州：浙江教育出版社，2021：92.

③ 刘志军. 教育评价. 2 版. 北京：北京师范大学出版社，2023：165.

④ 刘志军. 教育评价. 2 版. 北京：北京师范大学出版社，2023：164.

总体来说，分数和等级所能提供的反馈信息有限，间歇性的考试也不能真实反映学生的实际水平。问卷测评这种回溯式的评价方式则缺乏针对性、及时性和真实性。新高考背景下高中生创新力评价的目的在于利用评价反馈信息促进学生创新力的不断提升。因此，质性评价方式在这一过程中不可或缺。我们需要综合运用以质性评价为主、量化评价为辅的多元评价方法来进行全面、准确的评价。

第七章

# 新高考背景下高中生创新力评价体系构建

# 第一节　新高考背景下高中生创新力评价的内容

## 一、高中生创新力评价内容的初步拟定

通过前文对当前国内外学者对创新力内涵、结构框架、创新力评价内容的代表性观点的分析，结合高中生创新力内涵、特点，本节首先初步确定了新高考背景下高中生创新力评价的内容体系，其中包含 3 个一级评价指标和 16 个二级评价指标（表 7-1）。3 个一级指标分别是创新人格、创新思维和创新实践。创新人格是指个体在创新活动中表现出来的性格特征，例如好奇等；创新思维是一种高级认知活动，是以感知、记忆、思考、联想、理解等能力为基础，以探索性、求新性、综合性为特征的心智活动，是多种思维形式高度结合的结果，例如发散思维等；创新实践是指个体参与并投入旨在产生新颖且有价值的成果的实践活动，例如提出问题等。

**表 7-1　高中生创新力评价内容二级指标（初步）**

| 一级指标 | 二级指标 | 描述 |
|---|---|---|
| 创新人格 | 好奇 | 有很强的好奇心和旺盛的求知欲，对事物运行机制有浓厚的认识兴趣 |
| | 开放 | 具有开放心态，愿意接纳新生事物，不断拓宽视野 |
| | 冒险 | 敢于冒险，能容忍不确定性 |
| | 挑战 | 勇于挑战，坚持不懈，面对批评、挫折有韧性 |
| | 独立 | 对事情有自己的观点，具有较强的自主性、独立性 |
| | 自信 | 对自身的创新力有信心，进取心强 |
| | 敏感（问题意识） | 对问题具有敏感性，对一些难以解决的、疑虑的实际问题或理论产生的一种怀疑、困惑、焦虑、探究的心理状态① |
| | 内驱 | 在活动中受内在动机的驱动，乐于创新 |
| 创新思维 | 发散思维 | 能够沿着不同的方向进行思考，从多个角度寻求解决问题的途径 |
| | 辐合思维 | 能根据一定的目的，将多种思路和各种信息梳理聚焦，进行系统分析与推理，以求得有效的解决方案 |
| | 重组思维 | 能根据需要，把已有的几种事物（或者其部分）进行重新整合，生成新的、具有更优功能效果的新事物，例如远距离联想和迁移 |

① 俞国良，侯瑞鹤. 问题提出、认知风格与学校教育中的创造力培养. 教育科学，2004（4）：54-58.

续表

| 一级指标 | 二级指标 | 描述 |
| --- | --- | --- |
| 创新思维 | 批判性思维 | 能够对自己、他人的观点进行分析、质疑、推理、预测及评价 |
| 创新实践 | 提出问题 | 个体对意识到的问题进行加工、组织，然后用语言、图形或动作等可感知的形式表达出来，并传递给自己或他人[①] |
| | 信息搜集 | 围绕目标或问题，搜集不同来源的信息或资源 |
| | 实施操作 | 付诸行动，通过引入新的思路和方法，或者对已有解决方案进行重组，产生创意或解决问题 |
| | 沟通协作 | 实践中能够与他人、团队沟通、合作 |

## 二、高中生创新力评价内容的专家验证

### （一）咨询专家与专家问卷的确定

本章研究所确定的相关领域内的专家共有 11 位，其基本信息如表 7-2 所示。

**表 7-2 专家基本信息**

| 变量 | 类别 | 人数/人 |
| --- | --- | --- |
| 来源 | 河南大学 | 4 |
| | 河南师范大学 | 1 |
| | 郑州市第九中学 | 2 |
| | 三门峡市外国语高级中学 | 2 |
| | 卢氏县第一高级中学 | 2 |
| 学历 | 博士研究生 | 5 |
| | 硕士研究生 | 3 |
| | 本科 | 3 |
| 职称 | 高级职称 | 4 |
| | 中级职称 | 4 |
| | 初级职称 | 3 |

其中，有 5 位来自高校的专家，他们的研究方向集中在课程与教学论以及教育评价领域；另外 6 位则是身兼学科教学与班主任职务的高中教师。这样的组合显示，本次专家咨询涵盖高校理论研究者与一线教学实践者，且各位专家在各自领域具备深厚的理论与实践经验，能够为本章的研究提供较为有力的支持。

该问卷设计采用了利克特量表法，其中每个初步拟定的指标都被划分为五个等级：非常重要（5 分）、比较重要（4 分）、一般重要（3 分）、比较不重要（2

① 俞国良，侯瑞鹤. 问题提出、认知风格与学校教育中的创造力培养. 教育科学，2004（4）：54-58.

分）以及非常不重要（1 分）。此外，每个指标后面都设有意见栏，供专家自主选择，并可在相应的意见栏内填写其意见和建议。问卷内容涵盖以下四个方面：背景信息、专家的基本信息、具体问题以及专家对计分依据的自我评估。

在本章的研究中，我们共进行了两轮专家咨询。首先，我们利用 SPSS 软件对第一轮专家咨询回收的问卷进行了深入分析，主要评估了专家的积极性、权威程度以及专家意见协调程度。结合专家提出的宝贵意见和建议，我们对问卷进行了相应的修改。随后，我们再次发放修改后的问卷，并进行回收与分析，直至各位专家对指标的认同度达到预设的标准。

### （二）第一轮专家咨询问卷分析

#### 1. 专家积极性

通过现场和微信两种方式，我们发放了第一轮专家咨询问卷（附录一） 11 份，并成功回收全部问卷。经过严格的筛选和处理，我们确认 10 份为有效的专家问卷。据此，问卷的有效率达到 90.9%。这一数据不仅体现了问卷设计的合理性，更显示出专家对普通高中生创新力评价议题的深切关注和高涨的研究热情。

#### 2. 专家权威程度

专家权威程度以专家自评为主，通过专家对问题的判断依据和对问题的熟悉程度来计算。[①]Ca 表示判断依据，常规可分为 4 类：直观感觉、理论分析、实践经验、对国内外相关领域的了解。对这 4 类的影响程度用大、中、小表示，并分别对其赋值，如表 7-3 所示。

**表 7-3　判断依据对专家判断的影响程度**

| 判断依据（Ca） | 影响程度 | | |
|---|---|---|---|
| | 大 | 中 | 小 |
| 直观感觉 | 0.1 | 0.1 | 0.1 |
| 理论分析 | 0.3 | 0.2 | 0.1 |
| 实践经验 | 0.5 | 0.4 | 0.3 |
| 对国内外相关领域的了解 | 0.1 | 0.1 | 0.1 |

Cs 表示熟悉程度，可分为 5 个等级，即很熟悉、熟悉、一般熟悉、不熟悉、很不熟悉，分别对这 5 个等级进行赋值为 1、0.8、0.5、0.2、0（表 7-4）。

① 王春枝，斯琴. 德尔菲法中的数据统计处理方法及其应用研究. 内蒙古财经学院学报（综合版），2011（4）：92-96.

**表 7-4 专家对问题的熟悉程度**

| 熟悉程度（Cs） | 量化值 |
|---|---|
| 很熟悉 | 1.0 |
| 熟悉 | 0.8 |
| 一般熟悉 | 0.5 |
| 不熟悉 | 0.2 |
| 很不熟悉 | 0 |

专家的权威程度 Cr=(Ca+Cs)/2。一般认为专家权威系数≥0.7 即可接受，专家权威程度≥0.8 说明专家权威程度较高。通过表 7-5 数据分析，得出第一轮的平均专家权威系数 Cr 为 0.79，因此专家权威程度处于可接受水平。

**表 7-5 第一轮专家权威程度**

| 专家序号 | 判断依据（Ca） | 熟悉程度（Cs） | 权威系数（Cr） |
|---|---|---|---|
| 1 | 0.9 | 1.0 | 0.85 |
| 2 | 0.8 | 0.5 | 0.65 |
| 3 | 0.8 | 0.5 | 0.65 |
| 4 | 0.9 | 1.0 | 0.85 |
| 5 | 1.0 | 0.8 | 0.90 |
| 6 | 0.8 | 0.5 | 0.65 |
| 7 | 0.9 | 1.0 | 0.85 |
| 8 | 1.0 | 0.8 | 0.90 |
| 9 | 1.0 | 0.8 | 0.90 |
| 10 | 0.9 | 0.5 | 0.70 |

### 3. 专家意见协调程度

专家意见协调程度主要通过变异系数进行判断。变异系数越小，协调程度越高，一般小于 0.2 为优。表 7-6 为第一轮专家咨询的各级指标分析结果。

**表 7-6 第一轮专家咨询的各级指标分析结果**

| 指标 | | 平均值 | 标准差 | 最小值 | 最大值 | 变异系数 |
|---|---|---|---|---|---|---|
| 一级指标 | 创新人格 | 3.700 | 0.823 | 2 | 5 | 0.222 |
| | 创新思维 | 5.000 | 0.000 | 5 | 5 | 0.000 |
| | 创新实践 | 4.500 | 0.707 | 3 | 5 | 0.157 |
| 二级指标 | 好奇 | 4.400 | 0.843 | 3 | 5 | 0.192 |
| | 开放 | 4.200 | 0.422 | 4 | 5 | 0.100 |
| | 冒险 | 3.900 | 0.876 | 3 | 5 | 0.225 |
| | 挑战 | 4.700 | 0.675 | 3 | 5 | 0.144 |
| | 独立 | 4.500 | 0.850 | 3 | 5 | 0.189 |
| | 自信 | 3.700 | 1.059 | 2 | 5 | 0.286 |
| | 敏感 | 4.600 | 0.699 | 3 | 5 | 0.152 |

续表

| 指标 | | 平均值 | 标准差 | 最小值 | 最大值 | 变异系数 |
|---|---|---|---|---|---|---|
| 二级指标 | 内驱 | 3.900 | 0.876 | 3 | 5 | 0.225 |
| | 发散思维 | 4.700 | 0.483 | 4 | 5 | 0.103 |
| | 辐合思维 | 4.200 | 0.919 | 2 | 5 | 0.219 |
| | 重组思维 | 4.200 | 0.632 | 3 | 5 | 0.150 |
| | 批判性思维 | 4.800 | 0.422 | 4 | 5 | 0.088 |
| | 提出问题 | 4.500 | 0.707 | 3 | 5 | 0.157 |
| | 信息搜集 | 3.900 | 0.738 | 3 | 5 | 0.189 |
| | 实施操作 | 4.400 | 0.699 | 3 | 5 | 0.159 |
| | 沟通协作 | 3.900 | 0.876 | 2 | 5 | 0.225 |

### 4. 数据及专家意见分析

在一级指标中，除创新人格之外，创新思维和创新实践的平均值均大于或等于4.5分，标准差均小于1，变异系数均小于0.2，说明各位专家对“创新思维”“创新实践”的认可度较高，尤其是“创新思维”得到了专家的一致认可，并且专家在意见中提到它是创新力的核心。“创新人格”的平均值略低于4分，变异系数大于0.2，且有多位专家反映此表述有些抽象，因此将其换为“创新个性品质”。还有个别专家质疑“创新实践”，在此进一步说明，“创新实践”指个体参与并投入旨在产生新颖且有价值的成果的实践活动，因为创新力不仅仅表现为产生了新颖且有价值的结果，个体投入那些以产生创新性成果为目的的活动的行为也是创新力的重要表现形式。[①]最后，有专家建议增加“创新认知与态度”，因为创新认知与态度是对创新的理解、认识及对创新的心理倾向等，属于创新的内部动机，所以添加“创新认知与态度”很有必要性。

在创新人格的二级指标中，除“冒险”“自信”“内驱”外，其他指标的均值都在4分以及上，而且标准差均小于1、变异系数小于0.2，说明专家对其余二级指标意见比较一致。同时，专家也提出了意见和建议：①专家认为“开放”和“好奇”存在交叉，后者更有代表性，因此删掉“开放”。②有专家指出“冒险”和“挑战”意思相近，可保留一个，相比之下，“挑战”更具积极意义，因此删掉“冒险”。③有专家认为“敏感”一词含义不明，拟改为“问题意识”，指对问题的敏感性。④关于“自信”和“内驱”，专家建议再行斟酌，认为其虽是创新人才所具有的特质，但不是最具代表性的创新人格特质，因此将其删掉。⑤有专

① Drazin R，Glynn M A，Kazanjian R K. Multilevel theorizing about creativity in organizations：A sensemaking perspective. Academy of Management Review，1999，24（2）：286-307.

家提到“想象”，认为其是创新人格一个突出表现，结合威廉姆斯有关创造力倾向的量表，因此将增加“想象”这一指标。

在创新思维的二级指标中“发散思维”和“批判性思维”平均值均高于4.5、标准差小于0.5，变异系数在0.1左右，说明专家对二者高度认可，且意见基本一致。“辐合思维”平均值较小，而且变异系数大于0.2，说明专家对此指标意见分歧较大，这也是学界一直在讨论的问题。吉尔福特用发散思维代替创造性思维，但在后来学者的研究中，如林崇德、胡卫平等认为辐合思维在创新思维中不可或缺，因此对这一指标不做修改。有专家认为“重组思维”和“辐合思维”相近，建议取其一，因此删掉“重组思维”。

在创新实践的二级指标中，“沟通协作”和“信息搜集”的平均值低于4，且“沟通协作”变异系数大于0.2，可知专家对二者存在的异议较大。但需要澄清的是，此维度从创新实践活动过程进行指标设计，创新实践活动过程包括提出问题、引入新颖的思路、方法解决问题（包括创意产生），而在这一过程中信息搜集和沟通协作活动起着十分重要的作用，因此对二者不作修改。同时，为了保证表述的清晰性，将“实施操作”改为“问题解决或创意产生”。此外，有专家提出“分析问题”也是创新实践活动的重要环节，是问题解决的前提，因此增加这一指标。

### （三）第二轮专家咨询问卷分析

通过对第一轮问卷结果的分析和修改，接着将修订后的问卷（附录二）再次发放给第一轮咨询的11位专家，进行第二轮专家咨询。

#### 1. 专家积极性

第二轮专家咨询发放问卷11份，回收有效问卷11份，回收率和有效率均为100%。这说明此轮调查专家对该问卷填写的积极性都很高。

#### 2. 专家权威程度

通过表7-7的数据分析，发现第二轮专家咨询的平均专家权威系数为0.82，因此总体来看专家权威程度较高。

表 7-7 第二轮专家权威程度

| 专家序号 | 判断依据（Ca） | 熟悉程度（Cs） | 权威系数（Cr） |
|---|---|---|---|
| 1 | 0.9 | 0.5 | 0.70 |
| 2 | 1.0 | 0.8 | 0.90 |

续表

| 专家序号 | 判断依据（Ca） | 熟悉程度（Cs） | 权威系数（Cr） |
|---|---|---|---|
| 3 | 1.0 | 0.8 | 0.90 |
| 4 | 0.9 | 1.0 | 0.85 |
| 5 | 0.9 | 0.5 | 0.70 |
| 6 | 1.0 | 0.8 | 0.90 |
| 7 | 0.9 | 1.0 | 0.85 |
| 8 | 0.8 | 0.8 | 0.80 |
| 9 | 0.8 | 0.8 | 0.80 |
| 10 | 0.9 | 1.0 | 0.85 |
| 11 | 1.0 | 0.5 | 0.75 |

### 3. 专家意见协调程度

由表 7-8 可知，第二轮专家咨询问卷中的各级指标均值均在 4 分以上，标准差均小于 1，变异系数小于 0.2，而且无专家再提出修改建议或意见，说明经过第二轮专家咨询，专家对指标重要性的认识渐趋向一致，由此可知各位专家对此次指标设计的认可度尚可。

**表 7-8　第二轮各级指标分析结果**

| 指标 | | 均值 | 标准差 | 最小值 | 最大值 | 变异系数 |
|---|---|---|---|---|---|---|
| 一级指标 | 创新认知与态度 | 4.546 | 0.522 | 4 | 5 | 0.115 |
| | 创新个性品质 | 4.091 | 0.302 | 4 | 5 | 0.074 |
| | 创新思维能力 | 5.000 | 0.000 | 5 | 5 | 0.000 |
| | 创新实践行为 | 4.636 | 0.505 | 4 | 5 | 0.109 |
| 二级指标 | 创新认知 | 4.546 | 0.522 | 4 | 5 | 0.115 |
| | 创新态度 | 4.364 | 0.505 | 4 | 5 | 0.116 |
| | 创新伦理 | 4.909 | 0.302 | 4 | 5 | 0.061 |
| | 好奇 | 4.546 | 0.522 | 4 | 5 | 0.115 |
| | 想象 | 4.273 | 0.467 | 4 | 5 | 0.109 |
| | 挑战 | 4.727 | 0.467 | 4 | 5 | 0.099 |
| | 独立 | 4.636 | 0.505 | 4 | 5 | 0.109 |
| | 问题意识 | 4.546 | 0.688 | 3 | 5 | 0.151 |
| | 发散思维 | 4.818 | 0.405 | 4 | 5 | 0.084 |
| | 辐合思维 | 4.546 | 0.522 | 4 | 5 | 0.115 |
| | 批判性思维 | 5.000 | 0.000 | 5 | 5 | 0.000 |
| | 提出问题 | 5.000 | 0.000 | 5 | 5 | 0.000 |
| | 分析问题 | 4.455 | 0.522 | 4 | 5 | 0.117 |
| | 信息搜集 | 4.091 | 0.302 | 4 | 5 | 0.074 |
| | 问题解决或创意产生 | 5.000 | 0.000 | 5 | 5 | 0.000 |
| | 沟通协作 | 4.000 | 0.000 | 4 | 4 | 0.000 |

## 三、高中生创新力评价内容的确定

根据上述两轮专家咨询问卷结果的分析，以及各专家对该指标体系提出的建议，对指标体系进行修改后各专家建议基本达成一致，且没有专家提出新的建议，因此形成最终的普通高中生创新力评价内容体系，包含 4 个一级指标和 16 个二级指标（表 7-9）。

表 7-9　普通高中生创新力评价内容

| 一级指标 | 二级指标 |
| --- | --- |
| 创新认知与态度 | 创新认知、创新态度、创新伦理 |
| 创新个性品质 | 好奇、想象、挑战、独立、问题意识 |
| 创新思维能力 | 发散思维、辐合思维、批判性思维 |
| 创新实践行为 | 提出问题、分析问题、信息搜集、问题解决或创意产生、沟通协作 |

“创新认知与态度”包括创新认知、创新态度和创新伦理三个方面。创新认知主要指学生对创新的认识，如了解创新的概念、知道创新对个人、社会和国家发展的重要性、掌握创新的一些方法策略等；创新态度指学生对创新所持的态度，是否喜欢创新、勇于创新；创新伦理指学生所秉持的创新价值观念，心理学研究中的创新力是一种固有的心理特征，没有好坏之分，但教育学致力于培养人，是对人整体素质的培养和提高，因此必须考虑创新的道德要求。[①]

“创新个性品质”指学生所拥有的有利于创新的个性特征，包括好奇、想象、挑战、独立和问题意识。好奇指对事物运行机制有浓厚的兴趣，能够促使其不断探索；想象指能够在头脑中对已储存的表象进行加工改造从而形成新的形象，有利于打破陈规，实现创新；挑战指敢于尝试、不惧困难、面对批评有韧性；独立指有自己的想法，不随波逐流，具有较强的独立自主性；问题意识指对问题具有敏感性，能够发现问题、提出问题。

“创新思维能力”是人类的最高级认知活动，是以感知、记忆、思考、联想、理解等能力为基础，以探索性、求新性、综合性为特征的心智活动，是多种思维形式高度结合的结果，包括发散思维、辐合思维和批判性思维。发散思维指能够沿着不同的方向进行思考，从多个角度寻求解决问题的途径；辐合思维指能根据一定的目的，将多种思路和各种信息梳理聚焦，进行系统分析与推理，以求

① 姜丽华. 学生创新能力培养与教师文化构建. 北京：中央编译出版社，2016：22.

得有效的解决方案；批判性思维指能够对自己、他人的观点进行分析、质疑、推理、预测及评价。发散思维能够打开思路，辐合思维可以确定最终解决方案，批判性思维贯穿全过程，从而共同形成创新思维。

“创新实践行为”是针对创新成果提出来的，指个体参与并投入旨在产生新颖且有价值的成果的所有实践活动。一方面，越来越多的学者主张，创新力不仅表现为产生了新颖且有价值的结果，个体投入到那些以产生创新性成果为目的的活动，也是创新力的重要表现形式。①创新实践包括提出问题、分析问题、信息搜集、问题解决或创意产生以及沟通协作五个方面。提出问题、问题解决或创意产生是学生创新力的直接体现，但从多角度分析问题、搜集不同的信息来源、与人沟通协作也是创新过程中不可或缺的环节。

## 第二节　新高考背景下高中生创新力评价的载体

在教育评价活动中，有很多被评的属性或者内容是无法被直接测量的②，比如创新力中包含的创新认知与态度、创新个性品质具有内隐性特点。但无法直接测量并不意味着不能评价，而可以通过外在的行为表现进行评价，即通过外显、具体、可观测的活动观察学生创新力的发展。③同时，创新力具有表现多样性特点，它渗透在学生日常学习和生活的各个方面。然而，由于学校教育资源的有限性和师生精力的客观限制，我们在创新力的培养和评价过程中需要有所侧重。我们应该采用“以点带面”的策略，选择那些最能体现学生创新力的活动作为培养和评价的载体。同时，我们也不能忽视学生在其他方面所展现出的创新力，要“点面结合”，这样才能更有效地达到培养学生创新力的目的。

为了更科学地选择和确定这些评价载体，我们通过对教师和学生进行问卷及访谈调查，并结合高中生的课程和活动设置，最终选择了研究性学习、科学教育、信息技术选修课程以及其他相关活动作为评价学生创新力的主要载体。

---

① 甘秋玲，白新文，刘坚，等. 创新素养：21 世纪核心素养 5C 模型之三. 华东师范大学学报（教育科学版），2020（2）：57-70.

② 刘志军. 教育评价. 2 版. 北京：北京师范大学出版社，2023：137.

③ 王存宽，张羽，李平，等. 化学创新意识的评价设计. 中国考试，2020（12）：44-51.

## 一、研究性学习

### （一）内涵阐释

从本质上看，研究性学习与探究性学习、问题学习、项目学习、自主学习、独立学习、案例研究以及角色换位之间的区别不大，只是表达方式以及强调的侧重点有所不同。[①]1984 年，杜殿坤和胡炯涛分别在其著作中明确使用“研究性学习法”这一术语。1997 年，上海率先开展“研究性学习与研究型课程建设”研究，研究型课程指学生运用研究性学习方式，发现和提出问题、探究和解决问题，培养学生的自主与创新精神、研究与实践能力、合作与发展意识的课程，是全体学生限定选择修习的课程。2001 年 4 月，教育部印发《普通高中“研究性学习”实施指南（试行）》，明确“研究性学习是学生在教师指导下，从自然、社会和生活中选择和确定专题进行研究，并在研究过程中主动地获取知识、应用知识、解决问题的学习活动。研究性学习与社会实践、社区服务、劳动技术教育共同构成‘综合实践活动’，作为必修课程列入《全日制普通高级中学课程计划（试验修订稿）》”。这里的“学习活动”扩展了研究性学习的外延，既指一种学习方式，也包括特定的课程。同时，该指南对这一做法进行了补充说明，研究性学习应该作为一种教学活动方式广泛存在于教育教学活动中，但由于传统教育教学方式根深蒂固，不易被改变，因此将其专门设为一门必修课程，从而在制度上保障这一活动的落实。例如 2020 年 5 月，教育部公布了普通高中课程方案和语文等学科课程标准（2017 年版 2020 年修订），其中综合实践活动共 8 学分，包括研究性学习、党团活动、军训、社会考察等，研究性学习为 6 学分。因此，这里的研究性学习主要指国家课程中规定的研究性学习课程。

### （二）选取依据

第一，研究性学习本身的特点。首先，研究性学习所涵盖的内容具有显著综合性，它通常针对的是现实问题，这些问题超越了单一的学科范畴。这种学习方式着重考察学生综合运用各种知识来解决实际问题的能力，创新性解决社会实际问题正是学生高水平创新力的具体体现。其次，研究性学习所涉及的问题具有开放性，这意味着这些问题没有固定答案，学生可以发散性地思考和解决问题，这无疑为学生的创新力发挥提供了广阔的空间。再者，研究性学习包括选题、团队

① 林群，余桥．“研究性学习”概念的演变及重构．教学与管理（理论版），2016（3）：4-8.

分工、资料搜集、撰写报告等多个重要环节，这些环节主要由学生自主完成，教师起到辅助指导的作用。这样的学习方式使教师能够对学生的情感态度变化、思维发展情况和实践行为有更加清晰的认识。最后，研究性学习非常重视过程而非结果。它并不要求学生必须得出某种具体的成果，而可能是一份研究报告、一个产品设计方案，甚至是一个看似微不足道的结果。其重点在于促进学生的积极参与，让学生在实践中培养能力。高中生的创新力也正是通过他们在实践中的行为得到体现的。综上所述，研究性学习活动是培养学生创新力的重要平台。通过这一活动，我们能够对学生的创新认知与态度、创新思维、创新人格以及创新实践行为进行全面而深入的了解。

第二，政策支持。教育部公布的普通高中课程方案将研究性学习列为必修课程，并赋予其 6 学分。该课程要求学生必须完成 2 个课题研究或项目设计，且以跨学科研究为主。这种以课程形式明确规定的做法确保了研究性学习的有效实施，并对课程学分和课程内容提出了具体要求。因此，研究性学习成为高中生创新力评价常态化开展不可或缺的重要载体。

## 二、科学教育

### （一）内涵阐释

为深入贯彻落实习近平总书记在二十届中共中央政治局第三次集体学习时的重要讲话精神，全面落实《关于新时代进一步加强科学技术普及工作的意见》和《全民科学素质行动规划纲要（2021—2035 年）》，2023 年 5 月印发的《教育部等十八部门关于加强新时代中小学科学教育工作的意见》进一步提出，改进学校教学与服务，加强中小学科学及相关学科（物理、化学、生物、地理、信息科技/信息技术、通用技术等）课程标准及教材修订完善工作；深化学校教学改革，按照课程方案开齐开足开好科学类课程，实施启发式、探究式教学，探索项目式、跨学科学习，探索利用人工智能、虚拟现实等技术手段改进和强化实验教学；拓展科学实践活动，各地要按照课程标准，开展实验和探究实践活动；各地要将科学教育作为课后服务最基本的、必备的项目，开展科普讲座、科学实验、科技创作、创客活动、观测研究等。该意见旨在通过推进基于探究实践的科学教育，激发中小学生的好奇心、想象力和探究欲，培养学生的科学兴趣、科学精神，提升学生的科学素养。由此可以看出，科学教育是以科学实验和探究实践活动为抓手，也是本书中对高中生创新力进行评价的载体。

在《辞海》中，“实验是通过控制条件，观察事物的变化和结果，从而阐明某一事物或现象的过程”①。《哲学大辞典》对“实验”与“科学实验”分别进行了详细解释，“实验是在控制事物或现象的条件下，通过感官去认识事物或现象，取得感性材料的归纳方法”，“科学实验指运用一定的仪器设备，在人工控制条件下，观察研究自然现象及其规律性的特殊的社会实践形式，是获取经验事实和检验科学假说、理论真理性的根本途径”。②其实，实验有科学实验和一般性实验之分，划分标准在于是否采用实验仪器，科学实验也有自然科学实验和社会科学实验之分。③从是否做假设来划分，实验还可被分为验证性实验和探究性实验。相较于验证性实验，探究性实验是指实验者在不知晓实验结果的前提下，通过自己的实验、探索、分析、研究得出结论，从而形成科学概念的一种认知活动，是引导学生自主探究未知、培养创新力的重要途径。当前，高中阶段的实验教学已经从验证性实验逐步转变为探究性实验，这一变革旨在更好地发挥学生的主体性和培养学生的创新力。本书所提及的科学实验主要指探究性实验，如高中物理、化学、生物学、地理课程标准中明确规定的学生必须完成的实验项目。

探究实践活动是倡导以探究和实践为主的多样化学习方式，让学生主动参与、动手动脑、积极体验的一种活动方式。④探究是人类探索自然世界、获得科学知识的重要方法，也是小学生学习科学的重要方式。《义务教育小学科学课程标准（2017 版）》把倡导探究式学习作为课程基本理念，所谓探究性学习即“在教师的指导、组织和支持下，让学生主动参与、动手动脑、积极体验，经历科学探究的过程，以获取科学知识、领悟科学思想、学习科学方法”。《义务教育科学课程标准（2022 版）》提出了探究实践，并对探究实践作这样的阐述，即在了解和探索自然、获得科学知识、解决科学问题，以及工程和实践过程中形成的探究能力、技术与工程实践能力和自主学习能力。所以，探究实践活动一方面着重强调问题的开放性，鼓励学生积极动脑，真正激活自己的思维；另一方面强调实践的重要性，要求问题设置贴近真实情境，同时敦促学生积极动手，以获得深刻的实践体验。

“主动探究”与“被动接受”是两种截然不同的学习方式，前者更偏向于理

---

① 夏征农. 辞海. 1979 年版. 缩印本. 上海：上海辞书出版社，1979：494.

② 冯契. 哲学大辞典. 上海：上海辞书出版社，1992：1104.

③ 李露露. 论社会科学实验与社会科学的发展. 厦门：厦门大学，2019.

④ 赵文刚，张玉坤. 基于新课标的中小学科学探究实践活动体验式教学探析. 今日教育，2023（5）：61-63.

论层面。“探究实践”则将理论与实践完美地融合在一起。特别是“实验”这一概念，它本身就强调了实践的重要性。在本书中，我们所说的科学实验，特别是探究性实验，实际上是一种更为严谨和科学的探究性实践活动。因此，当我们提及科学课程中的科学实验时，主要指的是课程中涉及的那些探究性实验；探究实践活动是指除了这些探究性实验之外，具有学科或跨学科性质的各类探究性实践活动。

### （二）选取依据

第一，科学实验和探究实践活动的特点。二者都具有探究性、开放性、实践性、综合性的特点，实验更具严谨性。例如科学实验不是简单地告诉学生答案，而要求学生发挥主动性，综合利用所学的知识和经验，从实验材料的选择、实验步骤的实施、实验方法的探讨、实验结果的分析等方面思考，提出问题，并设计实验方案，通过方案的实施与评价解决自己在学习中的疑问。[①]科学实验在本质上属于研究性学习的范畴。在这一过程中，学生的思维能力、动手操作能力以及问题解决能力都能得到充分的培养，进而提升他们的创新力。同时，科学实验所具备的严谨性和反复性特点，也有助于培养学生的科学态度、科学思想，以及勇于尝试、追求真理的个性品质。这些要素对于培养创新个性品质而言都是至关重要的。同样地，探究实践活动也扮演着不可或缺的角色。尽管它可能不像科学实验那样严谨、精密，但它强调学生对开放性问题的主动思考和积极实践。在创新力培养及评价活动中，探究实践活动的作用不容忽视。

第二，科学实验与创新的关系。科学的本质在于创新，其独特的实践基础是实验。科学素养必须通过实验探究活动来培养，因为如果学生连基本的实验都无法完成，对实验探究的精神和思维方式缺乏最基本的理解与体验，那么就等同于没有真正学习过科学，也无法形成真正的科学素养。在这种情况下，创新力也就无从谈起。因此，科学实验是高中生创新力评价的重要载体之一，课程标准中规定的高中生必须完成的实验则构成了具体的评价内容。

## 三、信息技术选修课程

### （一）内涵阐释

《普通高中信息技术课程标准（2020 年修订）》包含的选择性必修课程和选

① 蒋军泽. 促进学生深度学习的高中化学实验教学策略研究. 重庆：西南大学，2021.

修课程，是在必修课程对学生信息技术基本知识和基本技能培养基础之上开设的，是为学生升学、个人发展、兴趣爱好而设置的旨在促进学生高一级能力发展的课程。选择性必修课程包含“数据与数据结构”“网络基础”“数据管理与分析”“人工智能初步”“三维设计与创意”“开源硬件项目设计”六个模块的内容，选修课程包括“算法初步”“移动应用设计”以及各高中自行开设的信息技术校本课程。尤其“人工智能初步”“三维设计与创意”“开源硬件项目设计”“移动应用设计”等课程，既是学生创新力培养的重要载体，也是学生创新力评价的重要依据。

（二）选取依据

第一，信息技术与创新力之间具有内在契合性。信息技术具有实践性和综合性的特点，它强调在教育教学过程中设计活动情境，注重学生在项目中的学习和实际操作。同时，创新力主要体现在解决复杂问题，尤其是社会实践问题的过程中，这不仅具有实践指向性，还强调学生的实践探究过程。另外，信息技术依赖快速发展和不断更新的信息技术工具，保持对新技术成果的开放性；创新力强调学生发现新问题、运用新方法解决问题或产生新成果等。两者都与“新”有着紧密的联系。此外，信息技术还具有工具性，而创新力的重要内容之一就是对信息的敏感性和对技术的综合运用，这在当今时代背景下尤其表现为对信息技术的运用。因此，将信息技术课程作为学生创新力评价的载体是合理的。

第二，培养学生的创新力是高中信息技术教学新课程标准中的教学目标之一。《普通高中课程方案和语文等学科课程标准（2017 年版 2020 年修订）》将高中生信息课程结构分成必修、选择性必修以及选修三大模块。必修课程渗透学科基础知识与基本技能，选择性必修以及选修课程则是根据学生升学和学生个性发展而设计的，重在培养学生高级能力发展。例如，人工智能是通过智能机器延伸、增强人类改造自然和治理社会能力的新兴技术；三维设计是一种立体化、形象化的新兴设计方法，对学生的空间想象、多学科综合思维能力的培养有显著作用；“开源硬件项目设计”课程能使学生体验作品创意、设计、制作、测试、运行的完整过程，培养学生的思维和实践能力；其他选修课程主要体现学科的前沿性和应用性。因此相对于必修课程以及“数据与数据结构”“网络基础”“数据管理与分析”课程，此类新技术课程、实践性强的课程更有利于培养学生的创新力，也能够反映学生创新力的发展状况。

第三，2016 年公布的《中国学生发展核心素养》将实践创新素养划分为劳动意识、问题解决、技术应用三个基本要点。[①]这种对技术的重视为本书研究提供了有益的启示。

### 四、其他课程及实践活动

研究性学习、科学实验以及普通高中信息技术选修课程以其特点不仅成为高中生创新力培养的重要载体，也是高中生创新力评价的重要载体。而且，中学阶段进行分科教学，科学课程将创新列为学科核心素养的要素，例如，质疑创新被列为物理学科核心素养——科学思维的要素，勇于创新是化学学科核心素养——科学探究与创新意识的要素，创造性思维是生物学科核心素养——科学思维的要素，勇于创新是生物核心素养——科学探究的要素。[②]此外，还有一些地方或学校为促进学生创新力发展，自主开设了相关创新课程与创新活动。例如，上海市某中学构建的以“通识教育课程、见习考察课程、创新实践课程”为一体的三级创新素养培育研究型课程[③]，还有 3D 打印、机器人等类型的创客课程、STEAM 教育、科学创新第二课堂等。创新活动则包括课内外的，由班级、年级、学校甚至校外各级单位组织的文学创作、艺术创作、科技发明等创新活动，甚至学生在课堂教学过程中对某一问题进行的创新性思考与回答也是学生创新力的重要表现。这些都是高中生创新力评价过程中不可忽视的载体。

## 第三节　新高考背景下高中生创新力评价的方法

通过前文分析可知，新高考背景下高中生创新力评价的目的在于培养学生的创新力。评价内容包括创新认知与态度、创新个性品质、创新思维能力和创新实践行为多个方面，主要表现在研究性学习、科学实验、信息技术课程及其他各类创新性活动中。因此，在创新力评价过程中，要采取以质性为主、以量化为辅的多样化评价方式。

---

① 赵婀娜，赵婷玉．《中国学生发展核心素养》发布．人民日报，2016-09-14（12）．

② 中华人民共和国教育部．普通高中生物课程标准（2017 年版 2020 年修订）．北京：人民教育出版社，2020：3-6.

③ 刘清华．激发高中生创新潜能的创新素养课程开发实践研究．课程教育研究，2017（44）：3.

## 一、档案袋评价

20 世纪 80 年代，“成长记录档案袋评价”（简称档案袋评价）作为一种新的质性评价方法开始形成并发展起来。[①]利用档案袋评价法评价学生的创新力，即要求学生在学习活动过程中，收集自己参加创新课程、创新活动的相关资料，既包括过程记录，也有作品成果，如研究性学习活动记录、科学实验活动记录、信息技术课程中的活动记录、科技小发明成果、文艺创作活动记录及各种创新成果等，进行合理的分析和反思，将其纳入学生档案袋中，从而反映学生在一段时间内的创新力发展情况，并在这一评价活动过程中促进学生创新力的培养。

档案袋评价的特点包括：①以学生的成长为主线，立足于日常学习生活，关注学生创新力发展的全过程，并非通过一次测验来进行评价，评价结果更能反映学生的真实情况；②没有统一的评价指标和评分要求，学生可以在教师的指导下，将自己的活动过程以及在过程中的体验和感受记录下来，并附上相关佐证材料，既凸显学生的个性，也保证了评价信息的真实性；③学生为评价主体，以学生自评为主，同伴和教师在学生写实记录的基础上对其进行评价，能够增强学生的反思意识和能力；④评价具有全面性，通过学生的写实记录，可以关注到学生在活动过程中的情感态度变化、实践参与情况、思维能力、突出的个性品质，全面反映学生的创新力；⑤评价结果以评语呈现，通过评语对学生进行褒奖、鼓励和提出改进建议，从而促使学生明白自己未来的改进方向；⑥通过对档案袋的展示，能够增进学生之间的了解，起到相互学习、相互监督的作用。

档案袋评价的实施包括学生写实记录、同伴展示交流、教师评价反馈、纳入学生档案 4 个环节（图 7-1）。

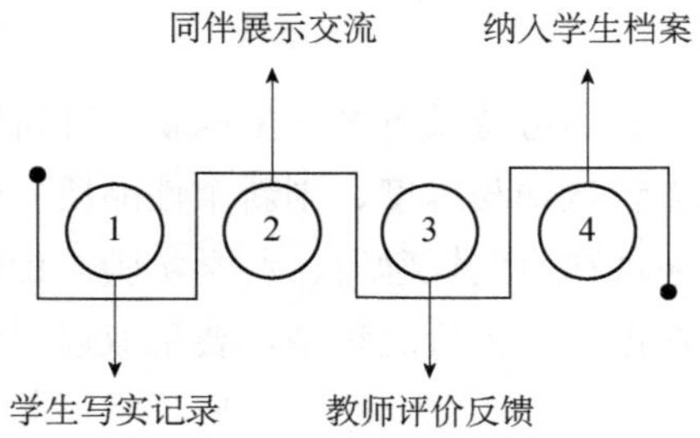


图 7-1　档案袋评价流程

① 阳海燕. 学生音乐成长记录袋评价研究. 长沙：湖南师范大学，2008.

## （一）学生写实记录

学生的活动记录是创新力评价的基础和核心，为学生自评、同伴互评、教师评价、家长评价等提供依据。它发挥了学生的主体作用，由学生本人在参与各类创新性活动的基础上，如实记录自己参与典型性活动的情况和感受体验，事实记录包括参与活动的时间、地点、主题或内容，本人在活动中承担的任务、活动过程、活动结果、相关人员的评价意见等关键信息，感悟记录长短皆可，是学生对活动过程的感悟与反思，同时，与活动相关的图片、音视频资料、服务对象及有关单位的证明、活动报告及获奖证书等佐证材料也包含在内。[①]

学校可以设计统一的创新实践活动记录表供学生填写，也可以将其录入校级学生评价相关平台。在写实记录过程中，教师要充分发挥指导者的作用，指导学生填写写实记录，包括记录什么内容、反思自己哪些方面的表现、什么时候记录等，并督促学生及时进行写实记录。通过写实记录，学生能够回顾自己的活动过程，并针对具体活动进行深入的反思和总结。例如，他们可以观察自己参与活动的目的，思考自己是否全程积极投入，是否能打破常规思维来思考问题，是否能发现新的问题，以及最终的研究成果如何。在这样的个人反思过程中，学生能锻炼自己的创新思维能力和创新实践能力，有效提升创新力，并使自己热爱创新。

## （二）同伴展示交流

如果说写实记录是学生自我对话、自我回顾与反思的过程，那么同伴间的展示交流就是学生与学生之间的对话，即同伴互评。通过展示交流，学生可以让同学和老师更加充分地了解自己，从而全面、客观地认识自己在创新活动中的表现，并发现自身的优势与不足。同时，这也是一个了解其他同学、实现相互学习的良好机会。展示交流应该定期举行，可以针对特定活动进行，如每次活动结束后；也可以针对学生在一个阶段内的活动表现开展，如每周或每月进行一次。展示交流的形式可以多样化，既可以借助班会形式在班级范围内进行，也可以借助学校活动在全校范围内进行。此外，日常性的沟通交流也是一种有效方式，例如通过学生成长档案袋、电子平台、QQ 群、微信群或展板等及时展示学生的相关活动记录。例如，清华大学附属中学和江苏省海安高级中学就鼓励学生在综合素质评价平台上记录自己的学习和活动情况，之后教师和学生可以自由进行点赞与评论，这就是一种日常自发的展示交流方式。

---

① 陈朝晖. 普通高中学生综合素质评价实施研究. 开封：河南大学，2016.

需要注意的是，展示交流的目的并不是在学生之间进行横向比较或评判高低好坏，而是一种相互学习和相互激励的手段。同时，教师也可以通过这种方式掌握更多关于学生的信息，从而调整教学方法、规划设计活动，为学生提供更好的创新力发展支持。

（三）教师评价反馈

教师在创新力评价活动中起着举足轻重的作用。他们不仅是创新活动的“协助者”，帮助学生协调各方关系、组织活动，确保活动的顺利进行，更是学生活动记录的“督促者”和“解读者”。通过深入研究和分析学生的行为表现，教师能够准确判断学生创新力的发展状况。同时，教师还扮演着学生创新力发展的“助推者”的角色，根据学生的实际表现发掘其创新潜力，识别其存在的优势和不足，并为其进一步发展指明方向。[①]

教师的评价反馈应以学生的具体活动为基础，结合对学生的写实记录进行解读和分析，并参考学生的自评和同伴互评。这种评价可以贯穿学生活动的全过程，包括活动中的即时指导、活动结束后的评价反馈，以及在学期中或期末对学生进行的阶段性评价和反馈。重要的是，教师的评价并不是为了对学生进行排序或筛选，而是充分发挥其专业指导优势，帮助学生认识并发挥自己的优势，激发学生的创新潜能。同时，教师还要指出学生存在的不足，并协助他们进行改进，以不断提升学生的创新力。因此，相较于分数或等级等抽象的评价结果，教师更应采取具有针对性的评语，为学生提供丰富、具体的反馈信息。

（四）纳入学生档案

学生综合素质评价强调通过学生成长档案袋来记录学生的成长轨迹。这与2014年《教育部关于加强和改进普通高中学生综合素质评价的意见》中提及的“材料使用”概念相吻合。其中的“材料”指的就是学生成长记录档案袋。它不仅代表了学生的成长历程，也体现了学生的成果。这一档案袋主要服务于学生的发展，为学生、教师和家长提供一个动态、直观且清晰的学生成长视角。同时，它也为高等院校招生提供了充实的事实依据。

当前，国家发布的关于综合素质评价的相关文件主要从思想品德、学业成就、身心健康、艺术素养和社会实践五个维度来评价学生。学校在实施综合评价

① 张红霞. 综合素质评价中教师的“应为”与“勿为”. 中小学管理，2017（10）：38-40.

时，往往以此为依据，或进行个性化的探索。有学者聚焦科学文化素质等方面，也有研究者强调劳动素养等，并据此设计相应的评价指标体系。然而，学者关于创新力在综合素质评价中的定位仍存在较大争议。创新力是融入这些素质之中还是作为一个独立的素质存在，这是评价实践中亟待解决的问题。值得注意的是，如果一个学生在德智体美劳等各方面都获得了高度评价，却唯独缺乏创新力，那么这种评价显然是不可信的。这反映出我们的评价理念和评价体系本身可能存在问题。①

综上所述，创新力评价在学生综合素质评价中占有举足轻重的地位。因此，与创新力相关的测验分数、活动记录、师生评语，以及学生设定的目标和活动证明材料等，都应被视为学生创新力的具体体现，并作为学生成长档案袋的重要组成部分。它们不仅展示了学生创新力的发展过程，也集中体现了学生综合素质的发展情况。

## 二、表现性评价

### （一）表现性评价的历史

表现性评价拥有悠久的历史，其起源可追溯至两千多年前。例如，在我国古代私学兴起时期，孔子就是通过观察弟子的言行和试探他们的处世能力来进行综合的评价。之后，科举制度中的文学考试则通过考察独创性和写作能力、军事考试则通过现场的技能展示来选拔人才。在欧洲，表现性评价可追溯至中世纪时期，那时通过讲演、辩论等口试方法来选拔牧师，同时在教学评价中也采用了问答式的教学方式。到了 16 世纪，学校开始引入作文考试作为评价手段。

随着社会的不断演进，人们的观念逐渐从质性向量化转变，评价方式也随之走向量化。在心理测量领域，标准化测验开始流行，且大多为客观的纸笔测试，如 1917 年奥蒂斯（Otis）开发的“军队阿尔法”团队管理智力测试以及后续的威廉姆斯创造力倾向量表等。20 世纪 60 年代以后，人们开始对标准化测验和客观纸笔测验提出批判并进行反思，认为它们以客观题为主，测试内容有限，主要集中在记忆和理解层面，而忽视了更高层次的思考、推理、判断、评价和应用能力。这些测验与现实情境脱节，且过分强调测验结果，以此作为甄别和选拔的依据，忽视了学生在过程中的表现，无法为教师和学生提供有意义的反馈。因此，

① 孙绍良. 论学生创新素质评价. 现代教育科学（小学教师），2009（4）：53-54.

表现性评价以其独特的优势再次受到人们的关注。

### （二）表现性评价的定义

周文叶将表现性评价定义为：在尽量合乎真实的情境中，运用评分规则对学生完成复杂任务的过程表现或结果做出判断。[①]首先，强调真实性的情境任务。这表示测验内容不再仅限于容易测量的低级记忆性或理解性内容，而是要评估学生综合运用已有知识进行实际操作和展现的高阶能力。这是一种建构性的反应，而非选择性的反应。其次，关注学生完成复杂任务的过程和成果。以客观纸笔测验为代表的标准化测验主要关注学生的分数，典型的表现性评价则不仅关注任务的完成结果，还关注学生获得这一结果的整个过程。实际上，有些学习内容并没有形成最终的有形产物，而只有过程，例如演讲、唱歌、跳舞和讨论等。最后，依据评分规则进行判断。与客观纸笔测验不同的是，表现性评价没有统一的标准答案，也不区分对错，只有程度上的差异。它不能依赖仪器来计算分数，而必须根据预先设计的评分规则，依靠评价者的经验和智慧进行主观判断与打分。这三者之间相互关联。由于表现性评价旨在测量学生的高阶能力，因此任务情境应尽可能接近现实生活，从而使任务具有复杂性。学生在完成这些任务时，需要依靠个人的经验做出建构性反应。复杂的任务和建构性反应意味着传统的二元对错评价方式已无法满足这种需求，只能由评价者基于评分规则进行主观评价。学生在做出建构性反应的过程中会暴露更多的相关信息，这有助于评价者获得更丰富的评价证据。

总之，表现性评价有效地弥补了客观纸笔测验偏重知识的弊端，它关注学生包括能力在内的多方面发展，并顺应了社会发展趋势，通过在真实情境中关注学生的行为过程和结果使评价结果更为准确。此外，预先确定的评价规则可以引导学生朝着既定的方向努力，提供具体的反馈信息，并帮助学生学会自我评价，从而发挥以评促学、以评育人的作用。

在本书中，高中生创新力被视为一个内涵丰富且复杂的概念，它不仅涵盖创新性知识，还涉及情感态度、能力等多个层面。鉴于其评价对象的这种适切性，采用表现性评价方式来评估高中生的创新力显得尤为合适。本书在新高考背景下对高中生创新力进行评价，其核心目的在于培养和提升学生的创新力，而非进行单纯的鉴别或选拔。这与表现性评价所强调的兼顾过程与结果，以及发挥以评促

① 周文叶. 学生表现性评价研究. 上海：华东师范大学，2009.

学、以评育人的作用高度契合。因此，可以断言，表现性评价是新高考背景下普通高中生创新力评价不可或缺的重要方法。

### （三）表现性评价的分类

由于表现性评价的类型较为多样，在这里主要将其归为两类。

一是非传统纸笔测验（主观测验法）。传统的纸笔测验主要指的是客观纸笔测验。为了与之区分，我们在此引入“非传统的纸笔测验”（主观测验法）这一概念。这种测验要求被评价者综合运用自己的知识、经验和能力来回答诸如简答题、论述题、分析题、作文、书面报告等类型的题目。例如，在托兰斯创造性言语思维测试中就包含 7 个主观题项目，其中之一是“请试着想出其他人通常想不到的有关纸盒的问题。想法越多越好，越新奇越好”。吉尔福特创造力量表等也是类似的测验方式。此外，我们现在也提倡在日常考试以及高考命题中设置能反映学生创新力的开放性题目，这同样是对主观测验法的应用。主观测验法和传统的客观纸笔测验都属于纸笔测验的范畴，但两者存在显著差异。传统客观纸笔测验以客观题为主，测验内容相对有限，要求被评价者作出选择反应，并且有标准答案。相比之下，主观测验法则以开放性主观题为主，被评价者需要进行建构反应，测验内容更为丰富，并且没有标准答案。总的来说，主观测验法保留了纸笔测验的优势，即测验者只需进行卷面作答，操作相对方便快捷，经济有效。然而，它也存在一定的局限性，即无法对学生的实际表现进行直接观察。[①]

二是情境测验法。情境测验法是通过提供特定情境来观察评价对象在其中表现的一种评价方法，这些情境既可以是语言描述的，也可以是真实环境。如果说主观测验法更侧重于通过纸笔测试来评估学生在某一学科领域内的表现，那么情境测验法则主要着眼于学生在跨学科、综合性的实际活动中的表现。例如，通过观察学生在科学实验活动、研究性学习、信息技术课程以及各种项目和课题中的表现来评价其创新力。在情境测验法中，我们可以通过设计具体的实验活动，并在活动过程中观察学生的情感态度、个性品质、思维发展以及实践操作等多个维度的表现，然后对其进行相应的评分。在研究性学习中，我们关注学生的整个学习过程，例如通过学生参与活动的次数来判断其学习态度，观察他们在面对困难时展现出的个性品质、解决问题时的思维变化和实践行为，以及最终的研究成果和实践报告等。与主观测验法相比，情境测验法所得出的结果更能真实反映学生

---

① 王连照. 日常叙事的教育功能——从落实新课程谈起. 中国教育学刊，2023（7）：85-90.

的实际表现。

### （四）表现性评价的实施

表现性评价的实施包括确定评价目标、创设表现情境、明确评分规则三个环节。

第一，确定评价目标。评价目标是对期望的学生学习成果的具体定义。它不仅作为教师开展教学的起点和终点，为教学活动的实施提供方向，还是教师设计表现任务和评分规则的重要基础。首先，确定目标。表现性评价的目标并不局限于教科书上的知识或简单技能，而是应该能够让学生将这些知识和技能延伸到社会生活中，真正掌握并在具体环境中灵活应用它们来解决问题的能力。本研究中的创新力正是这样一个目标，它反映了社会对人才培养的新要求，并且是一种复杂且高级的评价目标。其次，分解目标。教师制定的评价目标是否精确，直接影响到评价的真实性和有效性。因此，教师应该使用结构严谨、分类有序且语言简洁清晰的方式来表达所选定的评价目标。结构清晰的评价目标可以让评价者更容易地理解所要评价的内容。[①]例如，本书将学生创新力评价细分为 4 个一级指标和 16 个二级指标，这样的划分使评价目标更为明确，更易于被评价相关者（如学生、教师及家长等）理解。总之，评价目标越清晰明确，对学生的引导作用就越大，学生越清楚地知道应该从哪些方面入手去达到这些目标。

第二，创设表现情境。创设表现情境即设计表现性任务，表现性任务是教与学的重要内容，是达成预期目标的载体，也是教师开展表现性评价的前提和基础。[②]教师为了检测学生在特定目标上的达成情况而设计表现性作业，引发学生的表现性行为，从而收集学生表象的特征，以此作为评价学生的依据。[③]表现性任务的设计原则包括以下两点：①任务要尽可能贴近复杂、真实的或尽可能真实的环境，这样才能观察到学生更加真实的表现；②表现性评价的任务要与评价目标紧密相连，让学生在完成表现性评价的任务时的行为表现与评价目标的内容得以匹配，这样评价者才能根据学生在这过程中真实的表现对其是否达到目标做出相应的评价。表现性任务的设计步骤如下：①进行任务分析，包括对课标、教学内容、教学资源、学生等多方面进行分析，确定出学生完成任务所要经历的探究

① 张著. 以评价为导向从实践中求知识——基于表现性评价的教学活动设计. 中小学电教（综合），2010（9）：42-46.

② 邓翠莲. “表现性评价”在科学教学中的运用. 当代家庭教育，2020（28）：41-42.

③ 叶其思. 小学生的科学探究活动综合能力表现性评价工具开发与应用. 桂林：广西师范大学，2022.

过程；②明确具体问题情境；③撰写任务指导语，这有利于学生清楚地知道自己需要完成的表现性任务、表现性任务的类型、作品或表现的要求、完成任务的时间等，同时任务指导语应符合学生的理解水平，避免模糊、复杂；④修改完善，经过不断的反思、修订，从而不断完善表现性任务的质量。此外，虽然表现性任务类型多样，但在研究中主要是设计纸笔类型的表现性任务和情境（模拟或真实）表现性任务。

第三，明确评分规则。谈及评价问题，就离不开对标准的探讨，标准是工业化的产物，是对产品质量的底线要求。克拉克（Clark）曾指出，通常标准分为学术标准与表现标准，也叫内容标准与基准。学术标准（内容标准）描述的是学生应该能够认识或做的事情，而与此相应的表现标准（基准）则衡量学生在多大的程度上达到内容标准。[①]前者是对学生在内容上的要求，后者是观察学生的具体行为表现在多大程度上达到了内容上的要求，所以表现标准是人们基于内容标准及为了特定目的而提出的具有明确指向性的规定和要求，它对表现和结果的规定、要求必然影响内容标准的执行与落实，甚至说，对表现性标准的规定和说明比内容标准的界定更具影响及意义，因为它能为评价提供更直接的尺度，也更具驱动力。由于学生表现具有多样性，所以在表现性标准设立之后，还必须事先约定学生表现的不同水平，比如用数字（1、2、3、4、5）、字母（A、B、C、D、E）或高、中、低之类的文字描述来表示，并对每个水平进行仔细描述。这有助于教师和学生发现相关行为表现，并将其对号入座，有利于打分或划分等级，同时需要注意的是，在明确评分规则时，最好提供一个评价样例，从而帮助目标用户（如教师、学生等）理解和运用评分规则。

总体来看，表现性评价，尤其是情境测验法，在学生创新力评价中发挥着不可或缺的作用，它能够在真实或接近真实的情境中观察到学生的真实表现，而且以详细的评分准则引导学生的行为，给予学生反馈，同时能够帮助学生学会自我评价。但表现性评价尚无法完全摆脱测验法本身的弊端，例如：①它强调构建严格的评分规则，因此主要是以分数或等级表示学生的创新力发展水平，一不小心就会走上量化评价的道路，强调评定，重视评价结果，忽视了评价结果对学生的反馈和提升作用，忽视对学生本身的发展；②它仍以教师为评价主体，强调教师的主观判断，受教师的主观影响较大，忽视学生对学习过程的记录与反思，因此不能有效发挥学生自我评价、自我教育、自我成长的作用；③它主要适用于安

① 转引自周文叶. 学生表现性评价研究. 上海：华东师范大学，2009.

逸、具体的活动情境，较为孤立、零散，不能对学生创新力的发展进行全面、全程的跟踪，因此在高中生创新力评价过程中必须结合档案袋评价法。

## 三、传统的客观纸笔测验

传统的客观纸笔测验法是新高考背景下普通高中生创新力评价补充使用的一种量化评价方法，主要指评价者通过一系列客观试题来评价对象的质量状况，并以数量形式表现评价结果的一种评价方法，被广泛应用于智力、能力、道德认识等许多内容。它是由专家制定的科学的测验标准，有较高信度、效度、区分度，难度适当，客观性较强，比如威廉斯创造力倾向量表等工具。这类测验工具能够比较科学、客观地测出学生创新力的某些方面，主要是学生的创新人格和创新思维，但是它也有其局限性：①量表编制的要求高、难度大，且有特定的适用对象，因此使用时局限较多；②此类量表通常是孤立、片面关注创新力的某一个侧面，无法全面反映学生创新力的发展状况。

因此，此种测验法可以用于学期伊始，对学生进行诊断性评价。它以教师为评价主体，对学生创新力发展情况进行初步调查，可以利用威廉姆斯创造力倾向量表等工具进行测验。其一，这一阶段的评价主要是了解高中生创新力发展现状以及发展倾向，针对学生的发展特点和发展需求安排后续的教学活动。其二，针对诊断性评价结果，教师要及时向学生进行反馈，尽可能发现、识别学生的创新潜能，同时指出其不足之处，帮助学生树立创新力发展的信心。其三，学生要结合测验结果，在教师的指导下，制定个性化的创新力发展目标，例如独立完成一次科学实验活动、进行一次科技发明等，以目标引导行为。其四，教师要结合学生个性化的需求设计创新实践活动，比如研究性学习课题的选择要结合学生的兴趣，给学生充分的选择空间，开展类型多样的创新实践活动。同时，评价标准的制定，也需要师生的共同参与和商讨，一方面保证活动设计和评价标准设置的民主性、公开性，另一方面使学生明确活动的要求。[①]

综上所述，档案袋评价、表现性评价以及传统的客观纸笔测验各有优势：档案袋评价具有全程、全面、以学生为评价主体的优势，能够通过长时间的跟踪观察发现学生的创新力发展变化情况，并且可以通过指导学生记录有关创新力发展的典型活动或事件，激发学生的创新潜能，即在评价活动开展过程中实现培养学

① 王连照. 日常叙事的教育功能——从落实新课程谈起. 中国教育学刊，2023（7）：88-89.

生创新力的目的；表现性评价通过对学生在真实情境中的表现进行观察，从而对学生的创新力进行评价，评价结果更加真实可信，而且详细的评价准则可以有效引导学生关注创新力发展的具体方向，有利于培养学生的创新力；传统的客观纸笔测验能够对学生创新力的某一个侧面进行科学、客观的测量，能够提供有关学生创新力发展情况的基本参考，但是所提供的信息有限。因此在创新力评价过程中，需要三者相互配合使用。

## 第四节　新高考背景下高中生创新力评价的结果呈现与使用

### 一、结果呈现

评价结果的呈现形式与评价方法紧密相连，特定的评价方法决定了特定的评价结果表现形式。综合前文探讨的档案袋评价、表现性评价以及传统的客观纸笔测验这三种创新力评价方法，我们可以归纳出创新力评价结果的两种主要呈现形式：质性资料和量化结果。质性资料主要以学生的写实记录为核心，辅以同伴、教师等的评价意见和相关证明材料。这种呈现形式与档案袋评价方法相呼应，能够全面、深入地展示学生的创新力发展过程和成果。量化结果则主要体现为分数、等级等形式，它对应于表现性评价和传统的客观纸笔测验。这些量化数据能够简洁、明了地反映学生在创新力方面的表现水平。接下来，我们将对这两种评价结果表现形式进行较为详尽的阐述。

#### （一）以学生写实记录为核心的质性资料

2014 年印发的《教育部关于加强和改进普通高中学生综合素质评价的意见》提出，各省（区、市）要对学生综合素质档案格式提出基本要求。学校要对相关材料进行汇总，为每位学生建立综合素质档案。档案主要内容：①主要的成长记录，包括思想品德、学业水平、身心健康、艺术素养、社会实践五个方面的突出表现；②学生毕业时的简要自我陈述报告和教师在学生毕业时撰写的简要评语；③典型事实材料以及相关证明。由此可以发现对学生的评价结果不再是单一的分数或等级这类量化表现形式，还包含活动过程记录、自我陈述、师生评语、相关证据等多方面的资料，是以学生写实记录为核心的质性资料。

以学生写实记录为核心的质性资料作为评价结果的呈现形式，有助于发挥评价的育人作用，在学生创新力评价中更是如此。①评价结果具有全面性。学生在写实记录、感悟记录以及接受同伴和教师评价时的内容繁多，不仅仅是知识、思维，还包括情感、实践能力等，所以评价结果呈现的内容更加全面，内涵更加丰富。②评价结果具有真实性。一方面，评价内容的全面性意味着评价结果更加科学合理；另一方面，写实记录、佐证材料以及师生评价相互之间可以起到监督、证明的作用，最大限度地保证评价结果的真实性。③评价结果更具个性化。学生是从个人实际出发，选择于自己而言的典型性活动进行记录，因此活动记录不同、佐证材料不同、感悟记录也不同、同伴及教师评语也依据活动的变化而变化，因此评价结果更具学生个人特色。④评价结果体现过程性。一方面，过程性体现在重视学生参与活动的整个过程，包括动机、情感变化、能力等，主要为了促进学生积极参与活动，在活动中提升创新力，而不是为了得出一个最终的评价结果；另一方面，过程性体现在对学生创新力的发展进行长期、全程的关注，从而对其发展做出更加准确的指导。⑤评价结果反映学生主体性。以写实记录为核心的质性评价资料反映出在发挥学生主体作用，学生不再是被动接受评价，而是积极地进行写实记录和感悟记录，尤其是感悟记录，这是学生的自我反思，更是学生的自我评价。因此，以学生写实记录为核心的质性资料更能够发挥创新力评价对学生创新力的提升作用。

尽管这类以质性资料为主的评价结果在直观性、操作便捷性和资料存储方面存在一定的不足，但它更能深入地揭示学生创新力发展的全过程。而且，随着大数据、云平台等信息技术的不断进步，这些质性评价资料也可以逐步实现电子化操作和存储，从而大大增强其可管理性和可访问性。特别是在高中阶段，随着学生自主能力和信息技术运用能力的不断提升，他们完全可以在教师的指导下，与同伴和教师共同完成评价工作，这样不仅能有效弥补质性评价资料的不足，还能进一步促进学生的全面发展。

### （二）以分数或等级为主的量化结果

对于表现性评价而言，无论是采用主观测验法还是情景测验法，其核心环节都是确立清晰的评分规则。这些规则可以通过数字、字母或文字描述等方式来标示学生在达到标准方面的程度，从而将学生的行为表现转化为分数或等级的形式。即便采用等级制呈现，其本质仍然是一种量化结果，拥有量化结果固有的优点，例如直观性强、便于操作和计分、易于进行学生间的横向比较等。同时，它使评分准则变得透明，引导师生关注这一分数或等级的背后，即评分的具体过程，因此在创新力评价中被视为一种较为适宜的评价方法。

然而，量化结果也不可避免地存在一些弊端。在分数至上的评价环境中，表现性评价以分数或等级来呈现评价结果，很容易使人们的注意力聚焦分数上，从而忽略了表现性评价对过程的重视。此外，分数和等级往往过于抽象，所包含的信息量有限，尤其缺乏学生对相关活动的反思记录。部分学生在面对分数或等级时，可能只知道自己处于哪个水平，但并不清楚自己在创新力各个方面的具体发展状况，以及如何在未来的学习中改进和提升。因此，从长远来看，这可能不利于学生有针对性地提升创新力。

对于传统的客观纸笔测验法来说，分数是最直接、最有效、最适宜的呈现形式，因为它主要针对的是客观性试题的测量内容。这种方法可以准确地测量出学生在某一方面的表现，如创造力倾向（如威廉姆斯创造力倾向测评量表）或对创新理论知识的掌握情况等。然而，这也正是其局限性所在，即所能测量的内容相对有限，无法全面反映“创新力”这一概念的丰富内涵。本书中创新力评价的目的并不在于测量学生掌握了多少知识和技能，而在于观察学生是否积极参与创新性活动，在活动过程中是否有所感悟和体验，以逐步明确并提升其创新力。因此，以单一的客观纸笔测验来体现学生的创新力发展水平显然是不够科学合理的。

总体来说，以量化结果为呈现形式的评价方式是结果导向的评价，难以充分发挥创新力评价在促进学生创新力发展方面的教育作用。为了更全面地评价和提升学生的创新力，我们需要综合运用多种评价方法和呈现形式来全面地反映学生的创新力发展过程与成果。

泰勒曾指出，“对人类行为的评估应该是一个分析性的过程，而不是一个单一的分数总结”[①]。所以，创新力评价结果的呈现形式并非分数或等级这类的单一的量化结果，它更需要与过程性的写实记录等质性资料相配合，兼具抽象与具体，促使创新力评价结果呈现得更为科学合理。

---

① 转引自刘美辰. 普通高中综合实践活动课程中的学生评价研究. 开封：河南大学，2017.

## 二、结果使用

评价结果的运用与评价目的紧密相连，是评价过程中不可或缺的环节。因此，我们必须充分重视并科学合理地利用这些结果。鉴于本书对高中生创新力评价的主要目标是广泛激发学生的创新潜能和动机，以推动其创新力的持续提升，我们在运用评价结果时，应主要聚焦如何有效提升学生的创新力，而非直接关联到如高考等高利害事件中的应用。具体而言，我们可以从学生、教师和学校三个层面来详细探讨这一问题。

对于学生来说，创新力评价结果能够直接为其个人的反思和成长提供支持。通过这一结果，学生可以更准确地认识自我，清晰地把握自己在创新力发展上的长处和短板。基于这样的认识，学生可以制定更具针对性的个人发展计划，并在实践中不断激励自己，实现创新力的持续提升。这一过程充分体现了创新力评价结果在诊断、引导和提升三个环节中的核心价值（图 7-2）。

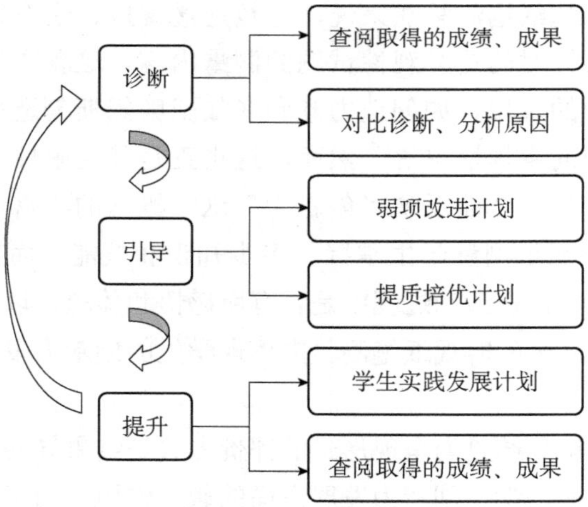


图 7-2　学生使用创新力评价结果环节

对学生而言：①诊断。学生可以通过查阅多种形式的创新力测验成绩和代表个人创新力发展的典型成果来进行对比诊断，从而对自己的创新力发展状况形成基本的自我认识。在与他人的交流和对比中，学生可以进一步认识他人的优势，以形成对自己创新力发展的客观认识。同时，学生应在正确认识的基础上，深入分析自己优势与不足的原因，这是一个促进学生自我反思和提升的过程。②引导。学生根据诊断结果来制定接下来的发展计划，针对自己的弱项，选择合适的改进方案，例如决定参加哪些项目、比赛或活动等，以进行有针对性的提升；同时，针对自己的优势，也要精心挑选提质培优的计划，以进一步发挥和强化这些优点。③提升。学生在实践发展计划后，通过再次运用特定的评价手段，取得新的成绩和代表性成果，从而不断推动创新力的进一步提升。这一过程中，学生也开启了新一轮的诊断、引导和提升循环。因此，这三个环节构成了一个循环往复、动态发展的过程，其最终目标就是促进学生创新力的持续、螺旋上升式发展。

对教师而言，学生创新力评价结果的使用也体现在诊断、引导和提升三个环节中。①诊断。在这一环节中，教师在协助学生进行自我诊断的同时，也在对学生进行全面的诊断。通过深入了解学生创新力发展的现状，教师能够分析出学生创新力发展的优势、不足及其原因。这一过程不仅有助于教师更好地把握学生的个体差异，还能促使教师对自身的教学工作进行审视，从而分析出教学工作的优势、不足及其原因，为进一步提升教学质量提供有力的依据。②引导。教师既要引导学生对个人创新力的发展进行规划，也要根据学生的实际需求，对自己未来的教学工作做出相应规划。这包括更新教学内容、改进教学方法，以及开展多样化的教学活动等，以确保教学工作能够紧密贴合学生创新力发展的需求，并为其提供有力的支持。通过这样的方式，教师不仅可以帮助学生明确自己的创新力发展方向，还能为其创新力的持续提升创造更加有利的环境和条件。③提升。随着教师对自身教学工作的持续反思和改进，其教学能力也在不断提升。这不仅有助于教师更准确地发现和指导学生的创新点，还能有效优化学生创新力培养的成效。通过这一过程，教师和学生能够在创新力培养方面实现共同进步，形成教学相长的良好局面。

对学校而言，创新力评价结果的使用主要体现在三个方面：①学生创新力评价结果能够让学校直观地了解到学生创新力的发展状况，并间接地掌握教师的教学状况。基于这些评价结果，学校可以从宏观层面分析学生创新力发展的优势、不足及其原因，进而有针对性地调整教育教学活动的安排。这样的调整旨在为学生的学习和教师的教授创造更加有利的条件和环境，从而全面提升学生的创新力水平。②学校可以利用学生创新力评价结果，在校内开展评优奖先活动。这种外部激励手段旨在鼓励学生积极参与和创新相关的各项活动，从而有效提升学生的创新力水平。通过这样的方式，学校不仅能够激发学生的创新热情，还能为培养具有创新精神和实践能力的人才奠定坚实基础。③在致力于培养全体学生创新力的基础上，创新力评价结果还可以在一定程度上服务于拔尖创新学生的识别与培养。前者注重从整体层面进行创新人才的储备，而后者则专注于在关键点上培养拔尖创新人才。这两者相辅相成，前者为后者提供了坚实的基础。通过两者的有机结合，能够真正促进全体学生乃至全民创新力的提升，并有效地选拔出具有卓越创新能力的拔尖人才。

综上所述，基于本书的宗旨，创新力评价结果的使用始终聚焦促进学生创新力的提升。对于学生而言，这些评价结果直接助力其个人创新力的发展；对于教师和学校而言，则可利用这些结果来改进各自的工作，从而间接地推动学生创新力的进步。这种全方位的应用方式构成了提升学生创新力的有力支撑体系。

第八章

# 新高考背景下高中生创新力评价“四阶段”模型构想

# 第一节　高中生创新力评价“四阶段”模型的设计

新高考背景下高中生创新力评价的模型设计是依据创新力评价的理论与现状构建的。创新力评价的理论基础——发展性教育评价理念、创新创造力结构理论、创造力层次理论启示我们，高中生创新力评价实施需要关注学生的主体性，着眼于发展性，要以多维结构观为理论指导，评价内容须全面，主要关注创造力的微 C 和小 C 层次，通过参与活动、写实记录、反思交流等评价活动，发现学生的创新潜能、促进学生创新能力的发展。根据我国高中生创新力评价的现状调查发现，创新力评价存在重结果、重量化、轻日常、轻质性的问题。基于此，我们尝试构建符合发展性教育评价理念和创新创造力理论的模型，即高中生创新力评价“四阶段”模型，为创新力评价在学校的有效实施提供新的评价操作范式。

## 一、高中生创新力评价“四阶段”模型的含义与内容

### （一）高中生创新力评价“四阶段”模型的含义

借助模型进行分析，是一种有效的科学方法。“模型（model）是系统结构形态或运动状态的一种易于考察的形式。它有三个特征：①是原系统的抽象描述；②由一些与所研究问题有关的主要因素构成；③表明有关因素之间的关系。它是原系统的一种简化，抽象和类比表示，不包括原系统的全部特征，但能集中表现出它的本质特征。”①在本书中，模型是对理论与方法的总体概括，对复杂关系的一种直观的、简洁的描述，是实践活动的规范性、程序性的概括。通过模型对某些理论构成和相互关系进行直观、简洁的描述，显示事物的构成要素及要素间的关系，是在一定理论指导下对教育评价的目的、范围、内容、方法、过程和程序等方面的规定。

① 顾明远. 教育大辞典（7）. 上海：上海教育出版社，1990：258.

创新力评价的理论基础（发展性教育评价理念、创新创造力结构理论、创造力层次理论）意味着在评价主体、评价内容、评价结果、评价程序等各方面都要以学生的发展为出发点和落脚点。因此，高中生创新力评价“四阶段”模型以学生为本，坚持以学生的创新力发展为核心，通过开展丰富多彩的教育教学活动，创设学生展示与锻炼的舞台，基于学生参与活动的写实记录，考察学生创新力方面的关键表现，通过学生的自我反思、同伴互评、教师点评，形成一定的评价材料和结果，通过结果的使用最终实现学生的创新力发展。高中生创新力评价“四阶段”模型反映了创新力评价实施的基本理念和实践要求，致力于通过学生创新力评价在学校常态化、过程性、开放态实施，培养和提升学生的创新力水平，高度符合高中阶段创新人才培养的特殊性和现实需要。

高中生创新力评价“四阶段”模型以促进学生创新力发展为核心，包括开展活动、写实记录、期末总结和结果使用要素在内的四阶段程序模型。它是创新力评价实施的解释性框架，显示了创新力评价实施过程中的主要因素及其相互关系，是在一定的理论指导下对创新力评价实施目的、内容、方法、过程、程序等的规定。高中生创新力评价“四阶段”模型是针对创新力评价实施中的操作性难题构建而成，目的在于搭建创新力评价理论与实践沟通的桥梁，优化学校制度设计，增强实施程序的可行性，把创新力评价落实到学校教育教学中，实现促进学生创新力发展的根本目的。

### （二）高中生创新力评价“四阶段”模型的内容

高中生创新力评价“四阶段”模型设计必须以学生成长为核心，着眼于学生的发展，而非单纯地以评价结果为导向。该模型的理论基础与内在本质凸显了学生的主体性，重视活动作为评价的前提，注重学生过程中的记录与反思总结，并强调评价结果应服务于学生的未来与发展。具体而言，高中生创新力评价“四阶段”模型的主要内容涵盖开展活动、写实记录、期末总结，以及结果使用（图 8-1）。

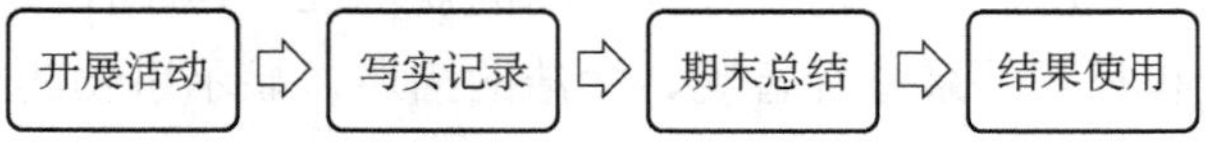


图 8-1 高中生创新力评价“四阶段”模型

四个阶段是环环相扣、紧密联系、不可分割的整体。高中生创新力评价的“四阶段”模型内容主要由其理论基础和内在诉求所决定。具体而言，开展活动是写实记录的前提，写实记录为期末总结提供基础，而结果使用则是期末总结的归宿。这四个部分逐层推进、紧密相连，每一个环节都为下一个环节提供支撑。它们并不是绝对分开、相互脱节的，而是相互交织、相互影响的，共同构成了一个完整的评价体系。创新力评价实施以学生创新力发展为核心：①通过开展丰富多彩的教育教学活动，创设学生展示与锻炼的舞台；②学生基于参与活动的情况及时进行写实记录，作为日常性自我反思，通过写实记录考察学生创新力方面的关键表现；③通过学生阶段性的自我反思和总结性自我反思、同伴互评、教师点评，形成一定的评价材料和结果；④通过结果的使用实现学生的创新力发展。该模型符合创新力评价的基本理念和实践要求，遵循高中阶段创新人才自然培养的实践逻辑，以促进学生创新力成长与发展为根本旨归。

## 二、高中生创新力评价“四阶段”模型的核心与要素

高中生创新力评价“四阶段”模型包括一核心与四要素：一核心是指学生创新力发展，强调基于学生自我反思的创新力发展与成长，这也是实施创新力评价的根本目的，具体包括主体核心、实践核心、证据核心、职责核心等。四个要素指创新力评价实施的四个操作要素：活动、记录、评价、使用，这是反映创新力评价的基本理念和创新力评价模型操作程序的核心要素。它们之所以是创新力评价实施的要素，就在于体现了创新力评价的本质内涵与基本理念，是创新力评价实践路径的内在要求，其最终目的是提升和发展学生创新力。

### （一）高中生创新力评价“四阶段”模型的核心

以什么为核心关系到创新力评价的价值取向问题。高中生创新力评价“四阶段”模型坚持“评价促发展”的现代教育评价理念，发展性是其根本特点。创新力评价将学生的创新力发展作为核心，体现了现代教育评价的理念、目的和以学生为本的基本理念。教育活动的真正对象是“人”，因此应充分调动人的主体性，通过评价来推动人的积极主动发展。高中生创新力评价的“四阶段”模型正是以学生作为评价主体，着重强调学生自身的反思与记录，同时重视并发挥教师的指导作用，以促进学生创新力的提升。因此，本模型的核心在于通过学生的自我反思来实现创新力的提升和发展。要把握这一核心，我们需要从以下四个方面进行深入理解。

### 1. 学生是评价主体之核心

长期以来，由于应试教育的深远影响，教育评价的功能主要被定位于甄别和选拔，从而忽视了“主体性的人”的培养。在教育评价中，学生往往被视为被评价的对象，其评价主体地位则被忽视。然而，学生是教育活动中最具活力的因素。面对每一个“可能的创新人”，我们应充分调动学生的主体性活力，积极发挥学生在自我评价中的主体核心地位。

在传统的创新力评价过程中，学生通常处于被动地位，他们依赖并接受任课教师、班主任，甚至外部专家的评价。例如，教师为学生的表现打分，或在科技创新类活动中授予荣誉。尽管评价主体也呈现出多元化的趋势，但学生的主体地位并未得到凸显。在新高考背景下的创新力评价中，我们依然坚持多元评价主体的理念，但更强调学生本人的首要评价主体地位，并在整个实施环节中充分体现这一点。

如图 8-2 所示，在活动开展环节，学生可以按照规定或选择性地深度参与各类创新活动。此时，学生不仅是活动的主体，更是活动的参与者，他们通过切身体验来提升自己的创新实践能力。在写实记录环节，学生作为记录者，需要如实记录参与活动的客观信息；作为反思者，他们还需要在客观记录的基础上对个人创新感悟进行总结与反思；当学生在班级、年级或校级组织的展示交流中，通过各种形式展示个人创新成长记录时，他们又扮演了交流者的角色。在期末总结环节，学生可以充分发挥自我评价者的作用。他们不仅需要对个人创新发展状况进行阶段性的自我描述，还要将筛选后的典型表现和关键事件纳入个人成长档案。在结果使用环节，当学生将各类记录、评语、总结等有效评价信息用于个人创新力发展的问题诊断、潜能预判和未来规划时，他们就成为真正的自我教育者。这也是学生作为评价主体核心的最重要的价值指向和最终诉求。

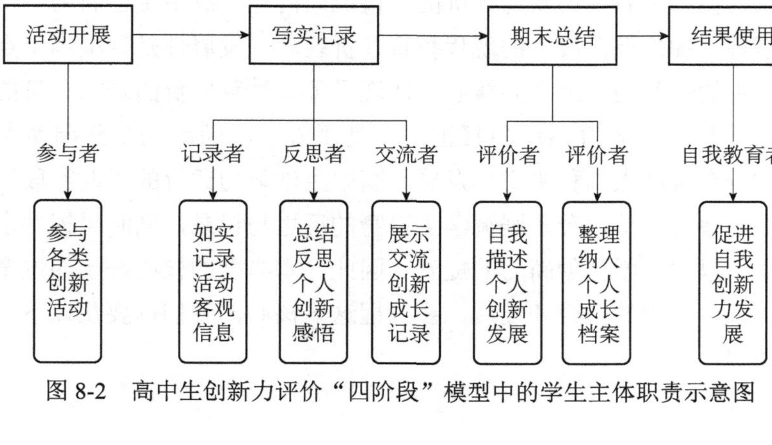


图 8-2 高中生创新力评价“四阶段”模型中的学生主体职责示意图

### 2. 反思是评价实践之核心

在创新力评价的实施过程中，反思是核心环节，它贯穿于创新力评价的始终。反思，即学生对自我的审视与省察，是评价的重要形式。反思的过程实质上是一种自我检查与自我评价的过程。高中生创新力评价“四阶段”模型实施过程，不仅是一个持续不断的反思过程，更是一个创新潜能不断被激发和提升的过程，同时它也是一个通过创新实践去探索世界、寻找生命意义的过程，以及一个不断超越自我、趋向自我完善的过程。

反思既是学生自我认知的必要途径，也是提升学生自我评价与自我教育能力的重要因素。例如，在活动记录环节，学生所写的感悟记录是他们参与活动后即刻的体验与感受，这实际上就是一种经常性的自我反思。在展示交流环节，学生的展示汇报是对他们在某一时期参与的代表性活动和个人典型表现的回顾与总结，相当于一种阶段性的自我反思。在期末总结环节，学生撰写的自我描述则是对自己一学期以来行为表现和成长过程的全面勾勒，可被看作一种结果性的自我反思。即使在纳入档案环节，虽然学生没有明确的自我评价行为，但整理与选择的过程本身就需要学生在回顾与总结的基础上对自我表现进行权衡、评判，这实质上仍然是一种结果性的自我反思。

学生的创新力发展离不开反思，“反思”是学习与成长的核心动力，是教育有效性的关键所在，也是学生主体有效参与的核心体现。创新力评价要真正促进学生创新力的发展，就需要学生不断反思，增强自我意识，提高自我评价、自我改造与发展的能力。正是通过日常性反思、阶段性反思和结果性反思，学生才能对自己在创新过程中的表现与成果、成功与失败的原因和后果进行深入的内省、检视，从而更加客观理性地认识自己、认同自己、悦纳自己并发展自己。写实记录作为评价证据的核心，为这一过程提供了有力的支撑。

教育评价，从本质上来说，是一种“基于证据的推理”过程。它通过观察学生在特定情境或任务中的表现来推断他们实际掌握的知识、技能或取得的成就。评价是依据客观事实进行的价值判断活动。在创新力评价的实施中，写实记录尤为重要。写实记录是创新力评价作为真实性评价、过程性评价的必然要求，也是开展创新力评价的基础。它突出了创新力评价作为写实性评价的特点。通过写实记录，学生能够记录并反思参与的活动过程和结果，收集相关实证材料，形成个人的成长记录。这些记录为学生学习与发展的重要信息提供了客观依据，是进行创新力评价的坚实基础。高中生通过写实记录可以系统地记录在校三年六个学期中创新力方面的活动情况。他们循序渐进地收集、整理相关材料，客观地展现自己创新力成长的轨迹。这种基于事实的创新力记录不仅是创新力评价的基础，更是评价证据的核心。学生真实记录自己参与活动的情况，有助于教师更深入地了解学生，发现并培养学生的创新个性和特长。

在调查中，我们了解到一些学校反映学生平时在创新力方面的表现资料积累不足，导致学生自评、同学互评以及教师评价时缺乏依据，说服力不强。因此，为确保评价结果的真实可信，必须依赖写实记录。写实记录使创新力评价有证可查、有据可依，它反映了创新力评价的过程性，确保了评价的客观性。

### 3. 指导是教师职责之核心

在高中生创新力评价“四阶段”模型中，教师除了承担评价者的责任外，更重要的角色是指导者。指导是教师的核心职责。在创新力的各个环节中，教师的指导作用主要体现在各种指导行为上，其作为指导者的育人价值远超过其他角色。

在活动开展环节，教师作为协助者，主要任务是帮助学生开展各类创新活动，提供必要的帮助和指导。在写实记录环节，教师则担任观察者、发现者和反馈者的角色。他们通过观察学生参与课堂教学、综合实践活动、研究性学习、社会实践等情境，全面把握学生的整体创新表现，并深入考量其内在创新素养的发展状况。同时，教师还指导学生客观记录反映其创新发展状况的关键事件，做好活动记录，并组织学生进行展示交流。在这一过程中，教师还指导学生基于客观事实进行反思性自我评价，引导同伴从相互学习的角度发现他人的亮点和优势，进行互助互促式互评，并及时反馈学生创新力发展的优势与不足。

在期末总结环节，教师作为评价者，主要负责评价学生的创新力表现，并通过解读学生的创新力发展状况，准确把握学生创新力的发展潜质。这样，在结果使用环节，教师就能针对学生的下一步创新力发展给予有针对性的和个性化的指导和引领（图 8-3）。由此可见，教师的指导职责是贯穿创新力评价环节始终的核心责任。

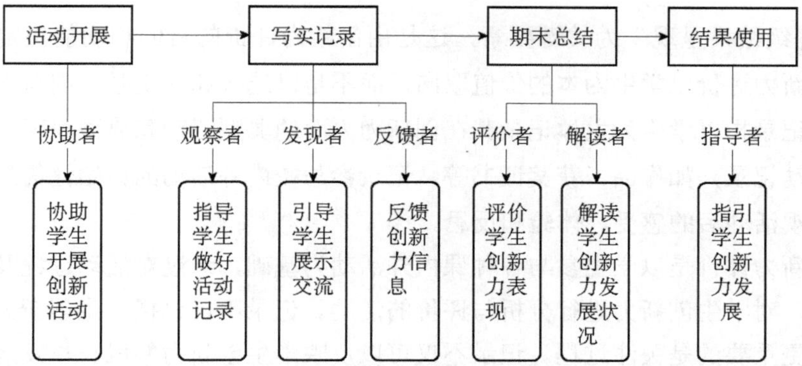


图 8-3　高中生创新力评价“四阶段”模型中的教师指导职责示意图

## （二）高中生创新力评价“四阶段”模型的操作要素

### 1. 活动

高中生创新力评价“四阶段”模型中的活动，主要指学校为学生组织的各类活动。这些活动既包括校内的，也包括校外的；既涵盖学科教学中的活动，也涉及各类社会实践活动，例如科学实验、研究性学习、信息技术课程以及各级各类创新比赛等。活动与创新力评价紧密相连，学生在创新力方面的发展必须通过相应的实践活动来实现。活动不仅为学生创新力的发展提供了现实的平台，而且是写实记录、期末总结和结果使用等评价环节开展的前提。以活动为中心，以评价为手段，这样的模式既能有效促进学生创新力的发展，也是体现创新力评价过程性的重要方式。

创新力评价的目的在于通过关注学生日常性的活动和活动过程，改善学生的教育生态与创新力评价生态，进而提升学生的创新力。因此，开展活动与创新力评价是相辅相成的。一方面，学生在创新力方面的发展必须通过实践活动来落实；另一方面，开展活动、参与活动是学生进行写实记录的前提，也是创新力评价得以开展的基础。学生只有参与到活动中，才能进行写实记录。评价者则可以通过观察活动的开展情况和学生参与活动的情况，记录学生在活动中展现出的创新力方面的关键表现，并以此为依据进行评价。所以，开展活动、参与活动无疑是写实记录和创新力评价不可或缺的前提与基础。

### 2. 记录

创新力评价实施中的“记录”指以学生为主体的写实记录。写实记录是创新力评价的核心要素。本模型以写实记录为关键要素，而不是以“指标分解”“评分”“等级结果呈现”为关键要素，这是由创新力评价的目的和功能决定的，体现了创新力评价以学生为本的价值取向，而不是以选拔和评定学生创新力水平为指向。记录指以学生为主体记录其在创新力方面的典型活动和典型表现，可以是客观活动记录，如作品、获奖证书等，记录参与校内外活动的原始性信息；也可以是主观活动后的感受、体验和反思。

创新力评价是以学生参与各种课内外活动为基础，通过对活动过程及其结果的记录，对学生创新力进行分析与评价的活动。记录不仅包括学生创新力的结果呈现，更重要的是关注过程。记录不仅可以反映学生创新力的成长与发展情况，还可以为后续的创新力评价提供重要的数据支持。记录能及时保存学生在活动后的材料，有助于全面收集学生的成长信息，不仅能够有效保“真”，呈现学生创新力发展的全过程，而且能够有效“保用”。记录能够呈现学生创新力成长的过程，凸显了评价的过程性与学生成长的连续性，同时在记录的过程中能够促进学生进行日常性自我反思，促进学生创新力的发展。通过写实记录形成的学生档案，有助于全面收集学生创新力成长信息，是创新力评价过程性的重要体现。总而言之，记录是创新力评价的关键核心要素，通过记录这个过程，学生对自我进行纵向比较，不断认识自我，提高自我反省能力，享受发展进步的喜悦。

### 3. 评价

高中生创新力评价“四阶段”模型的评价是形成性评价和总结性评价相结合的全过程评价。要实现创新力评价的教育功能，需要评价过程与结果并重，共同发挥教育评价的激励、反馈与调节功能，最终实现教育功能。学校实施的创新力评价应是一种形成性评价与终结性评价相结合的全程性评价。传统的学生创新力评价注重终结性评价，评价结论大多是鉴定性、总结性的，只能看到结果，看不出学生的努力程度和进步过程。形成性评价本质上是一种过程性评价，它关注学生日常学习过程中的各种表现，关注学生的个体差异个体进步的情况，充分运用个体内差异评价，不断激励学生发展。比如，同伴展示交流等属于形成性评价，能够发现学生创新力发展过程的轨迹，及时给予反馈信息，以便其改进学习，对学生起到激励与帮助作用。总结性评价是一种终结性评价，关注学生创新力评价的结果，评价结果就是过程的自然结果，是平时活动过程与活动结果的整理与分析，通过总结性评价，反馈学生创新力方面的总结性或结果性信息，及时调整和改进创新力工作所进行的评价，其目的在于通过评价与结果并重，对学生的发展起到激励性评价的作用。比如，期末总结就属于总结性评价，通过学生自评形成自我描述，通过同伴互评形成同学评语，通过教师点评形成教师评语。评价结果的呈现不是以分数或等级来呈现，三者都是通过评语指出学生在创新力方面的潜能和发展方向。

总之，创新力评价不是将学生进行横向比较得出学生创新力的等级，而是为了让学生进行自我反思和纵向比较，发现自身创新力的优势和前进方向，促进自身创新力发展。评价不是好坏高低的价值判断式评判，而是以促进学生创新力发展为目的、致力于创新力提升的价值共构过程。

**4. 使用**

高中生创新力评价“四阶段”模型的使用是指评价结果的使用。这里评价结果的使用主要指写实记录和期末总结形成的“材料使用”。一般来说，结果的使用分为校内使用和校外使用。校内使用主要为学生、教师等服务，主要用于促进学生的创新力成长与发展，校外使用主要为高校、用人单位或招生单位使用，主要用于选拔任用。但高中生创新力评价“四阶段”模型的结果使用主要服务于校内使用，即服务于校内常态化实施创新力评价。

调查结果显示，目前创新力评价在结果使用上更倾向于外部目的，例如为高考或招生服务。正如前文对北京市海淀区教师的访谈中，有两位教师都强调了创新力评价对学生的重要性。他们指出，如果学生在全国或国际比赛中取得优异成绩，就有可能获得区人才引进计划的资格，从而获得一定的项目经费，或者直接获得清华大学、北京大学的入学资格，甚至在高考中获得加分。

相比之下，创新力评价实施中材料的校内使用却往往被忽视，但实际上这是创新力评价结果最重要的使用方向。本书从主体上将校内使用分为学生、教师和学校三个方面，包括促进学生创新力的发展、教师指导和发现具有创新力的学生，以及学校培养和选拔创新学生。这三个方面的最终目标都是推动学生创新力的发展。校内材料的使用贯穿于创新力评价的整个过程，例如在期末总结环节，就需要使用写实记录所形成的材料。总体来说，校内材料的使用过程是创新力评价过程性的重要体现，也是推动学生创新力发展的关键环节。

综上所述，活动、记录、评价、使用这四个要素共同体现了创新力评价实施中促进学生创新力发展与提升的核心理念，以及注重过程性、通过评价过程推动发展的理论设想与实践追求。

## 第二节 高中生创新力评价“四阶段”模型的运行程序

创新力评价在高中学校的实施情况并不理想，存在诸多亟待解决的问题，其中操作性不强是各学校普遍反映的一个关键问题。目前，创新力评价存在过度重视选拔、成果、量化指标以及教师评价等问题，缺乏常态化的实施机制。在调查中，笔者针对“学校非常重视学生创新素养评价，学校有创新素养评价的相关规定，创新素养评价是一件困难的事情”这一问题进行了调查。结果显示，有60.78%的教师表示完全符合这一情况，12.75%的教师表示比较符合。可见，创新素养评价在实际操作中的确面临较大挑战。在调研过程中，“可操作性”成为教师提及最多的关键词。面对繁忙的教学工作，教师迫切希望有一套操作性强、易于实施的创新力评价模型来指导他们的实践操作。这样的模型不仅能够帮助他们更好地评价学生的创新力，还能减轻他们在评价工作上的负担，提高他们的工作效率。

构建符合创新力评价实施理念的运行程序是构建实施模型的核心。创新力评价模型是一定理论思想的直观、简洁的描述，是实践活动的规范化、程序化的概括，运行程序是评价模型的核心。笔者围绕“四个操作要素”，构建了高中生创新力评价实施的运行程序。高中生创新力评价“四阶段”模型的运行程序，每一环节又包括若干主要步骤（图 8-4）。

### 一、开展活动

严格来说，活动本身并不属于评价范畴，但开展活动是创新力评价运行程序的评价载体依托，开展活动、参与活动是创新力评价中学生进行写实记录的前提，也是创新力评价开展的前提，写实记录是以学校开展的活动为前提的，创新力评价必须通过实践活动来落实。因此，学校需要精心设计、组织开展校内外活动，给学生成长的舞台。学生根据自己的情况，从提高自身的创新素养出发，规划与选择参与的课内外活动。在这个过程中，学生要学会独立思考，学会对学习生活进行规划，学会客观记载、自我反思、认识自我。该过程是学生创新力发展的重要阶段，体现了学生创新力发展的自主性、主动性、创造性和社会性。比如深圳市格致中学非常注重各项活动的开展，通过各项创新活动，培养科技创新人才并进行创新力评价，组织学生到企业和发射基地开展研学实践活动，开设有科技诗社、机器人总动员、科技话剧社、模拟联合国等数十个学生社团，定期举行科技嘉年华、航天科技比赛等活动，这些活动为该校的创新力评价提供了丰富的实践依据。因此，教师在应用高中生创新力评价“四阶段”模型时，要注意开展丰富多彩的教育教学活动。

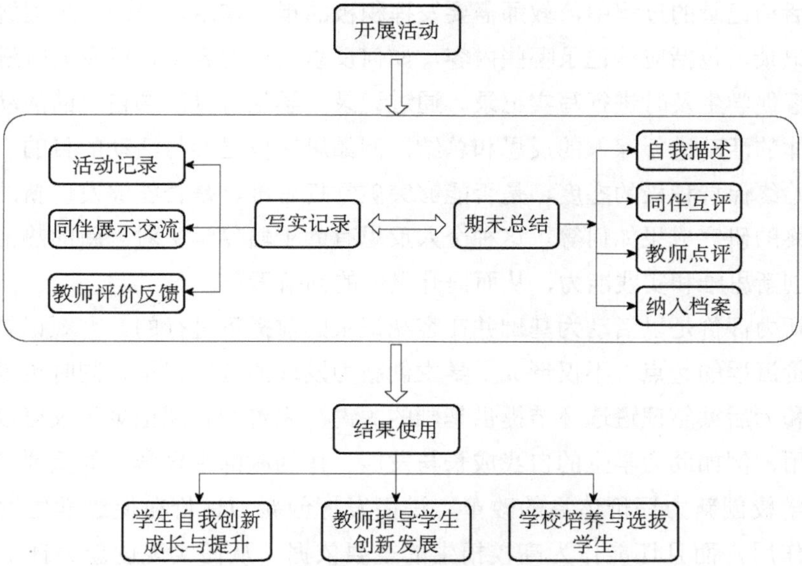


图 8-4　高中生创新力评价“四阶段”模型的运行程序

## 二、写实记录

写实记录是写实的核心，也是创新力评价的基础，还是创新力评价过程性的关键环节。写实记录包括活动记录、同伴展示交流、教师评价反馈等。

### 1. 活动记录

活动记录是对活动过程、结果、感悟的客观记录，旨在真实反映活动的全过程和个人创新成长的轨迹。通过活动记录，学生和他人可以从中有效地捕捉到创新潜能和发展的倾向。活动记录以学生为中心，要求学生在参与活动的基础上，真实地记录自己的活动参与情况和个人的感受体验。

活动记录包括两部分：客观记录和感悟记录。客观记录主要是对创新力活动的学习过程和结果，以及参与活动的基本情况的忠实记载。其内容包括活动的时间、地点、主题或内容，个人在活动中所承担的任务，活动的详细过程，活动的结果，以及评价意见等关键信息。同时，还需要收集与活动成果相关的图片、音像资料、服务对象或单位的证明、报告，以及获奖证书等作为补充的佐证材料。为了方便学生填写，学校可以设计统一的创新实践活动记录表，或者将这些信息录入校级综合素质评价平台。

在活动记录的过程中，教师需要发挥积极的指导作用，帮助学生理解如何填写活动记录，包括应该记录哪些内容，如何反思自己的表现，以及何时进行记录等，并督促学生及时进行写实记录。通过记录，学生可以回顾自己的活动经历，针对具体的活动进行深入的反思和总结，例如思考自己参与活动的目的、是否在活动中始终保持积极的态度、是否能够突破常规思维、是否能够发现新的问题，以及最终的研究成果如何等。这种个人反思有助于培养学生对创新的热情，锻炼他们的创新思维和实践能力，从而提升整体的创新素养。

创新力评价是以活动为基础并在客观记录的前提下进行的。客观记录作为创新力评价流程的起点，不仅形成了学生创新力发展的翔实记录，同时也是展示评价结果和为后续整理遴选环节提供基础的关键。完善的客观记录不仅可以在校内广泛应用，例如助力学生的自我成长与发展、作为教师指导学生的重要参考，以及推动学校创新力评价体系的改革，进而发挥创新力评价在促进学生发展方面的积极作用，而且还能作为高校招生的重要依据，从而实现创新力评价的终极目标。此外，活动记录的客观性更是评价真实性以及整理遴选材料可靠性的根本保障。

感悟记录是学生在活动结束后进行的及时总结，是提升学生自我反思与自我评价能力的关键途径。从本质上说，感悟记录应被视作一种深入的自我反思。在进行活动记录时，除了必要的客观记录，教师还应鼓励学生进行感悟记录。这种记录方式有助于教师更深入地理解学生创新力发展的过程。感悟记录的内容可以长短不一，关键在于它能让学生通过记录自己的感悟，提升对创新力评价的理解，为未来的自我描述奠定坚实基础。每次活动后都进行感悟记录，让学生捕捉并记录活动中的感受与体验，这是过程评价中不可或缺的环节。在此过程中，教师的指导作用同样至关重要。起初，学生可能不知道如何有效地进行记录，但在教师的悉心指导下，学生将逐渐掌握活动记录的方法，其的自我认识和自我反思能力也将得到提高，从而推动学生在创新力评价中实现自我成长

（图 8-5）。

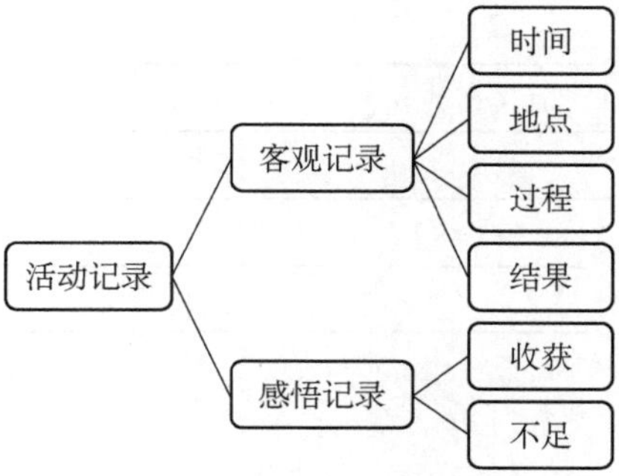


图 8-5　活动记录内容示例

一个好的活动记录应当满足两个基本要求：一是写实性，即记录必须实事求是、客观准确，以确保活动信息的真实性；二是及时性，即活动结束后应立即进行记录，随时捕捉活动信息，避免信息延迟或遗漏。对于具备技术条件的高中来说，全天候开放的平台、动态信息捕捉系统以及 AI 智能实现等技术手段能够为活动记录提供有力保障。然而，这些技术手段需要相应的财力支持，可能会给部分学校带来经济压力。因此，根据活动的类型、任务和要求，由教师或学生设计开发简洁明了、易于操作的纸质评价工具，不失为一种更加经济实用的方法。例如，某高中的尹老师每次在活动结束后，都会要求学生进行书面的记录与总结。

以下是一个关于研究性学习活动的记录案例：该校为学生提供了“研究性学习”课程学生活动记录本（图 8-6），并设有“研究性学习”课题开题报告表（表 8-1），以课题组为单位填写。该校的研究性学习采用小组形式进行，每组人数为 2—8 人，这充分体现了学生自主、合作、探究的学习理念。研究课题可以由学生自选，也可以由老师布置。每个课题都包括课题名称、课题组长、指导教师和课题组成员等元素。指导教师需要填写指导过程简录、体会和思考。学生的研究性学习活动记录本则涵盖了开题报告、课题研究计划、活动记录表、自我总结表和学生学习评价表等多个方面，全面反映了研究性学习活动的目的和过程。这些活动旨在引导学生关注社会、经济、科技和生活中的问题，通过自主探究和亲身实践，综合运用已有知识和经验来解决问题，学会学习，并培养学生的人文精神和科学素养。有学生在活动日记中深情地写道：“我们非常感激学校和老师给我们提供了这样一个平台，让我们能够发挥自己的潜力，以超凡的能力去探索潜藏在学习生活中的乐趣！”

“研究性学习”课程学生活动记录本

20××—20××学年

课题名称：____________________

班　　级：____________________

课题组长：____________________

课题组成员：____________________

____________________

指导教师：

年 月 日

图 8-6 某校研究性学习课程学生活动记录本示例截图

**表 8-1 “研究性学习”课题开题报告（以课题组为单位填写）**

| | |
|---|---|
| 课题名称： | 指导教师： |
| 课题组成员： | 组长： |

简要背景说明（课题是如何提出来的）：

研究课题的目的和意义：

研究计划：

（1）任务分工

| | |
|---|---|
| 总负责： | 实地调查： |
| 查书面资料： | 计算机上网： |
| 问卷调查： | 访问专家： |
| 摄像/影： | 实验： |
| 发倡议书： | 资料汇总分析、总结： |

（2）活动步骤：分阶段实施

| 阶段 | 时间（周） | 主要任务 | 阶段目标 |
|---|---|---|---|
| 一 | | | |
| 二 | | | |
| 三 | | | |
| 四 | | | |
| …… | | | |

（3）计划访问的专家

（4）活动所需的条件

图书资料：如各类科学书籍、相关报刊杂志

实验室（设备）：如理化生实验室

交通工具：如自行车、公共汽车、其他

其他（如计算机上网等）：上网、传真

预期的成果（论文、调研报告、制作模型、试验报告等）：

表达形式（文字、图片、实物、音像资料等）：

| | | |
|---|---|---|
| 指导教师签名： | 班主任签名： | 审批人： |

说明：1. 可根据兴趣爱好小组（一般5—8人;）；2. 主题选择：《家庭、校园、社会》《人与社会》《人与自然》《我与未来》。也可根据实际情况选择主题；3. 表中相关内容可根据需要适当调整，不够填写可另外附纸。

### 2. 同伴展示交流

同伴展示交流主要是指在活动结束后，学生之间及时展示和分享各自在创新力方面的关键表现。这种展示交流的目的，一方面在于发现彼此的亮点和查找存在的不足，以便互相促进，共同成长；另一方面，它也起到了相互监督的作用。通过展示交流，不仅能够体现学生创新力的发展情况，还能通过学生之间的相互激励和教师的指导帮助，让学生更好地认识自我、激励自我，并提高创新力评价的意识与能力。这样就能实现创新力评价“以评价促发展”的功能。

展示交流应当定期进行。教师应按照固定的周期（如一个月、半个学期或一个学期）来组织学生在班级内部进行展示交流，同时，也可以考虑安排全校性的展示交流活动，或者在活动结束后鼓励学生自发地进行展示交流。通过这样的展示交流环节，学生能够对自己在创新力等方面所取得的进步和存在的不足进行总结与反思，进而促使学生向他人学习，充分发挥同伴和集体的教育作用。展示交流的主要内容应是学生的创新力活动记录，因为这些记录集中反映了学生在创新力发展各个方面的表现。通过对学生活动记录的展示与交流，我们可以更全面地了解学生的创新力成长轨迹、兴趣爱好等多方面的信息。

同伴展示交流的形式可以多样化。可以利用班会课进行集中展示，平时也可以借助网络平台，如校级电子平台、博客、微信群，或者使用成长记录袋、展板等方式，及时展示学生的典型表现和突出事迹。展示交流主要包括以下几种形式：一是学生可以通过电子平台随时展示自己的活动记录，供同学、教师、家长随时查看，并且学生和教师还可以在所展示的活动记录上点赞或发表评论。此外，学校也可以利用 QQ 群、博客、微信等社交媒体，为学生提供展示个人突出事迹和典型表现的平台；二是班主任定期（如一个月、半个学期）组织学生，对所参加活动的活动记录、成果等进行展示交流；三是以小组为单位进行展示交流，很多学校都采取小组形式开展活动，这样小组成员之间可以及时进行沟通和交流。

同伴展示交流的环节可以包括展示汇报、同学互评等。展示交流的核心在于引导学生向他人学习，充分发挥同学和集体的教育作用。在展示汇报环节，学生应客观展示个人在活动中的表现、所完成的作品、取得的成绩，以及个人的感受体验等。这一环节的主要目的是让学生进行阶段性的自我反思，总结经验，吸取教训。同学互评则应基于学生的展示汇报和事实进行，重点在于对被评价的同学提出期望，促进互相学习。例如，很多学校通常在班会上进行同伴展示交流，这一过程主要包含三个步骤：首先是学生展示，学生可以展示活动作品或分享活动收获与感受，让同学和老师更充分地了解自己；其次是同伴互评，这一环节有助于学生全面、客观地认识自己在创新活动中的表现，发现自身的优势与不足，同时也能借此机会了解其他同学，实现相互学习；最后是教师总结，教师对整个展示交流过程进行总结，标志着展示交流的结束。展示的形式既可以是集中的，也可以是分散的。通过展示交流，学生能够正确认识自我，增强信心，激励成长。值得注意的是，展示交流不仅是不同评价主体基于活动记录进行的沟通协商，更要注重既有展示又有交流。交流的形式不仅有口头交流，书面交流同样重要。

### 3. 教师评价反馈

教师评价反馈主要基于活动记录和同伴展示交流，对学生的创新力表现进行反馈。其目的在于促进学生创新力的发展，以鼓励为主导，既肯定学生的成绩，也指出其发展方向。这种反馈是一种过程性的评价，它以活动记录和同伴展示交流为前提，需要教师及时给予评价，并通过师生之间的交流不断提供反馈和支持。通过这种方式，学生能够从他律逐渐走向自律，实现自我发展与自我完善。

教师的评价反馈应当从关注结果转变为关注学生的发展过程，着重在评价过程中发挥学生的主体性，激发其学习的热情和兴趣，鼓励其积极参与校内外的各项活动，从而锻炼和激发其创新能力。这种反馈需要针对学生参与活动的情况及时进行，以促进其创新力发展为目标，既肯定其在活动中的成绩，也指出其发展方向。同时，教师还应有针对性地指出学生存在的不足，鼓励他们发扬优点、改正缺点，并对他们提出期望。

通过教师的评价反馈和交流，学生可以更正确地认识自我，增强信心，获得成长的动力。这种反馈是一种过程性的他人评价，它基于学生参与活动和展示交流的表现，对学生的创新力发展状况进行深入的分析和解读，并及时给予学生反馈，重点在于指明其创新力发展的方向。

例如，在进行教师评价反馈时，教师应基于学生的具体活动，通过观察、解读和分析学生的活动记录，并参考同伴的展示交流来形成反馈意见。这种反馈是过程性评价的重要组成部分，它针对活动记录和展示交流的具体情况，发挥教师的专业指导优势，帮助学生发现自己的优势，激发其创新潜能；同时，也指出学生存在的不足，并协助他们进行改进。其最终目的在于不断提升学生的创新力。

## 三、期末总结

这里的“期末总结”主要是指学生进行总结性的自我反思，如一学年或两年学习结束后的全面回顾与思考。实际上，自我反思这一行为贯穿于学生创新力评价的所有环节。我们可以将学生的总结反思划分为三种类型：经常性的自我反思、阶段性的自我反思以及终结性的自我反思。期末总结则涵盖学生的自我描述、同伴互评、教师点评和纳入档案。

### 1. 自我描述

自我描述基于写实记录中的事实信息，由学生客观描述自我创新发展过程中最能代表个人创新力的关键事件或典型表现，并做出有理有据的自我反思和评价。创新力评价面对的是不断成长的人，是一个不断发现和培育创新个性的过程。这一过程既需要教师的细心观察与深入分析，更需要学生主体的不断反思与总结，自我描述的环节正是学生自我意识和主动性的体现，也是学生自我学习、自我总结、自我反思、自我教育的过程。学生在总结反思过程中，要结合创新力学习过程情况、学习结果的情况、参与各种校内外活动的情况实事求是地进行总结，归纳和提炼自己表现突出的地方，明确指出需要改进之处和改进的方向。学生的自我描述更是一次全面的回顾，它要求学生审视自己一学期以来的成长与变化，并依托成长记录，真实而深入地完成自我描述。

自我描述的要求通常包含两点：首先，必须客观真实。这意味着学生应以活动记录中的客观事实为基石，准确描述自我观察与分析的结果，既不捏造事实，也不夸大或缩小实际情况。其次，要注重深入分析。学生应在反思的基础上，把握个人成长中的关键事件，深入探索和分析这些事件对个人创新发展的意义与价值。在实际操作过程中，学生的自我描述需要得到教师的悉心指导。教师应指引学生根据活动记录中的客观事实进行自我剖析，识别自身的优势与不足，并思考如何激发潜在能力、发挥优势、培养特长。重点在于引导学生学会客观地自我认知、自我反思和自我激励。例如，学生可以这样撰写自我描述：“回顾这一学期，我积极参与各类实践活动，与同学们共同开展了研究性学习。在紧跟时代步伐的前提下，我们探讨了自己最感兴趣的课题。在此过程中，我展现出了创新意识和团队协作精神。然而，我也发现了自己在创新方面的韧性有待加强。在未来的学期里，我将致力于自我提升，以崭新的姿态迎接新的挑战。”这样的自我描述不仅总结了学生参与的重要活动，凸显了自己在创新认知和态度上的优势，同时也坦诚面对了自己在创新实践方面的不足，并明确了自己未来的努力方向，很好地满足了自我描述的基本要求。

### 2. 同伴互评

同学是学生在校园学习、生活中的重要同伴，他们既是同伴成长的参与者，也是见证者和观察者。同伴互评有助于学生从他人的视角审视自己，从而更全面地认识自我，并推动评价双方共同进步。在进行同伴互评时，应主要结合日常的观察了解、创新活动的记录以及展示交流等内容，根据确凿的事实和证据，以全面、客观的态度对同学进行评价，并提出期望和寄语。特别重要的是，学生在同伴互评中应善于发现并欣赏同学在创新能力方面的优势和亮点，同时反思自身的不足，以实现双方的共同成长和进步。同伴互评应遵循以下基本要求：首先是客观性。同伴互评必须基于客观事实进行，以确保评价有理有据、客观真实，避免受到个人主观偏好或同伴关系亲疏的影响。其次是选择性。在选择评价内容时，学生应选取自己熟悉或了解的领域或内容进行评价，如科技类课程、文学创作等，无需刻意追求评价的全面性。同时，在选择评价对象时，建议学生选择自己了解、熟悉的同学作为互评对象，这是确保评价客观性的基本要求。通过这样的互评过程，学生可以更真实、更深入地了解自己和他人，从而在相互学习和激励中实现共同成长。如下面这则案例所示。

同学们，大家好！欢迎参与同伴互评，请大家在相应的截止日期前认真完成以下三项任务。（每轮作品占期末成绩的15%，其中5%取决于是否按照要求积极参与同伴互评）

（1）利用所学三章的知识点，参考老师所给网页作品，主题自定，独立完成网页的设计与开发并提交。

（2）根据已给出的评价量表，对分配的同伴作品进行评分，并给出评语。

（3）回复至少两条收到的同伴评语。

以下是同伴互评样例，供大家参考。

**1. 给出的评分**

代码：3.6 分　创新性：1.1 分　艺术性：1.8 分　界面结构：1.6 分

**2. 给出的评语**

这个网页做得很好，用 PS 技术在首页做了有指向的图片图标，界面很漂亮，用了 JavaScript 的相关知识做了下拉框、div 使用很恰当，“style” 这段代码比较精简，用得很不错。美中不足的是，网页缺乏创新，没有自己独有的风格。

另外，我建议在链接的地方加一个 target= “_blank”，因为这样链接到新的页面时，原网页不会自动关闭。

**3. 对收到评语的反馈**

感谢你的建议，添加 target= “_blank” 后，的确解决了我的问题，很感谢！但我不赞同你的观点，我认为我的作品有自己的特色，在界面设计上用到了老师还未讲授的定位和浮动，并且网页主题比较新颖。[①]

通过同伴互评，同学们发现了彼此在知识迁移方面的显著优点，同时指出了在创新设计上存在的不足，并给予建设性的修正意见。被评价的同学以批判性思维的回应式反馈肯定了自己在问题解决方面的表现。这种互动式评价方式有效地促进了同学之间的相互学习和共同提高，充分体现了评价的初衷。

### 3. 教师点评

相较于学生，教师不仅累积了更丰富的评价知识和经验，还担任了学生创新活动过程中的协助者、观察者、解读者和指导者等多重角色。在深入了解学生的基础上，学期末，教师会对学生一整个学期的创新力表现进行全面的总结与评价，这被称为教师点评。这种点评通常以口头或书面的形式呈现，既可以是即时的反馈（如课堂评价、作品点评），也可以是阶段性的总结（如期末评语）或毕业时的综合鉴定。教师点评的目的并非单纯评定学生创新力发展的最终结果，而是凸显学生在学期内展现的优点与特长，强调他们在创新方面的典型表现。同时，教师也会以期望的方式点明学生在创新发展上存在的问题与不足，并为他们未来的进步提供明确的方向与目标。

教师点评的基本要求包括以下几点：首先是评判性。教师应在仔细审阅学生活动记录、深入理解学生自我描述的基础上，结合日常的观察和了解，对学生创新力自评的客观性和真实性做出准确评判。这样做能够充分发挥教师作为评价主体的监督和矫正作用。其次是激励性。评价育人价值的实现主要取决于评价激励和改进作用的发挥。因此，教师在点评时应主要采用激励性语言，帮助学生建立

① 姜强，冯雅楠，金美伶，等. 基于在线同伴互评的内隐行为规律挖掘及其影响机理研究. 现代远距离教育，2024（1）：32-44.

起创新的自信心，激发他们的创新欲望和积极性，从而不断激励学生勇于创新、不断进取。最后是发展性。教师点评的根本目的在于促进学生的创新力成长与发展。教师需要关注学生的创新现状和创新潜力，为学生提供更为准确、合理、专业的指导和引领。这样能够使学生更清晰地认识自身的发展状况，明确创新发展的需求，洞察创新发展的可能性，并积极进行创新实践的探索。例如，教师在学期末给学生的评语中写道："你在科学课上善于思考，能在观察中有新发现，在交流中有新体会，在生活中有新思考，并且在实验中能够正确操作、细心观察，这些都是老师非常欣赏的优点。希望你能在保持思维活跃的同时，提高学习的专注力，更加踏实、专心。老师相信，只要你坚持下去，一定会有更大的收获。"这则评语充分体现了上述点评的要求，既鼓励了学生的创新个性品质，又明确指出了学生在创新思维和实践能力方面的优势，同时也提出了学生在创新态度和行为方面需要改进的方向，堪称一篇高质量的创新力评语。

#### 4. 纳入档案

在经历活动记录、展示交流以及教师评价反馈等写实记录环节后，期末总结阶段可以形成学生的成长档案。这一档案不仅有助于收集学生的成长信息，还能为教师和家长提供全面、具体的关于学生创新力状况的证据。学生档案是汇集学生在创新力发展过程中的一系列表现、作品、评价结果以及其他相关资料的方式，旨在了解学生在创新力方面的学习和成长过程。档案中主要收录的是学生自选的资料，其中基本组成部分为学生的作品，同时还会包括学生对活动过程的客观记录、感悟体验。此外，学生本人、教师、同伴和家长等对学生的创新力评价反馈也是档案的重要内容。通过将这些关键材料纳入学生档案，例如某高中的做法，将有创新思维的代表性作业、作品、发明创造等证明材料以及校级以上的科技创新类获奖证明等纳入档案。这样的过程不仅有助于收集学生创新力发展的关键信息，还能让学生进行纵向的自我比较，从而促进学生更深入地认识自我，不断提高自我反省能力，并享受发展进步的喜悦。同时，学生档案还能为后期的评价结果提供有力的循证依据和支撑材料。

### 四、结果使用

创新力评价结果所依据的"材料"主要来源于学生的写实记录和期末总结。写实记录涵盖活动记录、展示交流、教师评价反馈以及纳入学生档案等一系列过程。期末总结则包括学生的自我描述、同伴评语和教师评语。这些过程中形成的材料将被用于评价。通常，结果使用主要体现在两个方面：一是校内使用。这主要是为了促进学生的创新力发展，包括推动学生进行自我评价与反思、指导教师开展相关活动，以及推动学校评价体系的改革。二是学生写实记录所形成的档案材料被提交给更高一级的学校，作为招生时的重要参考。

创新力评价遵循“谁使用谁评价”的原则。因此，评价结果可以以成长记录和创新力评价档案材料的形式呈现。本书的结果使用主要指校内使用，旨在提升学生的创新力，具体体现在三个方面：一是促进学生创新力发展和自我成长，二是用于教师发现与指导学生创新，三是用于学校培养全体学生的创新力和选拔创新型学生。创新力评价结果的使用贯穿创新力评价实施的全过程。写实记录为教师提供多样化的、充满人情味的学生创新力成长信息，为同学之间、师生之间的交流提供了载体，是创新力评价客观性的重要体现。结果使用的过程也是创新力评价实施过程性的重要体现。学生利用写实记录，通过期末总结，不断反思总结，能够促进自身创新力的发展与提升；同时，教师可以利用写实记录来发现与指导学生进行创新；学校可以有针对性地选拔与培养创新型学生，并培养全体学生的创新力。结果使用是为了让不同主体指导学生创新力的发展，最终达到提升学生创新力的目的。

**1. 促进创新力发展、自我成长**

新高考背景下高中生创新力评价“四阶段”模型，主要为校内常态化实施创新力评价提供指导，其首要目的是服务学生创新力的发展与提升。在本模型中，学生不仅是活动的主体，更是评价的主体。写实记录和期末总结形成的材料是结果使用的核心依据，学生在这个过程中进行日常性、阶段性和结果性的自我反思，观察、记录、分析自身创新力的发展状况，从而发现自己的优势与不足、兴趣与爱好等，进而不断完善、发展和超越自我，最终实现自身创新力的提升。学生对自身写实记录的结果使用是第一步，也是最关键的一步。作为最了解自身情况的人，学生可以通过这一过程发现自己在创新个性品质、思维能力、实践过程中的优势与劣势，从而对自身创新素养的发展情况形成正确的认识。此外，期末总结中的自我描述、同伴互评和教师点评能够进一步推动学生进行独立学习和终身学习，使其通过持续的反思和改进不断促进自身创新素养的发展。例如，一位女高中生在自我评价报告中这样评价自己在文学方面的兴趣爱好和创新潜质：

> 我是高二年级的一名女生，最大的爱好就是去书店看书。只要是文学作品，我都要一窥究竟。对每一部作品，我都会形成独特的个人解读。我最喜欢阅读古代诗歌，尤其是先秦的文学作品，并多次获得诗歌创作奖。我对文学的热爱，也促使我经常进行一些文字写作上的训练，形成了较为扎实的写作技能。我相信，只要保持着对文学的这份热爱，坚持不懈地创作，一定可以实现我的文学梦！①

这份自我评价报告真实且客观地展现了学生在文学阅读过程中所形成的独特个人解读这一创新潜质。通过这一过程，学生能够更加积极地认识自我、悦纳自我，从而充分实现个体的生命价值和创新发展。

### 2. 教师发现与指导学生创新

在新高考背景下高中生创新力评价“四阶段”模型中，结果使用的第二个目的是服务教师发现与指导学生创新。如前所述，教师在高中生创新力评价中扮演着指导者角色，其重要性远超其他角色职责。一方面，教师通过日常观察学生创新发展的过程和捕捉关键事件，结合学生自评和同伴互评信息，能够全面了解和把握不同个性学生的创新发展状况及过程；另一方面，基于自身的专业判断，教师关注每个学生在不同方面所展现的创新潜质与优势，发现他们的创新兴趣、爱好与倾向，并在学业、课业、专业、职业等方面给予有适切性、针对性的指导，以帮助每个学生在创新力发展上实现持续改进和不断提高。

教师是学生最亲密和最熟悉的人，因此教师的评价对学生而言至关重要，在很大程度上影响着学生对自身创新素养发展水平的判断和信心。在结果使用上，教师应以写实记录为基础，客观分析学生的创新力发展状况，以鼓励为主，敏锐捕捉学生的创新潜能，并及时对其进行引导和鼓励，给出发展建议，从而实现学生创新力的发展与提升。此外，教师应充分利用写实记录和期末总结，深入挖掘学生的创新潜能，为学生的创新力成长过程提供有效指导，以促进学生的创新力的进一步发展。

### 3. 学校选拔创新型学生，培养全体学生的创新力

新高考背景下实施高中生创新力评价“四阶段”模型时，其结果使用的第三目的是服务学校。学校作为教育教学活动的设计者，对学生创新力发展起着先导作用。学校应根据写实记录等材料，以及教师和学生的反馈，合理设计教育教学

① 王洪席，杜卓洋. 综合素质评价中学生自我评价的内在逻辑. 教学与管理，2022（25）：36-38.

活动，培养全体学生的创新力并选拔创新型学生。

在结果使用上，学校首要的任务是进行创新力评价改革，并通过这一改革来培养学生的创新力。其次，学校可以通过选拔机制，识别出具有创新潜质的学生，为他们提供更具针对性的拔尖培养，以确保这些具有创新能力的学生能够获得更好的发展空间和资源。

面对全体学生，学校应首先根据写实记录的反馈和期末总结，设计、调整、完善教育教学创新活动，使其更加科学有效。在“有教无类”培养的基础上，学校可以进一步利用科学的测验工具和方式，选拔出具有一定创新素养的学生，并在课程、教学、评价、管理、升学等方面为他们提供专门的培养。

对于高中学校而言，培养学生创新力始终是教育的根本和初衷。选拔机制更多是为了满足创新人才识别机制的需要，其最终目的仍指向人才培养。因此，在结果使用上，学校应优先关注所有学生创新力的一般发展，并在此基础上选拔特殊的创新型人才进行有针对性的培养。

综上所述，学校应合理利用写实记录和期末总结，及时调整教育教学活动，推动创新力评价改革。通过这一改革，学校不仅能够实现培养学生创新力的本体功能，还能服务于选拔具有创新潜质学生的辅助功能。

## 第三节　高中生创新力评价“四阶段”模型的运行保障

### 一、课程：多向拓展的载体保障

高中生创新力评价“四阶段”模型是以学校开展的各类课内外活动为前提和基础的，其中，丰富多样的课程供给是诸多活动中最主要的载体保障。课程不仅是高中学生的重要学习方式，也是学校活动的核心组成部分，对学生的创新力发展起着至关重要的作用。由于创新力具有表现多样性的特点，它弥散在学生学习和生活的方方面面，因此开设丰富多彩的课程是促进学生创新力发展的关键载体。以这些多样化的课程为评价载体，教师可以观察、分析学生在课程活动中的创新力表现。这种评价方式具有信息获取直接、便捷的特点，能够及时激发、培育和识别学生的创新能力，从而推动学生创新力的常态化发展。

如果没有课程作为创新力发展和评价的载体，创新力评价就容易陷入随机和混乱的误区，要么觉得创新力外在表现难以捕捉，要么倾向于时时处处事事的“细节”评价。这样一来，学生创新力的发展就很难得到有效保证。因此，创新力评价需要开足开全多样化课程，以满足不同学生创新力发展的个性需求。

以深圳格致中学为例，该校通过课程育人探索了新时代拔尖创新人才培养的新范式，打造了零一拔尖创新人才贯通培养体系（简称“零一体系”）。这一体系以“一核三臂”（国家课程、零一创新课程、人文素养课程、航天科创课程）的星系课程为基础，开设了由全国知名竞赛教练团队指导下的数学、物理、信息学、化学、生物学科竞赛课程。通过实施小班化、个性化的教学辅导，该校强化了有学科特长的学生对学科知识的深入研究，从而高起点地培养了拔尖创新人才。为了开设丰富多彩的课程，学校除了提供基本的高中必修课程外，还应增设研究性学习、科学实验、信息技术选修课程以及其他方面的活动课程。这些课程的设置将有助于学生全面发展，进一步激发他们的创新潜力。

创新素养中的创新情感态度和创新个性品质具有内隐性，虽然无法直接测量，但并不意味着无法评价。我们可以以最大限度地凸显学生创新素养的活动作为培养或评价的载体，并关注学生在其他方面所展现的创新素养，以实现点面结合的评价与培养。例如，研究性学习、科学实验、信息技术选修课程以及其他各类课程活动，都可以作为有效的评价载体。这些活动具有综合性的特点，能够充分展示学生创新素养的重要表现，既是培养学生创新力发展的关键依托，也是高中生创新素养评价常态化开展的重要平台。

总体来说，课程作为创新力评价的载体，需要体现其专业性和前沿性，展现其丰富性和多样性，实现其交叉性和融合性。课程目标、内容、实施及考评等各个环节，都应致力于为学生提供高质量、高水平的课程资源和学习空间。只有这样全方位、多向拓展的课程载体，才能成为高中生创新力评价的主渠道和主阵地，从而有效地促进学生创新素养的全面提升。

## 二、学生：自主性和主动性的保障

高中生创新力评价“四阶段”模型坚持以学生为中心的评价原则，确保学生在创新力评价过程中的主体地位。这一理念是现代教育评价的核心，强调学生不仅是活动的参与者，更是评价的主体。在这样的评价体系中，学生不再是被动的评价对象，而是评价过程的积极参与者，他们自主记录创新实践过程和成果，收集相关证据，并对自己的活动进行自查和反思，从而促进自身创新力的发展。

传统的学生评价方式往往使学生处于被动地位，过度依赖教师或他人的评价，这不利于激发学生创新力评价与发展的自主性和主动性。相比之下，作为创新力活动的主体，学生能够深刻感知自己在活动中创新力的发展状况。当他们以评价主体的身份参与时，创新力评价本身就成为一个实现自我创新发展的过程。这一过程不仅使学生在创新认知与态度、创新个性品质、创新思维能力、创新实践行为等方面获得实质性的发展，而且让他们成为创新力评价的主要驱动力量和实际受益人。以研究性学习为例，有学者认为研究性学习关键在于学生的自主学习过程，强调以学习者为中心，强调学生的主体选择、自主探究与能力建构，强调对所学知识、技能的综合运用，注重探究的过程和学生的实践体验；而且重视学生的自我评价与反思改进，促使其在评价中学会自我教育，在反思改进中学会自我成长，最终实现以评促发展。①

高中生创新力评价“四阶段”模型秉持以学生自评为主的多元主体评价理念，强调学生对自身行为的关注与反思。在该模型中，学生始终是首要评价主体，是评价过程的核心保障，而其他评价主体则起辅助保障作用。同时，该模型以学生自身的创新发展为评价对象，使学生兼具评价者和被评价者的双重角色。作为评价者，学生需及时发现并记录自己的创新表现，以实现创新力的自主、内生式发展；作为被评价者，学生既是创新实践的主体，也是创新发展的受体，其典型的外在行为表现能够反映其内在的创新素养潜力。总之，只有在主体层面明确主要由谁来评价的问题，才能确保创新力评价程序顺畅运行，从而充分发挥学生在评价过程中的主观能动性。

## 三、教师：注重指导的实施保障

高中生创新力评价“四阶段”模型依赖教师全面、全程、全力的指导，教师无疑是创新力评价的首要责任人。在各个评价环节中，教师扮演着多重角色，所有角色的最终目的都是促进学生创新力的提高。作为活动的协助者，教师主要负责引导学生的兴趣选择、参与方式、投入程度和成果收获。同时，作为活动记录的指导者和解读者，教师需设计开发适用于不同活动类型的记录工具，并指导学生如何记录，同时对学生的创新力发展进行前瞻性预判。在展示交流环节，教师作为发现者和反馈者，其对学生创新潜力的捕捉、优势的发掘以及不足的指出，

① 董奕君. 美国、英国、新加坡普通高中教育阶段研究性学习实施经验及对我国的启示. 上海：上海师范大学，2021.

都直接影响着学生的自我评价和同伴互评。在期末总结时，教师作为评价者，其主要任务并非简单地给学生一个评价等级，而是通过评价凸显学生创新发展的亮点，指导学生正视自身不足，并为其未来发展提供方向性建议。可以说，没有教师的全程指导，受学生自身水平所限，创新力评价将难以实质性开展，更谈不上取得良好效果。因此，在高中生创新力评价“四阶段”模型运行过程中，教师应始终以学生为中心，善于利用各类评价信息，发现学生的创新倾向，挖掘学生的创新潜能，全面培养学生的创新素养。

在当今时代，创新性活动与学习愈发显现出多学科交融、跨学科的特点。为了真正给予学生有效的帮助和支持，需要更多教师共同参与到学生创新发展的团队式专业指导中。例如，上海市奉贤中学的学生在进行“空气中的隐形杀手：PM 2.5 的危害与防治”研究性学习课题研究时，学校为他们配备了以化学学科教师为主导，同时包括生命科学、地理、信息技术、思想政治等多个学科教师参与的跨学科导师团。由于高中生的研究性学习课题往往源于真实社会生活情境中的实际问题，这些问题具有显著的跨学科性质，因此跨学科指导教师团队的配置能够显著发展学生在研究性学习中思维的广度和深度，从而增加他们在研究过程中产生更多创新思维的可能性。[①]

总之，在高中生创新力评价“四阶段”模型的实施过程中，对教师作为指导者的角色和职责提出了更高的要求。教师是学生创新力评价过程中不可或缺、不可替代的实施者保障。如果没有教师的专业指导，学校将无法有效地开展学生创新力评价工作。

## 四、制度：激励引导的治理保障

任何工作的运行，其本质都是制度机制化的结果，高中生创新力评价“四阶段”模型亦是如此。特别是在该模型运行的初期，更需要激励性和引导性的制度作为重要保障。完善的制度能够通过激励和引导评价相关的利益群体，使创新力评价模型的运转更加有序和有效，从而增强创新力评价的科学性、客观性和有效性。如果没有建立激励和引导的制度规则保障，创新力评价工作很容易变得零散或成为附加任务，这不仅会给学生和教师带来额外的负担，还可能使创新力评价在学校中难以持续且效果不佳。正如创新力评价通过激发、保护和培育学生的创

① 王枫. 高考改革背景下基于研究性学习的创新人才培养——上海市推进高中生研究性学习的调查分析与未来展望. 创新人才教育，2018（4）：52-56.

新潜力与兴趣一样，针对创新力评价的制度建设也应以激励和引导创新为目标，而非以管理和处罚为目的。

学校应建立与创新力评价校本化实施相配套的、以激励引导为目的的制度规则系统，以推进创新力评价的机制化运行。这包括建立健全的组织管理制度、培训制度、激励制度、诚信承诺制度、公示制度、申诉举报制度等一系列制度。例如，组织管理制度确保创新力评价有专门的组织实施部门及其人员负责，他们既是实施创新力评价的先锋，也是责任主体。面向全体师生的培训制度则有助于师生更好地熟悉和掌握创新力评价的操作流程，从而更快地进入评价状态并涌现出更多的评价实践创新行为。激励制度重点面向积极参与评价的教师和学生，对在创新力评价工作中表现优秀、卓有成效的个体给予适当的物质或精神奖励，通过树立榜样、推广经验和示范等方式，激发更多人的评价积极性。此外，申诉举报制度也是不可或缺的，它允许对创新力评价过程和结果有异议的学生向学校责任部门提出申诉或举报，以确保评价的公开、公平和公正。

总之，一方面通过加强制度建设，建立起与创新力评价相配套的规则保障体系；另一方面通过强化制度执行力，形成激励引导性的创新力评价运行机制。这样才能实现制度优势向治理效能的转化，使评价真正见效并促进学生的成长。

第九章

# 新高考背景下高中生创新力评价的关系厘定与优化对策

# 第一节　新高考背景下高中生创新力评价的关系厘定

高中生创新力评价“四阶段”模型遵循育人立场下创新人才自然培养的逻辑，涉及评价价值诉求、评价实施主体、评价方式运用、评价生态处理以及评价技术尺度等多个方面。在具体实践过程中，我们需要认真对待并科学处理以下几对关系，以确保评价的准确性和有效性。

## 一、处理好创新力评价科学性与有效性的关系

深化新时代教育评价改革总体方案中提出教育评价应坚持科学有效的主要原则。[①]高中生创新力评价实施的科学性与有效性是创新力评价可靠性和真实性的保证。科学性是指进行教育评价时按照科学规律办事，评价过程和结果必须符合教育和教育评价的客观规律。科学性一定程度上包含有效性，教育评价的科学性是评价的生命力所在，不科学的评价不仅不能实现评价目的，反而会挫伤被评价者的积极性，干扰教育工作的顺利进行，影响教育质量的提高，给教育工作带来严重危害。[②]

创新力评价的科学性主要指评价内容、评价指标以及评价方法需符合客观实际，并能真实反映学生创新力发展的本质和内在规律。根据高中生创新力发展的具体情况和特点，我们应利用科学有效的测算方法，对指标体系进行修正和完善，同时结合多种角度和创新层次结构理论，构建既合理又合规且符合伦理的创新力评价指标体系。评价方法的选择需与评价内容紧密契合，服务于评价目的的实现。采用高中生创新力评价“四阶段”模型（即活动开展、写实记录、期末总结、结果使用）时，这四个操作流程应相互衔接、相互依托，以确保创新力评价程序的科学性。

---

① 中共中央，国务院. 深化新时代教育评价改革总体方案. 中国教育报，2020-10-14（001）.

② 王晶. 教育评价的科学性探究. 中国成人教育，2013（8）：27-29.

创新力评价的有效性则体现在评价目标与实际评价结果的相符程度上，也就是评价在哪些方面、在何种程度上对学生的创新力发展和培养产生了实际作用。为确保有效性，评价主体需遵循客观公正的原则，避免个人情感因素，克服主观臆断，从而客观全面地评价学生的创新力发展状况。这样不仅能保证创新力评价结果的准确性和权威性，还能使评价结果真实有效，并能用于指导学生创新力的发展。例如，活动记录中的客观记录要求学生在活动后及时、如实地记录活动过程，这正是保障创新力评价有效性的重要环节。

就本模型而言，科学性是有效性的前提和基础。只有坚持科学性，才能保证创新力评价过程和结果的客观性、真实性、准确性和权威性，进而促进创新评价的顺利运行，为评价效能的发挥提供基础性保障。有效性则是科学性的体现和延伸。坚持有效性有助于使创新力评价在不断满足实践需求、解决实践问题、推动实践发展的过程中，不断修正和完善科学性标准，保持创新力评价科学性的持续优化和升级，从而真正实现促进学生创新力发展的目标。科学性和有效性就像车的轮子、鸟的两翼，两者缺一不可，只有将两者结合起来，才能确保创新力评价的良性运行（能评、可能）和有效使用（能用、可用）。

## 二、处理好创新力评价定量方式与定性方式的关系

长期以来，当人们谈及学生评价时，首先想到的是标准化考试及其测量结果。这种以数字形式呈现的结果因其客观性和科学性而受到广泛青睐。因此，在各类创新力评价中，人们往往不自觉地追求这一标准，并研发出各种测验题目，试图筛选出拔尖创新人才。然而，这些选拔出来的究竟是成绩优异者还是真正的拔尖创新人才，始终是一个悬而未决的问题。这种典型的定量评价方式在识别和发现拔尖创新人才方面的作用，也受到越来越多的人质疑和批判。至于它在创新人才培养方面所发挥的作用，总体来看，功利化导向明显强于其育人性价值。

如前所述，评价所面对的是一个个充满鲜活生命力和无限发展可能的高中生。在分析和描述他们的创新力发展状况时，我们既要考虑其外显的、超越他人的创新表现与成果，也要关注其内隐的、自我超越的创新意识与潜质。然而，简单的量化评价往往容易将这一复杂且丰富的统一体僵化和表面化，从而忽略了学生发展成长中最有意义、最根本的内容，并且无法全面反映学生创新力发展的复杂性和丰富性。

评价是以人为对象、由人来实施、为了人的发展的教育活动，它兼具人文性

和科学性的特点。其人文性决定了在进行创新力评价时可以采用定性的评价方式，其科学性则使得定量的评价方式成为可能。因此，我们应根据不同的情境、针对不同的内容，灵活地运用不同的评价方法来开展创新力评价。例如，对于创新认知与态度、创新个性品质等评价内容，简单地使用分数或等级等量化方法往往难以达到预期的效果。这时，可以采用活动记录、自我描述或评语等方式进行定性评价。对于创新思维能力、问题解决等创新实践行为的评价内容，量化方法则能更有效地进行定量分析和测评，通常可以通过纸笔测试的方式进行测量。

因此，对学生的基本创新素养的评价应以质性评价为主。通过观察、记录和分析学生在各类创新活动中的表现，以及通过查阅记录、观察、访谈、情景测试、角色扮演等方式，评价者可以对学生的好奇心、想象力、独立性等进行评价。对学生显性的创新素养表达，评价者则以定量评价为主，例如，在特定的时间内对使用科学仪器进行科学实验的操作知识和操作技能进行量化考核，或者通过等级考试来考核学生的信息技术水平。同时，评价者仍须对学生使用仪器、实验操作的情况进行一般观察或集中观察，记录学生的技能、行为与进步等。

总之，定性评价和定量评价是创新力评价的两种重要方式。它们之间并非彼此替代或相互排斥的关系，而应根据不同的情境需要和对象特点灵活地进行选择。只有这样，才能充分发挥定性评价和定量评价的优势，并弥补它们各自的不足之处。

## 三、处理好创新力评价关注过程和关注结果的关系

《深化新时代教育评价改革总体方案》提出“改进结果评价，强化过程评价”的指导原则。其中，改进结果评价主要针对的是唯分数、唯升学等过度强调“事后”结果的评价方式，因此改革的重点在于改进这种评价方式；而强化过程评价则针对的是在实现各种评价准则过程中对“事中”情境的忽视或缺失，因此改革的重点在于加强这一环节。这两者都具有很强的问题揭示性和解决前瞻性。同时，从教育评价的发展史来看，过程评价和结果评价实质上是从时间角度进行理解的：过程评价关注的是“过程中”的评价，主要用于方案实施中的改进和完善；结果评价则强调“结束后”的评价，主要用于对方案计划的研判和甄别。在创新力评价方面，过程评价的重点在于关注学生的个体差异和个体进步情况，充分运用个体内差异评价来不断激励学生创新发展；结果评价则着眼于学生创新实

践行为或创新成果，并以此为基础判断学生创新力发展的实现程度。这两种评价类型在创新力评价过程中并存，因此在实施创新力评价时，应妥善处理好过程评价和结果评价的关系。

创新力评价充分吸纳并渗透了发展性评价理念，其根本评价目的在于促进学生创新力的提升与发展。作为评价客体的学生创新发展状况，并非静态的，而是处于不断的动态发展变化之中。因此，创新力评价与传统学生评价的最大区别在于其过程性与动态性。

高中生创新力评价“四阶段”模型的实施，旨在改变过去仅注重结果的终结性评价方式，坚持终结性评价与过程性评价相结合。这一模型既关注结果，即学生通过参与一系列创新课程学习与实践活动所发生的变化以及创新力发展的成果，同时更注重过程。它强调学生通过参与活动、建立成长记录、进行经常性的反思交流，以及教师有针对性的个别指导，来不断提升自身的反思意识、参与意识、合作意识、责任意识与创新意识。这有助于学生在创新力评价过程中认识自我、发现潜能、建立自信，并充分展现自身的创新潜质与特长优势，从而促进个人创新力的持续发展和提升。

在很大程度上，创新力评价的结果是过程的自然体现，它来源于平时活动过程和活动结果的整理与分析，而非教师或学生的简单甄别鉴定，更不是临时材料的堆积和拼凑。同时，从过程哲学的角度来看，所谓的过程和结果还是一种相对时间意义上的理解：有时在更长的时间维度上，结果可以被视为一个过程；而在较短的时间维度上，过程则可能被视为一种结果。例如，在创新力评价中，与日常活动记录、展示交流等相比，期末总结通常被视为一种结果评价。然而，当期末总结与学年总结、毕业鉴定等更长时间后的评价相比较时，它又成为一种过程评价。

总之，创新力评价中的过程评价是前提和基础。只有常态化地开展过程性创新力评价，结果评价才能更加准确、有效。否则，仅靠结果评价或集中突击式评价，显然无法实现促进学生创新力发展的评价终极目标。此外，这种评价方式的结果的真实性与可靠性也是值得怀疑的。可以说，高中生创新力评价坚持过程评价与结果评价相结合的做法，正是确保其科学性、合理性的基本要求。

## 四、处理好创新力评价闭环系统和开放运行的关系

观教育评价的发展史，泰勒的目标评价模式因其强烈的目标导向和结果导向

而备受关注。该模式的实施过程形成了一个从目标出发再回到目标的封闭系统，虽然这样的系统在实际操作中极具便利性，但也引发了后续研究者对其目标合理性、预期效应以及一元价值主导的批评。为了打破泰勒的目标评价模式的封闭性，研究者尝试在目标消解、关注非预期效应以及倡导多元价值协商等方面提出更为开放、多元的评价理念和模式。然而，过度追求开放性也导致许多新模式在实践操作中缺乏可行性。这也表明，在教育评价系统中，闭环与开放、预设与生成之间的关系一直是难以把握的。同样地，创新力评价也面临着这一挑战。如何在闭环系统与开放运行之间找到适度的平衡，既是理论上的难题，也是实践中面临的挑战。

从前述内容可知，高中生创新力评价"四阶段"模型包括开展活动、写实记录、期末总结、结果使用这四个阶段。每个阶段又包含若干清晰的环节，各阶段和各环节之间前后相依、依次展开、环环相扣，形成了一个典型的闭环评价系统。这是因为创新力评价本质上仍然是基于一定评价准则实现评价目标的过程，即从目标出发、为了目标、回到目标、进而不断改进目标的闭环系统。只有在这样的闭环系统中，高中生创新力评价"四阶段"模型才具有可操作性和可执行性，才能确保创新力评价工作能够真实有效地进行。

然而，这并不意味着该模型是一个预设和过滤后的僵化系统。基于评价对象的生命性、主体性、发展性特质需求，创新力评价的实施过程必须是开放运行的。首先，在开展活动时，各学校能够提供的活动类型、形式、条件等具有很大的差异性，难以统一化、模式化。因此，活动供给应以本校创新教育特色和学生创新力发展为标准。此外，除了学校规定的少数创新活动外，更多的课内外创新活动应由学生自主选择，包括决定参加哪些活动、以什么角色参与、承担什么样的职责、期望获得怎样的结果等。

其次，在写实记录和期末总结阶段，学生及同伴作为评价主体具有不可推卸的责任。尽管在记录、展示、交流、总结等环节有指导性的规约，但具体内容和形式应是百花齐放、多姿多彩的，这正是创新力评价所期望的状态。同时，在某个学期内，写实记录和期末总结形成一次小循环；但在学生高中三年的时间范围内，这两者之间是双向循环关系而非简单线性关系，即每次小循环都是为了更高质量的下一次小循环做准备和打基础的，系统内部也不断发生着新的多重循环。

最后，评价结果使用并非传统意义上所有环节结束后的最后一步，而是贯穿于创新力评价的各个阶段和环节中。学生将活动感悟记录、展示汇报中的阶段性反思、期末总结时的自我描述等用于自我创新力成长，以及教师将活动开展中的观察、活动记录中的指导、展示交流时的点评以及期末总结时的评价等用于指导学生创新力发展，都是创新力评价结果被使用和发挥作用的体现。这些不仅在发生时间和环节中处于开放、变化的状态，而且在作用情境和效能上是不可预判、不可预设的。

综上所述，创新力评价虽呈现为闭环系统，但开放性地运行才是高中生创新力评价“四阶段”模型的核心和关键。

## 五、处理好创新力评价技术赋能和数据祛魅的关系

长期以来，基于传统纸质记录的学生评价在实践探索中通常面临着工作量难承受、公正性难保证、常态化难维持、科学性待商榷等难题，尤其是纸质记录的延续时效短、信息容量小、展示保存不便等操作技术问题，因此，很长时间里实现创新力评价技术上的突破一度被看作对接政策实施的“最后一公里”①。教育智能化时代也是数据说话的时代，以数据技术为本追求教育评价的智慧实现已经成为现代性教育的主导方式。这是因为，大数据具有4V特征：海量的数据规模（volume）、多样性的数据类型（variety）、快速的数据处理（velocity）以及真实的高质量数据（veracity）②。利用大数据可以获得并挖掘更多评价信息，印证并揭示更有价值的教育规律机制，从而打造更加高效、信息多样、途径多元、结果公平的多元评价生态。

需要注意的是，在实现创新力评价智能技术化的同时，我们也必须清醒地认识到数据祛魅的重要性。一方面，基于数据的支持，我们能够最大程度地采集到学生在真实状态下的全面成长发展信息，并对学生的创新力发展数据进行过程再现和科学处理。这样可以对学生进行多方面、全方位的评价，有效地揭示和解释学生的内隐素质和发展规律，从而为师生提供具有个性化特色的教育教学设计或个人创新发展规划的循证依据，极大地提高了评价结果的可信度和有效性。另一方面，将数据应用于创新力评价并非简单的数据采集和挖掘，更重要的是依托便捷、科学、有效的智能化技术，全面把握学生在创新发展过程中的表现、取得的成绩，以及所反映出的情感、态度、价值等方面的动态变化。这样可以使反馈的

---

① 董裕华.去功利化愿景下高中综合素质评价路径探析——基于江苏省海安高级中学的实践与思考. 中国教育学刊，2018（5）：95-97.

② 王殿军，鞠慧，孟卫东. 基于大数据的学生综合素质评价系统的开发与应用——清华大学附属中学的创新实践. 中国考试，2018（1）：46-52.

数据结果具有可视性和可读性，为及时改进教育教学质量提供反馈信息，最终实现学生的个性化教育服务。然而，如果我们只是追求漂亮的数据，就可能导致人们选择那些易感易见、易赶易超的数量化、客观化的外在标杆性指标。这样一来，“客观”数据评价就会成为创新力评价中无处不在的力量，围绕学生形成一个观察、记录、扫描、分析和训练的精细化过程。那么，评价就成为“生产人的手段、方式和过程，成为一种规训技术，它把学校教育演变成一个通过数据来掌控和训练学生达到可具体操作的目标或结果的规训机构”[①]。

因此，创新力评价的逻辑起点在于学生创新素养培养的现实需要，而非技术更非数据本身。也就是说，创新力评价技术实现应该是工具价值和本体价值的统一体，技术工具背后承载的是创新力评价的理念与使命，价值取向则决定了技术工具实现的目的、内容架构、思路方法，并且引领着高中生创新力评价的整个实施过程。

## 第二节　新高考背景下高中生创新力评价的优化对策

### 一、明确两种创新向度，加强常态化自然培养模式实践

理念是行动的先导和动力，它决定着人们的行为方向和正确性。在教育领域，任何改革都需要以先进的思想观念为基础，以确保改革的方向正确。在高中阶段实施创新力评价活动时，如何理解和定位创新问题成为首要前提，这直接关系到评价活动的实施方式。创新主要体现在两个方面：一是超越他人他物，二是超越自我。然而，人们往往更关注前者，而忽视了后者在基础教育中的重要性。基础教育的根本目的在于培养学生的全面发展，而不仅仅是培养创新人才。因此，高中生的创新力评价除了关注超越他人他物的创新外，还应包括学生对自我超越意义上的创新。

这种自我超越的创新具有独特的价值。首先，它更容易惠及全体学生，使每个学生都有机会参与创新；其次，这种创新脱离了外部的比较环境，更多地体现为学生的自我内省和进步，对激发学生的创新意识、培养创新勇气和涵养创新精神有不可替代的作用。这也是高中阶段教育在创新人才培养方面的重要贡献

① 金生鈜. 教育大数据教育测评的规训隐忧——对教育工具化的哲学审视. 教育研究，2019，(8)：33-41.

之一。

随着我国高中阶段教育资源的不断丰富和多样化发展，创新人才的培养模式也正在发生变化。从过去的攻关模式转向日常状态的自然模式，高中阶段越来越强调在广泛基础上进行创新人才的储备，并在融合式培养的基础上进行更高阶段的独立式培养。这是对创新人才成长规律和教育长周期性规律的遵循。

因此，除了针对拔尖学生的攻关式培养模式外，我们还应鼓励高中学校在常态化教育教学中探索创新人才培养的自然模式。例如，通过实施高中生创新力评价“四阶段”模型，为全体“可能的创新人”提供机会、资源以及必要的教学和技术支持。同时，我们应发挥高中教育对高等教育创新人才培养的正向联动作用，而不是被拔尖创新人才选拔与培养反向牵引，将过多精力用于发现和识别智商超群、成绩出众的学生，或者进行超前超多的拔尖学习和训练。总之，创新人才培养的过程本身就需要我们不断地进行创新。

## 二、区分两种评价类型，探索创新人才“选-培-评”一体化实施

教育评价作为指挥棒，对高中生创新人才培养起着重要的方向性和引导性作用。然而，目前高中阶段针对学生创新精神和能力的评价主要侧重于价值判断，即重点在于发现、识别、选拔优异学生。这种评价方式以学业测试和学科竞赛为主，可能导致学习异化为追求分数最大化的策略游戏，从而带来教育内卷化的风险，对高中生创新力培养造成较大冲击。

为了正确发挥教育评价的指挥棒作用，我们需要合理区分两类评价。第一类是用于选拔拔尖创新人才的评价，通过专业的测评工具和方法，将优异学生甄别、筛选出来，进而开展针对性和专门化的培养。这种评价方式在拔尖创新人才培养中发挥着选才效能，要求更高的评价专业水准。例如，基础学科拔尖学生培养试验计划 2.0 就是通过入校二次选拔、“强基计划”、“英才计划”等渠道，选鉴对基础学科有志向、有志愿、有志趣的拔尖学生，再通过书院制、导师制、学分制等进行专门培养，并坚持长周期、过程性、科学性的评价，遵循“选-培-评”一体化的选才育人机制。

第二类是基于育人立场的评价，即在日常教育教学活动中，借助评价这一手段来培育、呵护、激发和发现学生的创新欲望与潜能。这种评价方式使评价成为高中生创新力培养体系的内在组成部分，而非仅仅是创新人才培养结果的衡量工

具或筛选方式。与少数一流大学先选拔再培养少数拔尖创新人才不同，基础教育高中阶段创新人才不是“拔”出来的，而是自己“长”出来的。[①]这一过程中离不开对学生好奇心、学习兴趣、创造性思维的培养。因此，基础教育阶段创新人才培养的评价育人功能发生在前且是主要功能，而评价选才功能发生在后且是辅助功能。选才为育人提供外在驱动力，育人则为选才提供内在持续力。

因此，与“选-培-评”的选才育人机制不同，基础教育阶段政策实施应积极推动“培-评-选”三位一体式育人改革探索。即以日常培养作为政策落实的重心，以形成性评价作为培养的实现方式之一，以拔尖学生选拔作为后续政策的衔接。一方面，通过评价充分发挥基础教育阶段创新人才储备蓄水池的强大功能，形成持续、动态的培养生态；另一方面，通过评价为基础学科拔尖学生培养试验计划等此类政策项目筛选出有待培养的意向对象，以有效防止高校人才选拔链接链的“断层”。

## 三、融于综合素质评价，避免创新力评价重复负担

综合素质评价是对学生在思想品德、学业水平、身心健康、艺术素养、社会实践等方面素质发展状况的全面观察、记录与分析，旨在发现和培育学生的良好个性，促进学生的全面发展。从相关政策要求来看，创新能力与素养一直是学生综合素质的重要组成部分之一。创新力评价和综合素质评价作为共同指向育人的整体性教育活动，在基本理念、特质要求、实施载体和结果使用等方面具有高度相通性。例如，两者都致力于学生的成长发展，强调学生的主体性、自主性和个性化，共享课程、教学、活动等载体，并共同促进协同发展。对于实践工作者而言，面对同样都是“高消费”的评价事件，积极探寻创新力评价与综合素质评价的内在融合机制，避免重复评价和多头评价，显然具有更强的现实意义和实践价值。具体来说，围绕融合内容、融合主体、融合方式以及融合效果等核心问题，我们可以在顶层设计、人员参与、实施关键以及结果使用等环节将创新力评价和综合素质评价进行有机融合与推进。通过这样的融合式实施，我们可以更有效地利用评价资源，提升学生的综合素质和创新能力，实现教育评价的整体优化和协同发展（图 9-1）。

---

① 石中英. 拔尖创新人才不是“拔”出来的，而是自己“长”出来的. 中国教育报，2023-07-18（4）.

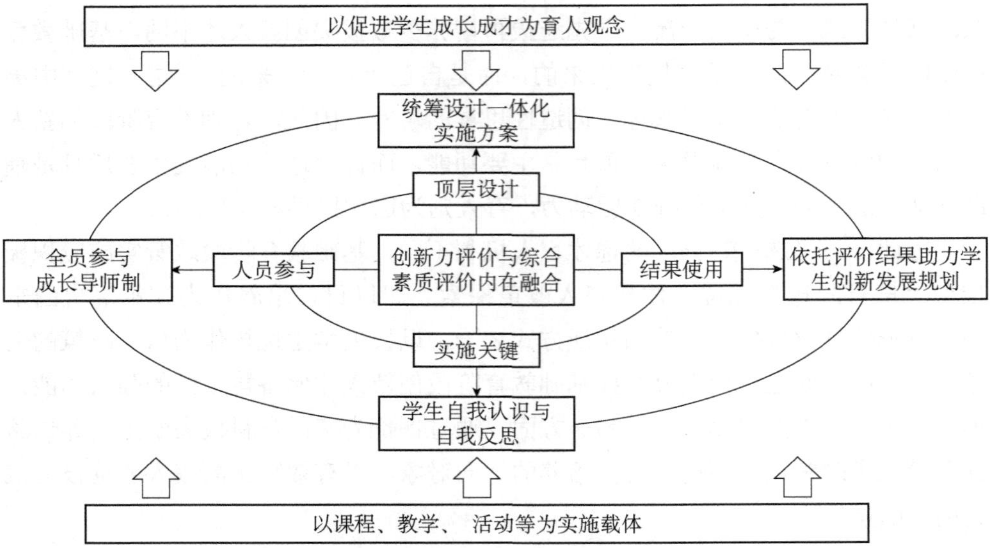


图 9-1　创新力评价与综合素质评价内在融合

第一，加强顶层设计实现方案一体化。学校层面的顶层设计旨在全面考虑学校的教育教学工作，并通过高效的管理将这些工作整合为一个有机的系统。这种顶层设计不仅为创新力评价与综合素质评价的有机融合和协同发展提供了坚实的实践基础，更是其行动的指南。综合素质评价是一个系统性的构建，涵盖了学生成长发展的各个方面，其中自然包括具有相同育人目标的创新活动及其评价。因此，学校在制定综合素质评价的校本化实施方案时，应充分关注并吸纳学生创新力发展的要求。在评价目标、实施载体、活动环节等制度规约层面，学校可以将创新力评价和综合素质评价进行有机整合。同时，学生在各类创新课程或活动中的表现应作为评价学生创新力发展状况的重要依据，并归入综合素质评价的相关内容中。这样做不仅能有效减轻学校的负担，提高工作效率，促进评价的常态化实施，还能形成教育合力，最大限度地发挥评价的育人功能，从而显著优化评价的育人效果。

第二，建立全员参与的成长导师制。顶层设计的有效实现，离不开一套完备的运行机制来确保评价的顺利实施。基于日常教育教学中的学生成长发展评价是一个长期且需要多方参与的过程，因此，建立全员参与的成长导师制显得尤为重要。这一制度旨在对学生的理想、心理、学习、生活以及创新发展等各个方面进行全方位的集体性或个别化指导。通过实施全员参与的成长导师制，我们可以有效地实现创新力评价与综合素质评价在实施主体上的融合。一方面，成长导师可以结合更丰富、更生动的综合素质评价信息，对学生的创新潜力和发展前景进行深入的研判，从而引导学生明确自己的人生发展目标和方向，并绘制出最适合自己的创新发展蓝图。另一方面，成长导师还可以借助创新力评价这一手段，在学生参与创新课程与活动的过程中，进一步发掘和引导学生的创新潜能和优势，进而全面提升学生的多方面综合素质，促进学生的全面、个性和可持续发展。总的来说，全员参与的成长导师制将有利于高中生创新力评价与综合素质评价充分利用学校的人力智慧资源，通过多主体、多渠道的方式共同促进学生的全面、长远发展。

第三，鼓励学生积极开展自我认识与自我反思。学生在创新力评价和综合素质评价中都是不可替代的首要主体。自我认识和自我反思是培养学生自主意识、实现自我教育的重要前提。而开展综合素质评价的过程，正是学生深入了解自己的最佳途径。通过观察并记录自身成长过程中的关键事件和典型行为，学生能够逐步对自己形成全面而清晰的认识。在此基础上，创新力评价进一步引导学生深度剖析自我，将自我认识与发展紧密相连。学生得以结合自己在创新实践中的表现，综合分析创新认知与态度、创新个性品质、创新思维能力等与创新发展的适配度。这一过程中，学生及时发现自身优点与不足，从而进行自我完善，实现持续成长。同时，学生的个性特长和潜能优势得到充分挖掘和培养，自主能力不断提升，最终推动综合素质的全面发展。因此，在评价实施的关键环节中，应积极鼓励和引导学生进行自我认识和自我反思，以促进创新力评价与综合素质评价之间的深度融合，实现两者相辅相成、相得益彰的效果。

第四，充分利用综合素质评价结果助力学生创新发展规划。学生综合素质评价的结果是通过整理、遴选真实反映学生成长过程的材料，并从中提炼出关键性、代表性的个性化信息而得出的。这种针对学生个体的评价结果，可以有效地指导学生进行更全面、更合理的创新发展规划，从而实现创新力评价与综合素质评价在结果使用环节的高度融合。综合素质评价的结果是基于对学生成长过程中，能够集中反映其整体素质的各类客观活动的记录。这些记录需要“突出重点”“择优而记”“择长而录”，以确保评价结果的客观性和代表性。由此得出的评价结果，不仅能够客观反映学生的成长发展过程，还能帮助学生明确自己的独特个性和发展优势。正因为学生综合素质评价结果具有真实性、丰富性和过程性，且能够捕捉到学生的优势潜能、个人志趣等重要信息，所以它可以被用来帮助学生制定合理的创新发展规划。这种规划更加注重过程性、适切性和有效性，通过不断的评估和修正，可以使学生的发展方向更加明确，从而避免盲目规划和错误选择。

## 四、聚焦评价素养提升，赋予教师创新力评价能力

美国学者斯蒂金（Stiggins）认为，“评价素养（assessment literacy）是教师所拥有的对教育评价的理解能力，和运用相关知识对学生表现进行各类评测的相应技巧。具备评价素养的人知道他们在进入评价领域时自己应该评什么，为什么要评、怎样评以及如何生成优秀的表现样例，知道评价可能会出现什么错误以及如何防止这些错误，知道不准确的评价所造成的潜在消极后果”[①]。拥有较高评价素养的教师，意味着他们对学生创新力评价的目的有清晰的认识，了解评价的内容、时机，熟知学生创新力的表现形式，并掌握能够有效实施评价的方法。这样的教师能够积极主动地进行创新力评价，从而确保评价的顺利实施。与一般的评价素养不同，针对高中生创新力评价的教师评价素养，强调的是教师在育人立场下，规范化、常态化开展创新力评价过程中应具备的评价理念、知识、技能和伦理。从高中生创新力评价“四阶段”模型来看，教师的评价素养、创新力评价的实施流程以及教师的职责三者紧密相连。评价实施流程为教师的评价职责提供了现实的指导，而教师的评价职责又进一步明确了教师评价素养的基本构成。反过来，教师的评价素养在履行评价职责的过程中得以充分展现，并深刻影响着评价的实施过程。因此，提升教师的创新力评价素养是一个系统工程，需要在多个层面进行统筹规划和实施（图 9-2）。

首先，以能力立意，完善教师专业评价素养培训。在职后教师专业评价素养培训阶段，学校要通过建立职前培训、过程指导、后期跟进等一系列举措来系统优化教师创新力评价多种能力的提升：①职前培训。除了组织教师学习评价、创新力评价等相关知识，还要鼓励更多的教师参与校本化学生评价实施方案的制定，使制定方案的过程本身就成为一种草根式培训活动，强化教师对评价理念、知识的内化。②过程指导。学校应定期召开教师交流会，让教师分享自己创新力评价及其他评价的实践经验及问题，并在此基础上，鼓励有条件的教师领衔开展行动研究，以问题带动思考，以思考推进研究，以研究指导行动。③后期跟进。学校要做好持续跟进和优化保障，如尝试探索学生评价与教师教学述评制度相结合的有效方式，将教师开展学生评价工作作为教育教学职责行为纳入教师考核内

① Stiggins R J. Assessment literacy. Phi Delta Kappan，1991，72（7）：534.

容，并根据教师开展评价工作需要，动态调整时间、场所、物资等保障条件。

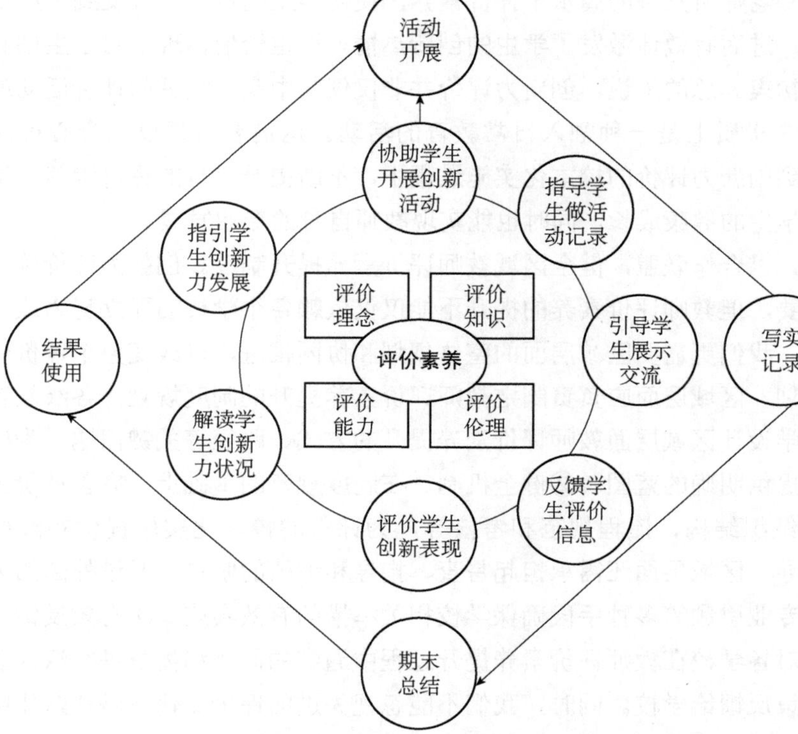


图 9-2　创新力评价实施、教师职责与教师评价素养关系

其次，以实践为动力，赋予教师在创新力评价中的主体地位。教师应充分认识到自己作为评价者在学校和课堂实践中的重要作用，积极开展以创新力评价为主题的行动研究。通过课堂观察、教学反思和教研交流等方式，采用协同解决问题的模式，切实发挥教师在创新力评价中的主体作用。在做中学，学中研，有针对性地提升教师的各项评价能力，从而推动创新力评价工作的深入开展。例如，河北省某中学的薛老师曾在教学活动过程中是这样做的：

> 以前，学生经常使用涂改液修改错题，这不仅影响卷面美观，而且涂改液对同学们的健康也不利。但是有一天，我看到同学们开始利用透明胶带粘错题，然后再在上边写，效果蛮好的，很有创意。我就当即在同学们之间进行调查，最后发现是 ××× 同学受到民警用胶带取指纹的启发而想出来的。我立马对他进行了表扬，并将这件事记录下来装进他的成长记录袋中，

而且这一方法也在全校中得到了推广。[①]

正是薛老师所具备的高水平评价素养，使得学生的这一表现受到了广泛的关注和认可，进而有效地激发了学生的创新热情。这也恰恰体现了对学生创新力进行评价的初衷。总的来说，创新力评价并非仅仅与中高考相关的评价活动或其配套政策，它实质上是一种融入日常教育的活动。这需要教师以全身心投入的态度，参与到创新力评价的校本化实施过程中，不断提升自身的评价素养。这样不仅能促进学生的健康成长，同时也能实现教师自身的专业发展。

最后，以合作联盟，健全区域教师评价素养提升制度。创新力评价校本化特色固然重要，但教师评价素养的提升不能仅仅依赖各个学校的孤立努力或自发探索。相反，我们更需要区域层面的整体规划和协同推进，以改变整个评价生态。①制度规划。区域层面应负责制定教师评价素养提升的制度规划，各级教育主管部门需科学设计区域层面教师评价素养提升的方式、路径等关键问题，为校本层面的实施提供明确的蓝图。②健全机制。在制度规范的基础上，完善评价工作机制，包括组织结构、流程规范和考核等，为评价的校本化实施提供实践框架。③监督指导。区域层面还需承担起督查、指导和考核的职责，通过外部约束、内部激励和专业引领等多种手段确保学校相关举措的有效实施。④有效反馈。区域层面应针对各学校在教师评价素养提升过程中遇到的问题和需求进行深入研究，并提出对策反馈给学校。同时，我们不能忽视先进的评价文化在潜移默化中对教师评价素养的提升作用。评价文化的形成是一个长期的过程，需要班级、学校、区域和社会各界的共同努力，从物质、制度和精神三个层面进行谋划。

## 五、加强创新氛围营造，厚植创新力培养滋育土壤

文化一方面影响着人们对某一事物的内在认同，另一方面形塑着人的思维方式与行为活动。阿瑞提（Arieti）指出，促进创造性发展的文化环境和这种文化所赖以生存的时代，可以称为“创造基因”[②]。借助创新文化的熏陶，可以催生出创新自觉，从而推动创新教育的内生型发展。换言之，创新文化氛围是激发创新意识和愿望的必要条件。为了培育出拔尖的创新人才，必须营造出肥沃的创新“土壤”，使整个校园都沉浸在创新的氛围中。这样，对学生创新力的关注和评

① 薛云霞. 在综合素质评价中如何对学生的创新能力进行评价. 学苑教育，2012（3）：22.

② 转引自孙汉银. 创造性心理学. 北京：北京师范大学出版社，2016：200.

价自然就会成为人们关注的焦点。例如，韦明川是一个来自黑龙江省鸡西市的学生，他于 2009 年考入哈尔滨工业大学。在 2010 年，他萌生了参与研发卫星的想法。当微纳卫星团队成立后，他成为“紫丁香二号”微纳卫星的总体设计和测控负责人。到 2015 年 9 月，这颗由高校学生自主设计、研制与管控的微纳卫星“紫丁香二号”成功进入太空。韦明川研究卫星的想法正是源于哈尔滨工业大学的学术环境。在这所学校，许多学科和专业围绕航天领域展开。在卫星团队里，学生的平均年龄甚至不到 24 岁。正是因为学校提供了良好的氛围、优秀的教师和广阔的平台，学生才能在潜移默化中培养出自我更新的意愿和能力，展现出参与创新实践的主动性和独立的探索精神。之后，哈尔滨工业大学与小卫星、FAST 等机构的合作，以及培养出像韦明川这样的拔尖创新人才，都是这种创新氛围的硕果。因此，加强创新氛围的营造，深植具有超越性、包容性和进取性的创新文化根基，对教育来说至关重要。这样做可以防止“打压”学生的创造能动性，其意义可能比功利性地“激发”创新力更为重要。

第一，以溯源的方式传承并发展创新文化话语。费孝通指出，“文化自觉就是要明白它的来历、形成过程，所具有的特色和它发展的趋向”①。毋庸置疑，创新文化是我国文化发展中的重要组成部分，传统文化中蕴含着丰富的创新文化思想。进入新的历史发展阶段，国家对于传统文化的发展尤为重视，习近平总书记在会议中强调“优秀传统文化是深厚的文化软实力”②，并进一步指出创新与发展传统文化要“做好创造性转化和创新性发展”③，故需要加强学生对创新文化传统的认同，为其创新教育的理论与实践建构奠定文化基石，使其传承并发展传统创新教育话语，形成创新教育研究的文化自觉。

第二，以敞开的全新姿态转化、吸收并超越优秀外来文化。在我国创新教育研究的发展进程中，西方创造教育思想起到重要的助推作用，以包容的心态对待外来文化的多样性。其中，与对方的对话是创新人才培养与评价的必由之路。斯滕伯格（Sternberg）和卢伯特（Lubart）的研究证明了对学科主流话语的质疑和批判对于理论和知识创新的积极意义。④库恩（Kuhn）认为科学共同体中必然有保守与激进的力量，两者均有贡献，保持科学话语的这种“必要的张力”有助于

① 费孝通. 文化与文化自觉. 北京：群言出版社，2010：191.

② 习近平. 习近平谈治国理政. 北京：外文出版社，2014：155.

③ 习近平在中共中央政治局第十三此集体学习时强调 把培育和弘扬社会主义核心价值观作为凝魂聚气强基固本的基础工程. http://www.gov.cn/ldhd/2014-02/25/content_2621669.htm.（2014-02-25）[2023-12-13].

④ Sternberg R J，Lubart T I. Defying the Crowd：Cultivating Creativity in a Culture of Conformity. New York：Free Press，1995.

进步。“钱学森之问”的核心也涉及科学探索中自由讨论的宽松氛围[①]，可以说，没有包容，就没有进步，就没有创新。因此，高中生创新力培养与评价不论是理论研究还是实践探索，仍需要持包容的态度借鉴、吸收国外优秀研究成果，做到取其精华去其糟粕，以本土文化价值为核心取向，在本土适用的基础上进行发展，完成超越，由“拿来—模仿—调整—应用”转向“反思—整合—发展—创新”，尽可能掌握文化的主动权和话语权，向世界文化贡献中国文化所蕴含的创新智慧的魅力。[②]

第三，以前瞻的目光融入多个研究场域。以前瞻的目光融入多个研究场域。在社会快速的发展过程中，教育与经济的发展、文化和科技的创新等关系密切，创新人才培养不能局限于“闭关锁国，闭门造车”，而要拓展研究视域，提高眼界，比如，在经济发展的过程中对创新人才的需要，科技领域的创造对于教学领域创造的启发，以及信息技术的发展在教育领域的全面渗透带来的教育时空变革等问题，都对高中生创新力评价有着直接而深远的影响。

总之，当前创新人才培养不仅具有历史意义，更关乎现实与未来。融合多元创新文化不仅有助于识别和突破新时代我国创新文化在教育领域的发展局限，更能在此基础上持续催生新的创新文化自觉，推动我国创新教育的自立与自信，通过潜移默化的方式，长效落实创新人才培养及评价要求，推动我国拔尖创新人才培养的教育事业，为我国创新发展战略的早日实现提供助力。

---

① 戴耘. 拔尖创新人才培养的理论基础和实践思路. 华东师范大学学报（教育科学版），2024（1）：1-23.

② 陈晴晴. 我国基础教育阶段创造教育研究的百年探索. 中国考试，2022（9）：84-94.

# 结　语

CONCLUSION

本书所探讨的“高中生创新力评价”，是基于对创新力评价理论、高中学校创新力评价实践和高中综合素质评价实践等多重因素的综合思考。这一评价不仅是学校创新教育的内在要求，更是综合素质评价的应有之义。本书探讨了新高考背景下高中生创新力评价的问题，为学校开展此类评价提供了新的思路，并有助于推动学校综合素质评价全面、科学地实施。

整体而言，尽管国内外学者对学校教育中创新人才培养及其评价的研究颇丰，但对新高考背景下高中生创新力评价的理论研究和实践研究尚处于初步探索阶段。本书从理论分析和实践调研两方面着手，对新高考背景下高中生创新素养评价进行了理论阐释和现实观照：一方面，在理论层面分析了新高考背景下高中生创新力评价的概念内容、性质定位、内在诉求，重点构建了创新力评价理论体系；另一方面，在实践层面主要梳理了我国基础教育阶段学生创新培养及评价的政策演进、表现特征，国外代表性国家学生创新培养及评价的经验做法、有益启示，以及新高考背景下我国高中生创新力评价的现实问题、背后原因等，进而重点提出了高中生创新力评价“四阶段”模型运行程序、运行保障及关系厘定、优化策略等。

本书在以下几个方面有待进一步完善和提升。

第一，创新力评价是创新力培养的内在组成部分，评价与培养应相辅相成、联动协同。尽管创新力评价在培养学生创新力中发挥着不可替代的作用，但评价本身自始至终只能是一种手段，它不必也不能上升为目的本身。换言之，创新力评价是创新力培养的内在组成部分，与培养学生创新力的课程、教学、活动、管理、升学等共同构成创新力培养体系。在基础教育阶段，除了本书明确强调的创新力评价一要坚守育人立场，淡化评价选拔功能，二要面向“潜在的创新人”即全体学生，避免精英式创新培养，从长远来看，创新力评价本身也不能成为一件孤立事件、割裂事件，将创新力评价并行、独立、外加于学校学生培养体系的做法是不可取的。因为创新力评价具有教育性、过程性和创生性，创新力评价开展的过程就是培养学生创新力的过程，学生日常的教育教学过程也时刻伴随着创新力评价。脱离了学校日常教育教学活动，创新力评价则会成为无根之木，无源之水，将难以为继，甚至是毫无意义。如果只是做简单的加法，将创新力评价机械引入学校教育教学工作中，那么在很大程度上，创新力评价将面临举步维艰的困境：它会成为学校的一项“新工作”，被教师视为“附加职责”，被学生当作“额外负担”，在众多工作面前更容易被忽略，或流于形式，而难以论及其实施效果。因此，应将创新力评价有机地融入学生创新力培养的体系之中。一般说来，学校最主要的日常教育教学工作包括课程建设、学科教学、综合实践活动、课外活动等，创新力评价的开展既不能凌驾于也不能外在于这些主要的工作领域，而是要以融合的姿态与这些教育教学工作紧密联系、高度融合，通过评价手段将创新力培养所需的课程、教学、活动、管理、升学等工作进行有效的整合、盘活、优化和提升，真正实现评价与培养相辅相成、联动协同态势和实效。所谓融合，主要包括以下四种路径：一是结合式路径，即将创新力评价引入某项工作领域，使创新力评价成为某项工作的组成部分之一，如在学科教学中增加对学生创新力的评价；二是整合式路径，即利用创新力评价在各项工作领域中的广泛投射性特点，对学校层面的学生评价工作进行系统设计与整体统筹，如创新力评价校本实施方案的设计；三是优化式路径，即通过对学校已有相关工作的查漏补缺或者优势挖掘，借助创新力评价改进或优化学校工作，如在学校原有丰富多彩的课外活动中增加创新性活动；四是提升式路径，即以创新力评价的开展为契机，对办学理念、育人目标、课程教学、课外活动、学生评价等学校整体育人系统进行更新升级，获得提升式发展。上述四种融合路径与创新力评价的联系和黏合程度各有不同，不同学校可以基于自身实际情况和需求进行尝试，目的在于促进创新力评价的常态化实施，培养学生的创新力。

第二，创新力评价素养提升是实践面临的主要挑战之一，需要从长计议、系统谋划。人是评价活动中最活跃也是最重要的因素，学生和教师作为创新力评价的首要评价主体和辅助性评价主体，其评价素养如何直接影响着创新力评价与培养的实施与成效。如前所述，面对学生和教师在创新力评价意识、知识、能力等方面的缺失与不足，可以通过学习、培训、实践、研究等多种方式提升师生评价素养，但本质上仍然脱离不了就事论事、为用而用的行事逻辑和实践惯性。这是因为在创新力评价活动中教师评价素养的提升是关键也是核心，是影响甚至左右学生评价素养的决定性力量。教师评价素养的提升则是一个复杂、系统、缓慢的系统工程，除了在职后终端开展的各项教师专业评价素养提升举措，在职前教师教育阶段，有效开展引领师范生评价素养的课程与教学改革，以及在区域层面，以合作联盟形式推动教师专业评价素养提升制度建设、机制形成、文化营造等都需要从长计议、系统谋划、科学设计。

第三，高中生创新力评价“四阶段”模型的实践检验有待进一步深入和精准。本书提出的高中生创新力评价“四阶段”模型是基于认识澄清、政策启示、国外借鉴以及现状调查等研究结果，依据学生创新力评价理论体系中的评什么、谁来评、怎么评、如何用等核心问题，尝试设计并构建的一套实操程序和模式。它尤为强调对学生创新力发展过程、证据、趋向的留痕和解释，对评价环节、评价工具、评价条件、评价素养等都有着较高的要求。一方面，创新力评价包括“活动”“记录”“评价”“使用”四个环节，这四个环节是否完整、科学，仍需经过多次实践检验，而且“活动”是评价实施的前提和基础，学校相关活动的设置是否合理、充分，也是影响创新力评价实施的重要因素。如果一些学校在实践中没有真正开设相关课程或举办相关活动，创新力评价的实施就无从谈起。另一方面，传统的评价文化积重难返，在文化惯性影响下，人们很难跳出以往的评价观念和评价行为准则，需要花更多的时间从多个方面、采取多种方法扭转和营造新的评价文化等。因此，与传统的纸笔测验相比，高中生创新力评价“四阶段”模型无疑是一种“高消费”活动，它的形成需要强大的背景支撑。再加上研究对象为即将面临高考的高中生，在升学压力下，学校及师生走出舒适区、接受新事物的热情较低，这些都直接增加了该模型在实践检验阶段对学校契合性、持续性开展的难度和复杂度。此外，新高考背景下的高中生创新力评价理论研究具有一定的前瞻性，相关学术智慧参考和实践借鉴经验较少，因此模型构建难度较大。本书在尽可能搜集前人研究成果和结合实践的基础上，构建了新高考背景下的高中生创新力评价“四阶段”模型，但仍需在今后实践中不断检验、不断调整完善，使其更加精准。

# 参考文献

REFERENCES

蔡敏. 2008. 美国中小学生创造力评价探析. 外国教育研究，（10）：47-52.

曹颖颐. 2008. 大学生创新能力指标体系的构建研究. 武汉：武汉理工大学.

陈朝晖. 2016. 普通高中学生综合素质评价实施研究. 开封：河南大学.

陈殿兵，杨新晓. 2019. 能力评估档案：美国高中学生评价体系的实践创新. 浙江师范大学学报（社会科学版），（1）：99-104.

陈唤春，张静，涂画. 2021. 创造力如何测评？——基于创造力脑机制测评技术的视角. 现代教育技术，（5）：18-27.

陈晴晴. 2022. 我国基础教育阶段创造教育研究的百年探索. 中国考试，（9）：84-94.

陈玉琨. 1987. 教育评估的理论与技术. 广州：广东高等教育出版社.

陈玉琨. 1993. 中国高等教育评价论. 广州：广东高等教育出版社.

褚宏启. 2017. 学生创新能力发展的整体设计与策略组合. 教育研究，（10）：21-28+58.

邓翠莲. 2020. “表现性评价”在科学教学中的运用. 当代家庭教育，（28）：41-42.

邓嗣禹. 1936. 中国考试制度史. 南京：国民政府考试院.

丁念金，席梅红. 2006. 中小学教师的课程决策能力探微. 集美大学学报（教育科学版），（2）：33-36.

董宝良. 2015. 陶行知教育论著选. 北京：人民教育出版社.

董黎明，焦宝聪. 2021. 创客教育中创新思维评价研究. 黑龙江高教研究，（5）：95-101.

杜祥. 2019. 新中国成立 70 年中国创新人才培养政策演变与发展. 创新人才教育，（4）：26-30.

费孝通. 2010. 文化与文化自觉. 北京：群言出版社.

冯契. 1992. 哲学大辞典. 上海：上海辞书出版社.

冯维. 2021. 少年儿童创新力现状调查及提升策略研究：以河南省×市为例. 开封：河南大学.

付鸿飞. 2016. 以“双一流”建设为契机助推研究生教育改革与发展——2016 年中国研究生教育高端论坛综述. 学位与研究生教育，（5）：59-62.

甘秋玲，白新文，刘坚，等. 2020. 创新素养：21 世纪核心素养 5C 模型之三. 华东师范大学学报（教育科学版），(2)：57-70.
高昂. 2017. 刍议物理实验教学中高中生创新能力的培养. 黑龙江科技信息，(1)：106.
古爱华. 2022. 初中生综合素质量化评价体系的整体构建与实施——以重庆市 F 中学为例. 教育测量与评价，(1)：54-63.
管廷娥. 2012. 新课程改革下教师的学生评价观转变策略. 现代中小学教育，(10)：73-74.
郭华. 2022. 知识教学何以培养创新人才. 人民教育，(21)：50-53.
郭珊珊，郑直. 2022. 大学生创新素养开放性评价体系的构建与实践. 青海社会科学，(3)：72-81.
何克抗. 2016. 论创客教育与创新教育. 教育研究，(4)：12-24+40.
亨利・柏格森. 1989. 创造进化论. 王珍丽，余习广译. 长沙：湖南人民出版社.
胡卫平. 2003. 青少年科学创造力的发展与培养. 北京：北京师范大学出版社.
胡卫平. 2016. 中国创造力研究进展报告（第 1 卷）. 西安：陕西师范大学出版总社.
黄四林，林崇德，王益文. 2005. 教师的创造力内隐理论. 心理科学，(5)：1243-1245.
霍恩比. 2002. 牛津高阶英汉双解词典. 4 版. 增补本. 李北达译. 北京：商务印书馆.
江合佩. 2018. 聚焦关键能力培育，创新核心素养考查——2018 年高考全国卷化学试题评析及教学启示. 教育测量与评价，(9)：25-36.
江合佩，单旭峰，王春. 2022. 基于创造性思维评估的高考化学试题评析及启示——以 2021 年全国 15 套高考化学试题为例. 教育测量与评价，(3)：86-99.
姜丽，桑青松. 2008. 论新课改背景下高中生创新能力的培养. 现代教育科学，(2)：43-44.
姜丽华. 2016. 学生创新能力培养与教师文化构建. 北京：中央编译出版社.
蒋军泽. 2021. 促进学生深度学习的高中化学实验教学策略研究. 重庆：西南大学.
柯政，李恬. 2023. 拔尖创新人才培养的重点与方向. 全球教育展望，(4)：3-13.
拉尔夫・泰勒. 1994. 课程与教学的基本原理. 施良方译. 北京：人民教育出版社.
拉尔夫・泰勒. 2008. 课程与教学的基本原理. 罗康，张阅译. 北京：中国轻工业出版社.
雷洪，霍冀川. 2019. 关于大学生创新力评价的一点思考. 科教导刊（下旬），(30)：182-184.
雷少波. 2001. 是什么制约了教育创新——一种基于社会学基本概念的分析. 社会，(12)：34-36.
李秉德. 2001. 教育科学研究方法. 2 版. 北京：人民教育出版社.
李吉品，刘秀丽. 2015. 基于创造力内隐理论的艺术创造力结构研究. 延边大学学报（社会科学版），(4)：93-100.
李露露. 2019. 论社会科学实验与社会科学的发展. 厦门：厦门大学.
李树培. 2007. 解析研究型课程学生创造之评价. 当代教育科学，(7)：44-47.
李文光，何志龙，何克抗. 2002. 基于创新能力培养的教学设计理论与试验探索. 中国电化教育，（10）：12-18.

李玉峰，孙梦月. 2022. PISA 2022 科学问题解决样题对基础教育学生创新精神评价的启示. 新疆师范大学学报（自然科学版），（1）：64-71.

李志鸿，周云祥. 2005. 国外对学生创造力的评价技术. 外国中小学教育，（10）：23-27.

梁红. 2004. 大学生创新思维能力的测量评价与培养——物理实验教学中创新思维能力的培养. 哈尔滨学院学报，（3）：135-137.

林崇德. 1999. 培养和造就高素质的创造性人才. 北京师范大学学报（社会科学版），（1）：5-13.

林崇德. 2009. 创新人才与教育创新研究. 北京：经济科学出版社.

林崇德. 2010. 创造性人才特征与教育模式再构. 中国教育学刊，（6）：1-4.

林崇德. 2013. 教育与心理发展——教育为的是学生发展. 北京：北京师范大学出版社.

林崇德. 2018. 创造性心理学. 北京：北京师范大学出版社.

林方. 1987. 人的价值和潜能——人本主义心理学译文集. 北京：华夏出版社.

林群，余桥. 2016. “研究性学习”概念的演变及重构. 教学与管理（理论版），（3）：4-8.

林小英，杨芊芊. 2023. 过度的自我监控：评价制度对拔尖创新人才培养的影响. 全球教育展望，（4）：14-32.

刘惠琴，白永毅，林功实. 2000. 创新与创造的若干概念辨析. 清华大学教育研究，（3）：14-16.

刘俊杜，王永宏，穆慧. 2018. “创新”与“创造”含义异同之辩. 佳木斯大学社会科学学报，（5）：166-167+184.

刘雷. 2018. 我国高校学术型硕士研究生创新能力评价研究. 武汉：华中师范大学.

刘美辰. 2017. 普通高中综合实践活动课程中的学生评价研究. 开封：河南大学.

刘清华. 2017. 激发高中生创新潜能的创新素养课程开发实践研究. 课程教育研究，（44）：3.

刘玉娟，Wonking Mencius. 2011. 中小学生创新能力问卷编制报告. 中国特殊教育，（6）：62-65.

刘志军. 2023. 教育评价. 2 版. 北京：北京师范大学出版社.

刘志军，徐彬. 2020. 综合素质评价：破除“唯分数”评价的关键与路径. 教育研究，（2）：91-100.

柳夕浪. 2015. 学生综合素质评价：怎么看？怎么办？. 上海：华东师范大学出版社.

柳夕浪. 2017. “综合素质”与“核心素养”——再谈“培养什么样的人”. 华东师范大学学报（教育科学版），（2）：68-75+121.

柳夕浪. 2021. 撬动未来的杠杆：学生综合素质评价改革研究. 杭州：浙江教育出版社.

罗伯特・J. 斯滕伯格. 2005. 创造力手册. 施建农，等译. 北京：北京理工大学出版社.

毛刚，吴童，李菲茗. 2023. 基于 STEM 教育的学习者创造力测评研究. 电化教育研究，（3）：91-98.

裴娣娜. 2016. 学习力：诠释学生学习与发展的新视野. 课程・教材・教法，(7)：3-9.
裴娣娜，孙鹏. 2008. 学校教育创新力研究的几个基本问题. 中国教育学刊，(6)：1-6+20.
骈茂林. 2002. 发展性教育督导评估功能及其生成机制：从质的评价取向出发. 教育发展研究，(5)：79-82.
冉洁. 2022. 新课程改革背景下高中创新人才培养模式建构. 教育科学论坛，(34)：71-74.
任飏，陈安，张晨阳. 2018. 基础教育阶段创新型人才培养路径探析——以北京四中为例. 中国教育学刊，(4)：98-101.
申静洁，赵呈领，周凤伶. 2018. 创客教育课程中学生创新能力评价研究. 现代教育技术，(10)：120-126.
沈光辉，高鑫，宋乃庆. 2022. 基于创客教育视角的初中生创新能力测评模型构建与应用. 中国电化教育，(4)：71-78.
沈雨萌. 2019. "3I评价法"在化学实验创新素养评价中的应用. 中学化学教学参考，(11)：5-9.
师保国. 2017. 核心素养的"教"与"评"——以创新素养为例. 人民教育，(C1)：47-50.
师保国. 2018. 教师的创新素养：意义、内涵及其提升. 人民教育，(C2)：23-27.
师保国，刘霞，余发碧. 2017. 核心素养视域下的创新素养内涵及其落实. 课程・教材・教法，(2)：55-60.
孙汉银. 2016. 创造性心理学. 北京：北京师范大学出版社.
孙绍良. 2009. 论学生创新素质评价. 现代教育科学（小学教师），(4)：53-54.
孙亚涵，王良. 2021. 新高考背景下促进探究与创新能力发展的教学建议. 化工管理，(29)：77-78.
王春枝，斯琴. 2011. 德尔菲法中的数据统计处理方法及其应用研究. 内蒙古财经学院学报（综合版），(4)：92-96.
王存宽，张羽，李平，等. 2020. 化学创新意识的评价设计. 中国考试，(12)：44-51.
王昆霞，姚春艳. 2015. 如何对中小学生创新素养进行评价. 湖北教育（综合资讯），(8)：59-60.
王亮，熊建辉. 2023. 拔尖创新人才早期培养的实践探索与深化路径. 全球教育展望，(4)：46-62.
王诗蓓. 2021. 面向学习力提升的双师课堂模式构建研究. 上海：华东师范大学.
王咸伟，徐晓东，刘欢欢，等. 2019. 信息化环境下中小学生综合素质评价指标体系构建. 电化教育研究，(1)：67-76.
王雅萍. 2002. 怎样评价学生的创新能力. 语文建设，(3)：42-44.
王艳芝. 2021. 小学生数学创新素质表现性评价的认识、开发与运用——以《周长的猜想》为例. 上海教育科研，(6)：35-39.
王洋，易建平. 2016. 综合素质评价“落地”路线图——上海市曹杨第二中学激励清单与负面清单评价模式详解. 人民教育，(14)：45-49.
王袁玲. 2022. 近十年关于学生综合素质评价的研究综述. 工业技术与职业教育，(2)：56-60.
翁铁慧. 2014. 创新人才培养的战略思考与实践. 创新人才教育，(2)：6-12.
吴昊. 2000. “创新人”——一种人性假设新理念. 科学管理研究，(5)：6-10+17.
吴康宁. 2022. 论培养“创新人”. 教育研究，(12)：32-47.
习近平. 2014. 习近平谈治国理政. 北京：外文出版社.
夏征农. 1979. 辞海. 1979 年版. 缩印本. 上海：上海辞书出版社.
许可. 2019. 培育初中生创新素养方式的评价指标体系研究：基于课堂观察的角度. 南昌：江西师范大学.
薛云霞. 2012. 在综合素质评价中如何对学生的创新能力进行评价. 学苑教育，(3)：22.
阳海燕. 2008. 学生音乐成长记录袋评价研究. 长沙：湖南师范大学.
叶其思. 2022. 小学生的科学探究活动综合能力表现性评价工具开发与应用. 桂林：广西师范大学.
尤娜，汪洋，赵思林. 2022. 2022 年高考数学全国卷创新型试题赏析. 教育科学论坛，(35)：16-19.
俞国良，侯瑞鹤. 2004. 问题提出、认知风格与学校教育中的创造力培养. 教育科学，(4)：54-58.
约翰 • 杜威. 2001. 民主主义与教育. 2 版. 王承绪译. 北京：人民教育出版社.
约瑟夫 • 熊彼特. 2015. 经济发展理论. 郭武军，吕阳译. 北京：华夏出版社.
查子秀. 2006. 超常儿童心理学. 北京：人民教育出版社.
翟俊卿，陈郁郁. 2021. 指向创造性思维：PISA 2021 的启示与借鉴. 教育测量与评价，(2)：36-42.
张宝臣. 2004. 高等师范教育改革与中小学生创新能力的培养. 教育理论与实践，(4)：40-42.
张冬梅，刘晓鸣，刘禹，等. 2021. 构建青少年创新素质测评与训练新模式. 中国科学院院刊，(7)：779-786.
张红霞. 2017. 综合素质评价中教师的“应为”与“勿为”. 中小学管理，(10)：38-40.
张厚粲，徐建平. 2009. 现代心理与教育统计学. 北京：北京师范大学出版社.
张庆守. 2008. 学生综合素质培养策略论纲. 东南学术，(4)：152-158.
张向众. 2012. 试论学校变革实践本位的创生性评价标准设计——“新基础教育研究”的探索. 河北师范大学学报（教育科学版），(4)：12-15.

张晓光. 2022. 拔尖创新人才早期培养应由“拔尖”转向“普育”. 中小学管理，（12）：13-14.
张燕. 2021. 大数据时代背景下应用型高校大学生综合素质评价体系研究. 山西能源学院学报，（1）：34-36.
张旸，杨正宇，陈凡. 2022. 中西部基础教育评价改革：困境与突破. 中国考试，（9）：39-46.
张羽，王存宽. 2020. PISA 2021 创造性思维测试述评. 比较教育研究，（1）：19-25.
张著. 2010. 以评价为导向从实践中求知识——基于表现性评价的教学活动设计. 中小学电教（综合），（9）：42-46.
赵文刚，张玉坤. 2023. 基于新课标的中小学科学探究实践活动体验式教学探析. 今日教育，（5）：61-63.
中国社会科学院语言所词典编辑室. 2020. 现代汉语词典. 7 版. 北京：商务印书馆.
钟柏昌，龚佳欣. 2022. 跨学科创新能力评价指标体系的构建与实证研究. 中国电化教育，（12）：27-34.
钟柏昌，龚佳欣. 2022. 学生创新能力评价：核心要素、问题与展望——基于中文核心期刊论文的系统综述. 中国远程教育，（9）：34-43+68.
钟秉林，常桐善，罗志敏. 2023. 拔尖创新人才自主培养（笔谈）. 重庆高教研究，（1）：3-13.
周彬. 2023. 拔尖创新人才早期培养的实践困境及突破. 全球教育展望，（4）：63-72.
周文娟，李包庚. 2019. 马克思哲学视野下“创新”概念的多维探析. 马克思主义哲学研究，（1）：243-251.
周文叶. 2009. 学生表现性评价研究. 上海：华东师范大学.
朱光喜. 2015. 政策协同：功能、类型与途径——基于文献的分析. 广东行政学院学报，（4）：20-26.
朱清一. 2012. 中小学生创新素养评价的研究与探索. 现代教学，（7）：45.
朱清一，张海森，翟立安. 2014. 区域中小学生创新素养发展性评价指标体系的实践与研究. 基础教育课程，（11）：57-61.
朱永新，褚宏启. 2021. 发现和培养拔尖创新人才研究. 宁波大学学报（教育科学版），（6）：2-7+1.
朱永新，杨树兵. 1999. 创新教育论纲. 教育研究，（8）：8-15.
祝智庭，雒亮，朱思奇. 2016. 创客教育：驶向创新教育彼岸的破冰船. 创新人才教育，（1）：32-38.
庄寿强. 2008. 创新与创造之异同. 中国科技术语，（5）：36-38.
B. S. 布卢姆，等. 1986. 教育目标分类学：第 1 分册，认知领域. 罗黎辉，丁证霖，石伟平，等译. 上海：华东师范大学出版社.

B. S. 布卢姆，等. 1987. 教育评价. 邱渊，王钢，夏孝川，等译. 上海：华东师范大学出版社.

J. P. 吉尔福特. 1991. 创造性才能——它们的性质、用途与培养. 施良方，沈剑平，唐晓杰译. 北京：人民教育出版社.

Amabile T M. 1983. The social psychology of creativity：A componential conceptualization. Journal of Personality and Social Psychology，45（2）：357-376.

Batey M. 2007. A Psychometric Investigation of Everyday Creativity. London：University of London.

Burns T，Stalker G M. 1961. The Management of Innovation. London：Tavistock.

Carson S H，Peterson J B，Higgins D M. 2005. Reliability，validity，and factor structure of the creative achievement questionnaire. Creativity Research Journal，17（1）：37-50.

Dağdeviren M，Yüksel İ. 2008. Developing a fuzzy analytic hierarchy process（AHP）model for behavior-based safety manage. Information Sciences，178（6）：1717-1733.

Kaufman J C，Beghetto R A. 2009. Beyond big and little：The four c model of creativity. Review of General Psychology，13（1）：1-12.

Lai E R，Yarbro J，Di Cerbo K，et al. 2018. Skills for Today：What We Know about Teaching and Assessing Creativity. London：Pearson.

Rhodes M. 1961. An analysis of creativity. The Phi Delta Kappan，（7）：305-310.

Sterngberg R J，Lubart T L. 1991. An investment theory of creativity and its development. Human Development，34（1）：1-31.

Stiggins R J. 1991. Assessment literacy. Phi Delta Kappan，72（7）：534.

Tierney P，Farmer S M. 2002. Creative self-efficacy：Its potential antecedents and relationship to creative performance. Academy of Management Journal，45（6）：1137-1148.

Torrance E P. 1962. Guiding Creative Talent. Englewood Cliffs：Prentice-Hall，Inc.

Wang H B，Lu W Y. 2010. The present situation and development trend of scientific research achievements in colleges and universities in China. Evalution & Management，（3）：31-35.

# 附　录

APPENDIX

## 附录一　高中生创新力评价内容专家咨询问卷（第一轮）

尊敬的专家：

您好！非常感谢您在百忙之中填写关于“普通高中生创新力评价内容”的专家咨询问卷，本问卷的填写大约需要8分钟。问卷涉及的所有信息及结果会严格保密，仅用作学术研究，请您放心。您的专家意见对研究十分重要，再次感谢您的帮助！

本研究中普通高中生创新力是指普通高中生在日常学习、生活过程中表现出来的，产生新想法、提出新问题、新颖而独特地解决问题，创造出具有个人价值，甚至是具有社会价值的成果的力，包括人格特质、思维和实践等多个方面。本研究在对国内外相关文献梳理、相关政策文件分析的基础上，并结合普通高中教育特点和高中生身心发展规律，初步构建了普通高中生创新力评价内容，包括创新人格、创新思维和创新实践3个一级指标，以及16个二级指标。

问卷主要由三部分组成：第一部分是关于您的基本信息；第二部分是关于普通高中生创新力评价内容的评议和修改意见；第三部分是关于指标依据的专家自评。

## 第一部分　专家基本情况

请您在对应题目的括号中填上符合您情况的选项：

1. 工作单位（　　）

A. 高中学校　B. 大学　C. 其他

2. 年龄（　　）

A. 35 岁及以下　B. 36—45 岁　C. 46—55 岁　D. 56 岁及以上

3. 专业技术职称（　　）

A. 初级职称　B. 中级职称　C. 高级职称　D. 其他

4. 最高学历（　　）

A. 本科　B. 硕士研究生　C. 博士研究生　D. 其他

5. 您对问题的熟悉程度（　　）

A. 很熟悉　B. 熟悉　C. 一般熟悉　D. 不熟悉

E. 很不熟悉

## 第二部分　普通高中生创新力评价内容的评议

请您对该指标体系的各维度（附表 1）及其所包含的各二级要素（附表 2）进行评价，并提出修改意见。（其中数字 1—5 代表该指标在此维度中的重要程度，1 代表非常不重要，2 代表不重要，3 代表一般重要，4 代表较重要，5 代表非常重要，请在您认为相对应的方格中打“√”。）

**附表 1　一级指标评议**

| 一级指标 | 适当程度（分数越高越适当） | | | | | 修改意见 |
|---|---|---|---|---|---|---|
| | 1 | 2 | 3 | 4 | 5 | |
| 创新人格 | | | | | | |
| 创新思维 | | | | | | |
| 创新实践 | | | | | | |
| 增加 | | | | | | |
| 删除 | | | | | | |

附表 2　二级指标评议

| 一级指标 | 二级指标 | 描述 | 适当程度（分数越高越适当） | | | | | 修改意见 |
|---|---|---|---|---|---|---|---|---|
| | | | 1 | 2 | 3 | 4 | 5 | |
| 创新人格 | 好奇 | 有很强的好奇心和旺盛的求知欲，对事物运行机制有浓厚的认识兴趣 | | | | | | |
| | 开放 | 具有开放心态，愿意接纳新生事物，不断拓宽视野 | | | | | | |
| | 冒险 | 敢于冒险，能容忍不确定性 | | | | | | |
| | 挑战 | 勇于挑战，坚持不懈，面对批评、挫折有韧性 | | | | | | |
| | 独立 | 对事情有自己的观点，具有较强的自主性、独立性 | | | | | | |
| | 自信 | 对自身的创新力有信心，进取心强 | | | | | | |
| | 敏感（问题意识） | 对问题具有敏感性，对一些难以解决的、疑虑的实际问题或理论产生的一种怀疑、困惑、焦虑、探究的心理状态 | | | | | | |
| | 内驱 | 在活动中受内在动机的驱动，乐于创新 | | | | | | |
| | 增加 | | | | | | | |
| | 删除 | | | | | | | |
| 创新思维 | 发散思维 | 能够沿着不同的方向进行思考，从多个角度寻求解决问题的途径 | | | | | | |
| | 辐合思维 | 能根据一定的目的，将多种思路和各种信息梳理聚焦，进行系统分析与推理，以求得有效的解决方案 | | | | | | |
| | 重组思维 | 能根据需要，把已有的几种事物（或者其部分）进行重新整合，生成新的、具有更优功能效果的新事物，例如远距离联想和迁移 | | | | | | |
| | 批判性思维 | 能够对自己、他人的观点进行分析、质疑、推理、预测及评价 | | | | | | |
| | 增加 | | | | | | | |
| | 删除 | | | | | | | |
| 创新实践 | 提出问题 | 个人对意识到的问题进行加工、组织，然后用语言、图形或动作等可感的形式表达出来，并传递给自己或他人 | | | | | | |
| | 信息搜集 | 围绕目标或问题，能搜集不同来源的信息或资源 | | | | | | |
| | 实施操作 | 付诸行动，通过引入新的思路和方法，或者对已有解决方案进行重组，以产生创意或解决问题 | | | | | | |
| | 沟通协作 | 实践中能够与他人、团队沟通、合作 | | | | | | |
| | 增加 | | | | | | | |
| | 删除 | | | | | | | |

## 第三部分　关于指标计分依据的专家自评

附表 3 是由专家自评的，对以上评价指标进行选择时的判断依据，请各位专家分别选择出 4 个判断依据对自己的影响程度，并在对应位置上打“√”。

附表 3 专家自评其影响程度

| 判断依据 | 影响程度 | | |
|---|---|---|---|
| | 大 | 中 | 小 |
| 直观感觉 | | | |
| 理论分析 | | | |
| 实践经验 | | | |
| 对国内外相关领域的了解 | | | |

# 附录二 高中生创新力评价内容专家咨询问卷（第二轮）

尊敬的专家：

您好！非常感谢您在百忙之中填写关于“普通高中生创新力评价内容”的专家咨询问卷，本问卷的填写大约需要花费您 8 分钟。问卷涉及的所有信息及结果会严格保密，仅用作学术研究，请您放心。您的专家意见对研究十分重要，再次感谢您的帮助！

本研究中普通高中生创新力是指普通高中生在日常学习、生活过程中表现出来的，产生新想法、提出新问题、新颖而独特地解决问题，创造出具有个人价值，甚至是具有社会价值的成果的力，包括人格特质、思维和实践等多个方面。通过对第一轮专家意见的分析、整理与修改，本研究又构建出第二轮普通高中生创新力评价内容体系，包括 4 个一级指标和 16 个二级指标。

问卷主要由三部分组成：第一部分是关于您的基本信息；第二部分是关于普通高中生创新力评价内容的评议和修改意见；第三部分是关于指标依据的专家自评。

## 第一部分 专家基本情况

请您在对应题目的括号中填上符合您情况的选项：

1. 工作单位（ ）

A. 高中学校 B. 大学 C. 其他

2. 年龄（ ）

A. 35 岁及以下　B. 36—45 岁　C. 46—55 岁　D. 56 岁及以上

3. 专业技术职称（　　）

A. 初级职称　B. 中级职称　C. 高级职称　D. 其他

4. 最高学历（　　）

A. 本科　B. 硕士研究生　C. 博士研究生　D. 其他

5. 您对问题的熟悉程度（　　）

A. 很熟悉　B. 熟悉　C. 一般熟悉　D. 不熟悉

E. 很不熟悉

## 第二部分　普通高中生创新力评价内容的评议

请您对该指标体系的各维度（附表 4）及其所包含的各二级要素（附表 5）进行评价，并提出修改意见。（其中数字 1—5 代表该指标在此维度中的重要程度，1 代表非常不重要，2 代表不重要，3 代表一般重要，4 代表较重要，5 代表非常重要，请在您认为相对应的方格中打“√”。）

**附表 4　一级指标评议**

| 一级指标 | 适当程度（分数越高越适当） | | | | | 修改意见 |
|---|---|---|---|---|---|---|
| | 1 | 2 | 3 | 4 | 5 | |
| 创新认知与态度 | | | | | | |
| 创新个性品质 | | | | | | |
| 创新思维能力 | | | | | | |
| 创新实践行为 | | | | | | |
| 增加 | | | | | | |
| 删除 | | | | | | |

**附表 5　二级指标评议**

| 一级构成要素 | 二级构成要素 | 描述 | 适当程度（分数越高越适当） | | | | | 修改意见 |
|---|---|---|---|---|---|---|---|---|
| | | | 1 | 2 | 3 | 4 | 5 | |
| 创新认知与态度 | 创新认知 | 指个体对创新的认识与理解 | | | | | | |
| | 创新态度 | 指个体对创新所持有的稳定的心理倾向 | | | | | | |
| | 创新伦理 | 指个体秉持的创新伦理价值观念 | | | | | | |
| | 增加 | | | | | | | |
| | 删除 | | | | | | | |

续表

| 一级构成要素 | 二级构成要素 | 描述 | 适当程度（分数越高越适当） | | | | | 修改意见 |
|---|---|---|---|---|---|---|---|---|
| | | | 1 | 2 | 3 | 4 | 5 | |
| 创新个性品质 | 好奇 | 有很强的好奇心和旺盛的求知欲，对事物运行机制有浓厚的兴趣 | | | | | | |
| | 想象 | 能够在头脑中对已储存的表象进行加工改造形成新的形象 | | | | | | |
| | 挑战 | 勇于挑战，坚持不懈，面对批评、挫折有韧性 | | | | | | |
| | 独立 | 对事情有自己的观点，具有较强的自主性、独立性 | | | | | | |
| | 问题意识 | 对问题具有敏感性，具有问题意识 | | | | | | |
| | 增加 | | | | | | | |
| | 删除 | | | | | | | |
| 创新思维能力 | 发散思维 | 能够沿着不同的方向进行思考，从多个角度寻求解决问题的途径 | | | | | | |
| | 辐合思维 | 能根据一定的目的，将多种思路和各种信息梳理聚焦，进行系统分析与推理，以求得有效的解决方案 | | | | | | |
| | 批判性思维 | 能够对自己、他人的观点进行分析、质疑、推理、预测及评价 | | | | | | |
| | 增加 | | | | | | | |
| | 删除 | | | | | | | |
| 创新实践行为 | 提出问题 | 能够在实践中发现问题、并对问题进行分解和表征 | | | | | | |
| | 分析问题 | 在实践中能够从多个角度对目标进行分解，对问题进行分析 | | | | | | |
| | 信息搜集 | 围绕目标或问题，搜集不同来源的信息或资源 | | | | | | |
| | 问题解决或创意产生 | 付诸行动，通过引入新的思路和方法，或者对已有解决方案进行重组，以产生创意或解决问题 | | | | | | |
| | 沟通协作 | 实践中能够与他人、团队沟通、合作 | | | | | | |
| | 增加 | | | | | | | |
| | 删除 | | | | | | | |

## 第三部分　关于指标计分依据的专家自评

附表6是由专家自评的，对以上评价指标进行选择时的判断依据，请各位专家分别选择出四个判断依据对自己的影响程度，并在对应位置上打“√”。

附表 6　专家自评其影响程度

| 判断依据 | 影响程度 | | |
|---|---|---|---|
| | 大 | 中 | 小 |
| 直观感觉 | | | |
| 理论分析 | | | |
| 实践经验 | | | |
| 对国内外相关领域的了解 | | | |

# 附录三　高中生创新力评价学生调查问卷

亲爱的同学：

你好！为充分了解综合素质评价背景下学生创新力评价现状，为创新力评价的开展提供参考意见，特制定此调查问卷。本问卷采用匿名方式，所回收的数据仅用作科学研究，不会对您的工作、生活产生任何影响，请放心填写。请您在仔细阅读与理解每项题目后客观真实地进行选择，答案不分对错，请您放心回答，再次感谢您的支持！

## 一、基本信息

1．您的学校：______________

2．您的性别：______________

3．您的年级：______________

## 二、单选题：请在附表 7 中您认为合适选项的对应数字上打“√”。

附表 7　单选题

| 题项 | 完全不符合 | 比较不符合 | 说不清楚 | 比较符合 | 完全符合 |
|---|---|---|---|---|---|
| 1. 通过创新力评价可以提升我的创新力 | | | | | |
| 2. 学校有关于创新力评价的相关规定 | | | | | |
| 3. 老师很重视对我的创新力进行评价 | | | | | |

续表

| 题项 | 完全不符合 | 比较不符合 | 说不清楚 | 比较符合 | 完全符合 |
|---|---|---|---|---|---|
| 4. 我认为创新力评价是一件困难的事 | | | | | |
| 5. 创新力评价过程中，老师经常鼓励我进行自我评价和同伴互评 | | | | | |
| 6. 创新力评价过程中，老师会告诉我怎么进行自评和互评 | | | | | |
| 7. 创新力评价过程中，我知道怎么进行写实记录和反思 | | | | | |
| 8. 创新力评价过程中，我知道怎么进行同伴互评 | | | | | |
| 9. 写实记录和反思对我的创新力提升有很大作用 | | | | | |
| 10. 同伴互评能够促进我的创新力提升 | | | | | |
| 11. 教师评价能够反映出我真实的创新力发展水平 | | | | | |
| 12. 老师比较关注我的创新实践成果 | | | | | |
| 13. 我希望老师多关注我的创新实践行为 | | | | | |

## 三、多选题

14. 我对自己创新力进行评价的目的是？（　　）

A. 完成学校规定和教师要求

B. 考虑到将来升学需要

C. 判断个人创新力发展水平

D. 在这一过程中发现和培养个人的创新力

E. 其他

15. 老师对你创新力评价时主要评什么？（　　）

A. 对创新的认识与态度

B. 创新个性品质发展

C. 创新思维发展

D. 创新实践活动，包括个人投入到的以产生创新性成果为目的的任何活动

E. 创新实践成果，主要是一些新颖有价值的结果

F. 其他

16. 老师主要通过哪些活动评价你的创新力？（　　）

A. 标准化测验情况，如创新思维测验、创新人格测验等

B. 创新素质综合测评情况（如让教师和学生填写相关问卷）

C. 校本化创新课程

D. 学校举办的创新活动，如科技创新、文艺创作活动
E. 学科探究性活动
F. 研究性学习
G. 科学实验课
H. 信息技术课程
I. 其他
17. 你希望老师从哪些活动评价你的创新力？（　　）
A. 标准化测验情况，如创新思维测验、创新人格测验等
B. 创新素质综合测评情况（如让教师和学生填写相关问卷）
C. 校本化创新课程
D. 学校举办的创新活动，如科技创新、文艺创作活动
E. 学科探究性活动
F. 研究性学习
G. 科学实验课
H. 信息技术课程
I. 其他
18. 在班级内，通常有哪些人对你的创新力进行评价？（　　）
A. 班主任　　B. 任课教师
C. 学生自己　　D. 同学
E. 家长　　F. 其他
19. 你认为哪些人更适合评价你的创新力？（　　）
A. 班主任　　B. 任课教师
C. 学生自己　　D. 同学
E. 家长　　F. 其他
20. 老师会采用哪些方法评价你的创新力？（　　）
A. 借助相关量表进行测验
B. 采用问卷调查法
C. 情境测验法
D. 主观测验法（如通过作文等主观性试题进行）
E. 学生写实记录
F. 观察
G. 其他

21. 你认为哪些方法更适合评价你的创新力？（　　）

A. 借助相关量表进行测验

B. 采用问卷调查法

C. 情境测验法

D. 主观测验法（如通过作文等主观性试题进行）

E. 学生写实记录

F. 观察

G. 其他

22. 老师通常如何呈现你的创新力评价结果？（　　）

A. 分数　　A. 等级

B. 简短的评语　　C. 针对性较强的写实性评语

D. 其他

23. 你认为以哪种方式呈现你的创新力评价结果更为合适？（　　）

A. 等级　　B. 简短的评语

C. 针对性较强的写实性评语　　D. 其他

24. 老师通常如何使用你的创新力评价结果？（　　）

A. 以此作为我完成相关课程、活动的证据

B. 判断我创新力发展水平

C. 以此进行评优奖先

D. 借此反馈意见、促进我创新力不断提升

E. 其他

## 四、开放题

25. 你对目前的创新力评价是否满意？请简要说明原因。

26. 你对创新力评价有哪些意见和建议？

# 附录四　高中生创新力评价教师调查问卷

尊敬的老师：

您好！为充分了解综合素质评价背景下学生创新力评价现状，为创新力评价

的开展提供参考意见，特制定此调查问卷。本问卷采用匿名方式，所回收的数据仅用作科学研究，不会对您的工作、生活产生任何影响，请您放心填写。请您在仔细阅读与理解每项题目后客观真实地进行选择，答案不分对错，请您放心回答，再次感谢您的支持！

## 一、基本信息（请您在对应题目的括号中填上符合您情况的选项）

1. 您的学校：________________

2. 您的性别（　　）

A. 男　　B. 女

3. 您的教龄（　　）

A. ≤1 年　　B. 2—5 年　　C. 6—10 年　　D. 11—20 年

E. ≥21 年

4. 您的学历（　　）

A. 本科以下　　B. 本科　　C. 硕士研究生及以上

5. 您的职称（　　）

A. 未定级　　B. 中教二级　　C. 中教一级　　D. 中教高级

6. 您的职务（　　）

A. 任课教师　　B. 班主任

C. 中层干部　　D. 学校领导（可多选）

7. 您的任教年级：________________

8. 您任教的科目：________________

## 二、单选题：请在附表 8 中您认为合适选项的对应数字上打“√”。

附表 8　单选题

| 题项 | 完全不符合 | 比较不符合 | 说不清楚 | 比较符合 | 完全符合 |
| --- | --- | --- | --- | --- | --- |
| 1. 创新力评价对提升学生的创新力具有重要作用 | | | | | |
| 2. 我们学校非常重视对学生创新力的评价 | | | | | |
| 3. 我们学校有关于学生创新力评价的相关规定 | | | | | |

续表

| 题项 | 完全不符合 | 比较不符合 | 说不清楚 | 比较符合 | 完全符合 |
|---|---|---|---|---|---|
| 4. 我认为对学生的创新力进行评价是一件困难的事情 | | | | | |
| 5. 教师评价能够全面反映学生的创新力发展水平 | | | | | |
| 6. 在创新力评价过程中，我认为学生自评很重要 | | | | | |
| 7. 在创新力评价过程中，我认为学生同伴互评很重要 | | | | | |
| 8. 我进行创新力评价时会充分结合学生自评和同伴互评 | | | | | |
| 9. 创新力评价过程中，我会告诉学生如何进行自评和互评 | | | | | |
| 10. 我比较关注学生的创新实践成果 | | | | | |

## 三、多选题

11. 您为什么进行创新力评价？（　　）

A. 学校有相关规定　　B. 判断学生创新力发展水平

C. 发现和培养学生的创新力　　D. 其他

12. 您在评价时主要关注哪些内容？（　　）

A. 学生对创新的认识与态度

B. 学生的创新个性品质发展

C. 学生的创新思维发展

D. 学生的创新实践，包括个体投入到的以产生创新性成果为目的的任何活动

E. 学生的创新实践成果，主要是一些新颖有价值的结果

F. 其他

13. 您主要从哪些方面评价学生的创新力？（　　）

A. 标准化测验情况，如创新思维测验、创新人格测验等

B. 创新素质综合测评情况（如让教师和学生填写相关问卷）

C. 校本化创新课程

D. 学校举办的创新活动，如科技创新、文艺创作活动

E. 学科探究性活动

F. 研究性学习

G. 科学实验课

H. 信息技术课程

I. 其他

14. 您认为应该从哪些方面评价学生的创新力？（　　）

A. 标准化测验情况，如创新思维测验、创新人格测验等
B. 创新素质综合测评情况（如让教师和学生填写相关问卷）
C. 校本化创新课程
D. 学校举办的创新活动，如科技创新、文艺创作活动
E. 学科探究性活动
F. 研究性学习
G. 科学实验课
H. 信息技术课程
I. 其他
15. 通常有谁对学生创新力进行评价？（　）
A. 班主任　B. 任课教师
C. 学生自己　D. 同学
E. 家长　F. 其他
16. 您认为哪些人最适合评价学生的创新力？（　）
A. 班主任　B. 任课教师
C. 学生自己　D. 同学
E. 家长　F. 其他
17. 您通常采用哪些方法评价学生的创新力？（　）
A. 借助相关量表进行测验
B. 采用问卷调查法
C. 情境测验法
D. 主观测验法（如通过作文等主观性试题进行）
E. 学生写实记录
F. 观察
G. 其他
18. 您认为最适合采用哪种方法评价学生的创新力？（　）
A. 借助相关量表进行测验
B. 采用问卷调查法
C. 情境测验法
D. 主观测验法（如通过作文等主观性试题进行）
E. 学生写实记录
F. 观察

G. 其他

19. 您通常如何呈现学生创新力的评价结果？（　　）

A. 分数　　B. 等级

C. 简短的评语　　D. 针对性较强的写实性评语

E. 其他

20. 您认为学生创新力评价结果最适合以什么形式呈现？（　　）

A. 等级　　B. 简短的评语

C. 针对性较强的写实性评语　　D. 其他

21. 您如何使用创新力评价结果？（　　）

A. 是学生完成相关课程、活动的证据

B. 选拔出创新力较高的学生

C. 是评优奖先的依据之一

D. 是反馈意见、促进学生创新力发展的一个重要手段

E. 其他

22. 您认为哪种结果使用方式能够达到学生创新力评价的目的？（备注：改为访谈）

A. 是学生完成相关课程、活动的证据

B. 选拔出创新水平较高的学生

C. 是评优奖先的依据之一

D. 是反馈意见、促进学生创新力发展的一个重要手段

E. 其他

## 四、开放题

23. 您对目前的学生创新力评价是否满意？请简短地说明原因。

24. 您对学生创新力评价有哪些意见和建议？

# 附录五　高中生创新力评价学生访谈提纲

1. 老师重视对你的创新力进行评价吗？学校有没有相关的规定？

2. 你认为创新力评价困难吗？原因是什么？

3. 你认为创新力评价重要吗？为什么？

4. 老师是怎么对你的创新力进行评价的？（包括评价内容、评价载体、评价方法、评价主体、评价结果的呈现和使用）

5. 你对当前创新力评价的做法满意吗？当前的评价做法是否能够真实地反映你的创新力？

6. 你认为应该如何评价自己的创新力？

7. 在当前的创新力评价过程中，你有什么收获或者存在什么困难？

8. 你对当前的做法有什么意见或者建议？

# 附录六　高中生创新力评价教师访谈提纲

1. 学校什么时候开始实施综合素质评价？主要评价学生哪些方面的素质？

2. 学校对学生创新力关注度如何？学校是否有关于学生创新力评价的一些方法或者规定？具体是什么样的（包括评价内容、评价载体、评价方法、评价主体、评价结果的呈现和使用）？

3. 您认为对学生创新力进行评价困难吗？原因？创新力评价是否重要？原因？

4. 您平常是否关注学生的创新力？您为什么会对学生的创新力进行评价？

5. 你是怎么评价学生的创新力？

6. 您对当前的学生创新力评价的做法满意吗？效果怎么样？是否达到了您的目的？

7. 理想状态下，您认为应该如何对学生的创新力进行评价？

8. 您觉得学生对创新力评价的态度、参与度怎么样？

9. 学校有创新力评价的相关培训活动吗？

10. 您觉得需要对当前的创新力评价实践进行哪些方面的改进？